法治建设与法学理论研究部级科研项目成果

性侵害未成年人犯罪的刑事政策体系研究

李 川 等著

·南京·

图书在版编目(CIP)数据

性侵害未成年人犯罪的刑事政策体系研究 / 李川等著. — 南京：东南大学出版社，2024.2
 ISBN 978-7-5766-1037-6

Ⅰ.①性… Ⅱ.①李… Ⅲ.①性犯罪—青少年犯罪—刑事诉讼—研究—中国 Ⅳ.①D925.204

中国国家版本馆 CIP 数据核字(2023)第 254924 号

• 司法部法治建设与法学理论研究部级科研项目(19SFB2025)结项成果

性侵害未成年人犯罪的刑事政策体系研究

Xing Qinhai Weichengnianren Fanzui De Xingshi Zhengce Tixi Yanjiu

著　　者	李川　等
出版发行	东南大学出版社
社　　址	南京四牌楼 2 号　邮编：210096　电话：025 - 83793330
出 版 人	白云飞
网　　址	http://www.seupress.com
电子邮件	press@seupress.com
经　　销	全国各地新华书店
印　　刷	南京工大印务有限公司
开　　本	700 mm×1 000 mm　1/16
印　　张	15.25
字　　数	290 千字
版　　次	2024 年 2 月第 1 版
印　　次	2024 年 2 月第 1 次印刷
书　　号	ISBN 978 - 7 - 5766 - 1037 - 6
定　　价	72.00 元

本社图书若有印装质量问题，请直接与营销部调换。电话(传真)：025 - 83791830

责任编辑：刘庆楚　　责任校对：张万莹　　封面设计：毕　真　　责任印制：周荣虎

目　　录

导　言 …………………………………………………………………… 001

上编　性侵害未成年人犯罪刑事政策体系总论

第一章　刑事政策体系的实证基础：性侵害未成年人犯罪的现状与特征 … 007
　第一节　性侵害未成年人犯罪的现状分析 ………………………… 007
　　一、犯罪数量分析 ………………………………………………… 007
　　二、犯罪类型分析 ………………………………………………… 008
　　三、犯罪发生区域分析 …………………………………………… 010
　第二节　性侵害未成年人犯罪的司法惩治现状分析 ……………… 012
　　一、刑罚状况分析 ………………………………………………… 012
　　二、保安处分措施适用状况分析 ………………………………… 013
　第三节　性侵害未成年人犯罪的特征分析 ………………………… 015
　　一、犯罪人特征分析 ……………………………………………… 015
　　二、未成年受害人特征分析 ……………………………………… 018
　　三、犯罪行为特征分析 …………………………………………… 024

第二章　性侵害未成年人犯罪刑事政策体系的现状与问题 ………… 031
　第一节　性侵害未成年人犯罪专门刑事政策的发展形塑 ………… 031
　　一、性侵害未成年人犯罪刑事政策的规范渊源 ………………… 031
　　二、性侵害未成年人犯罪刑事政策的形成发展过程 …………… 032
　第二节　性侵害未成年人犯罪刑事政策体系的基本原则 ………… 035
　　一、最有利于未成年人原则 ……………………………………… 036
　　二、严厉惩处罪行原则 …………………………………………… 036
　　三、防范二次伤害原则 …………………………………………… 037

  四、落实迅速、及时原则 ………………………………………… 038
 第三节 性侵害未成年人犯罪刑事政策体系的当前问题 …………… 038
  一、刑事政策在惩治方面的分散不周延问题 …………………… 038
  二、刑事政策重惩治轻保护的问题 ……………………………… 040
  三、刑事政策保护程度不一的问题 ……………………………… 042
  四、刑事政策在运行上的效果有限问题 ………………………… 044

第三章 性侵害未成年人犯罪刑事政策体系的基本原理 ……………… 047
 第一节 基于被害人学的被害人专门保护原理 …………………… 047
  一、被害人学的发展与被害人专门保护原理的形成 …………… 047
  二、二次被害理论 ………………………………………………… 049
  三、三次被害原理 ………………………………………………… 055
 第二节 基于未成年人特征的未成年人专门保护原理 …………… 056
  一、国家亲权保护原理 …………………………………………… 056
  二、未成年人关怀原理 …………………………………………… 058
 第三节 性侵害未成年人犯罪的特殊性原理 ……………………… 059
  一、基于未成年受害人身份的特殊性原理 ……………………… 060
  二、基于性侵害行为的特殊性原理 ……………………………… 061
  三、基于侵害后果的特殊性原理 ………………………………… 061

下编 性侵害未成年人犯罪刑事政策体系分论

第四章 性侵害未成年人犯罪刑事政策体系的实体法展开 …………… 065
 第一节 刑事政策视野下性侵害未成年人犯罪实体认定的合理性问题 … 065
  一、奸淫幼女型强奸罪的量刑问题 ……………………………… 067
  二、已满14周岁未成年受害人性同意认定难问题 ……………… 068
  三、猥亵儿童罪量刑问题 ………………………………………… 069
 第二节 当前性侵害未成年人犯罪的传统法益观局限及其扩展 …… 070
  一、当前性侵害未成年人犯罪的传统法益观：统一于性自主决定 … 070
  二、当前性侵害未成年人犯罪的传统法益观的局限 …………… 072
  三、健康成长权与自主决定双重法益：性侵害未成年人犯罪的

　　　　　法益新扩展……………………………………………………… 077
　第三节　刑事政策视野下性侵害未成年人犯罪规范体系及其完善…… 081
　　　一、《刑法修正案（十一）》后刑事政策对性侵害未成年人犯罪
　　　　　双重法益的体现………………………………………………… 081
　　　二、基于年龄的性自主决定法益保护需求及其相应刑法规范完善… 083
　　　三、基于年龄的性健康成长保护需求及其相应刑法规范完善…… 087
　　　四、实现有效严惩：基于双重法益的性侵害未成年人犯罪规定
　　　　　整合………………………………………………………………… 090
　第四节　刑事政策视野下性侵害未成年人犯罪司法适用的完善……… 091
　　　一、强奸罪着手的认定…………………………………………… 092
　　　二、猥亵儿童罪的边界…………………………………………… 092
　　　三、强奸未遂与强制猥亵的区分………………………………… 094
　　　四、公共场所的认定……………………………………………… 094
　　　五、未成年人受欺骗的承诺的认定……………………………… 096
　　　六、传染性病后果的认定………………………………………… 097
　　　七、怀孕后果的认定……………………………………………… 098
　第五节　基于双向保护刑事政策的罪错未成年人教育矫治的完善…… 100
　　　一、罪错未成年人矫治教育的保护方式完善…………………… 101
　　　二、罪错未成年人威慑保护的机制完善：基于刑事责任年龄的
　　　　　视角………………………………………………………………… 112

第五章　性侵害未成年人犯罪刑事政策体系的程序法展开…………… 128
　第一节　刑事政策视野下性侵害未成年人犯罪程序运行的问题……… 128
　　　一、刑事政策视野下性侵害未成年人犯罪刑事诉讼中二次被害
　　　　　的特殊性………………………………………………………… 128
　　　二、刑事政策视野下未成年受害人二次被害的具体表现………… 130
　　　三、刑事政策视野下对未成年受害人二次被害的关注与防范不足
　　　　　问题……………………………………………………………… 131
　第二节　刑事政策视野下审前阶段未成年受害人特殊保护的完善…… 134
　　　一、刑事政策下审前阶段未成年受害人的预防型对策需求……… 134
　　　二、完善审前阶段未成年受害人询问取证的专门模式…………… 135
　　　三、完善合适成年人在场制度…………………………………… 141

　　　　四、完善审前阶段未成年受害人保护的办案机制…………… 143
　　第三节　刑事政策视野下审理阶段未成年受害人特殊保护的完善…… 146
　　　　一、刑事政策视野下审理阶段未成年受害人的救济型对策需求… 146
　　　　二、完善未成年受害人出庭作证专门保护机制…………… 147
　　　　三、完善和落实未成年受害人法律援助制度……………… 150
　　　　四、建立未成年受害人出庭陪护和专家临场制度………… 152
　　　　五、强化审理阶段未成年受害人的隐私权保护机制……… 153
　　　　六、完善对未成年受害人的赔偿与补偿机制……………… 155
　　第四节　刑事政策视野下执行阶段未成年受害人特殊保护的完善…… 160
　　　　一、刑事政策视野下执行阶段未成年受害人的修复型对策需求… 160
　　　　二、切实保障未成年受害人执行阶段基本权利…………… 161
　　　　三、建立未成年受害人身心修复的专门机制……………… 164

第六章　性侵害未成年人犯罪刑事政策体系的社会机制展开…… 166
　　第一节　性侵害未成年人犯罪刑事政策的社会机制问题………… 166
　　　　一、性侵害未成年人犯罪刑事政策的社会机制的价值…… 166
　　　　二、性侵害未成年人犯罪刑事政策的社会机制存在体系性缺失… 168
　　第二节　性侵害未成年人犯罪刑事政策的被害人保护社会机制完善… 169
　　　　一、体系性构建被性侵未成年受害人保护的社会支持机制……… 169
　　　　二、建构未成年受害人心理支持与辅助治疗社会支持机制……… 173
　　　　三、设置受害人家庭指导帮助的社会机制………………… 174
　　第三节　性侵害未成年人犯罪刑事政策的犯罪预防社会机制完善…… 176
　　　　一、形成防范性侵未成年人的家校综合保护机制………… 176
　　　　二、设置防范网络性侵未成年人犯罪的社会机制………… 179
　　　　三、完善性侵害未成年人案件强制报告制度……………… 188
　　　　四、完善性侵害未成年人犯罪职业禁止制度……………… 205
　　　　五、建设性侵害未成年人犯罪人员信息公开制度………… 215

结　　语……………………………………………………………… 225

参考文献……………………………………………………………… 226

后　　记……………………………………………………………… 237

导　言

性侵害未成年人犯罪对未成年人身心造成严重伤害,极大损害未成年人的身心权益,挑战道德伦理底线,已经成为侵害未成年人犯罪中最为突出也亟须有效治理的犯罪类型。据统计,近五年来检察机关共起诉侵害未成年人犯罪 29 万人,其中,强奸、猥亵儿童等性侵未成年人犯罪的就达 13.1 万人,接近一半。[①] 而要想系统地、有效地预防与惩治性侵害未成年人犯罪,保障未成年人权益,就不能仅满足于分散推进一些惩治性侵未成年人犯罪的具体举措,而必须针对当前性侵害未成年人犯罪的现状与特征,根据性侵害未成年人犯罪的治理原理,统筹设置并推动形成科学的、专门的性侵害未成年人犯罪刑事政策原则与机制,从而将预防犯罪、惩治罪犯与被害保护三方面刑事政策措施有机整合起来,形成三位一体的性侵害未成年人犯罪刑事政策体系,并进一步将这一体系有机贯彻到刑事实体法、刑事程序法以及相关社会机制中去,实现全面预防与惩治性侵害未成年人犯罪的总体成效。

本书正是基于上述目标与思路而展开对性侵害未成年人犯罪刑事政策体系的深入研究。全书根据研究内容分为总论与分论两大部分,总论部分主要集中在性侵害未成年人犯罪刑事政策体系的一般原理研究,包括对作为刑事政策制定基础的性侵害未成年人犯罪当前实证状况与特征的研究,在实证分析的基础上对当前性侵害未成年人犯罪刑事政策体系的现状与问题进行研究,以及对性侵害未成年人犯罪的刑事政策体系的基本原理的研究;分论部分则在明确刑事政策体系一般原理的基础上,着眼于性侵害未成年人犯罪刑事政策在刑事实体法、程序法与社会机制三个主要场域的具体展开,刑事政策的严惩罪犯、被害保护与犯罪预防的内涵在其具体展开过程中在刑事司法体系甚至社会体系中得到

[①] 参见《最高检:强奸、猥亵儿童等已成侵害未成年人最突出犯罪》,http://news.china.com.cn/2023-03/01/content_85135663.html。

有效贯彻,从而实现遏止性侵害未成年人犯罪、最大程度上保护未成年人利益的目标。本书的具体内容包括:

第一,运用实证方法研究作为性侵害未成年人犯罪刑事政策制定基础的性侵害未成年人犯罪的现状与特征。制定性侵害未成年人犯罪的有效刑事政策的前提是清晰把握性侵害未成年人犯罪的真实状况与特征,由此才能制定有针对性的、符合实际治理需求的有效刑事政策。通过收集与整理近年来代表性司法数字资源中九类性侵害未成年人犯罪的案件数据与信息,对当前性侵未成年人的状况与特征展开有效分析。对性侵害未成年人犯罪的现状分析主要从犯罪数量、犯罪类型和犯罪发生区域三方面展开,而在此基础上对该类犯罪司法惩治状况的分析可以进一步加深对犯罪现状的认识。在现状分析的前提下,从犯罪人、未成年受害人与犯罪行为三个方面展开特征分析,从而进一步明确性侵害未成年人犯罪的刑事政策的治理重点与方向,以期为有效惩治性侵害未成年人犯罪的刑事政策提供直接依据。

第二,对性侵害未成年人犯罪刑事政策体系的现状与问题进行研究,这是运用问题意识解决当下性侵害未成年人犯罪刑事政策体系困境、推动刑事政策体系完善的重要前提。在现状部分首先梳理了性侵害未成年人犯罪专门刑事政策的规范渊源与形成发展历程,明确刑事政策从一般未成年人保护的精神出发,经历了萌芽期、形成期与完善期三个发展阶段,逐渐将被性侵的未成年受害人的一般保护原则具体化为性侵害未成年人犯罪的刑事政策体系。就当前刑事政策体系的内涵而言,可归纳为最有利于未成年人原则,严厉惩处罪行原则,防范二次伤害原则,落实迅速、及时原则四个方面。但这种目前相对原则化的性侵害未成年人犯罪刑事政策体系存在着分散不周延问题、重惩治轻保护问题、刑事政策保护程度不一问题、运行效果有限问题等四方面问题亟须解决。

第三,要解决性侵害未成年人犯罪刑事政策体系的当前问题,就必须明确性侵害未成年人犯罪刑事政策的基本原理,只有明确了基本原理,才能保障刑事政策自身的科学性、合理性与体系性,解决前述问题。首先,性侵害未成年人犯罪刑事政策的基本原理之一是基于被害人学的被害人专门保护原理。未成年受害人专门保护的基本原理,在基础原理意义上来源于被害人学中二次被害与三次被害的基本理论,在此基础上考虑未成年人身心的独特特征,进而形成未成年受害人保护的特殊性原理。其次,该刑事政策另一基本原理是基于未成年人特征而形成的未成年人专门保护原理,这种基于未成年人特殊性的刑事政策需求立基于国家对未成年人的保护职责之上,其核心就是基于儿童福利主义的国家亲权保护原理。最后,性侵害未成年人刑事政策的直接理论来源是性侵害未成年人犯罪的特殊性原理,这一原理建构在前述被害人保护专门原理与未成年人保护专门原理的基础之上,决定了性侵害未成年人刑事政策相较于其他刑事政策的特殊之处:一是被害人的未成年人身份表明受害人在心理上、生理上都不成熟,其身心脆弱导致的受害程度与时间长度远高于成年受害人,因此刑事政策上必须给予倾斜性的专门优先保护。二是性犯罪相对于一般犯罪由于其行为对被害人所造成的身心综合伤害往往更为严重,特别是在身体伤害之外可能造成精神的严重创伤,因此刑事政策上应重视精神伤害的保护与综合的惩治。三是对未成年人的性侵行为相较于其他犯罪行为更为隐蔽、取证较难、再犯率更高,因此刑事政策上必须重视预防与惩治相结合,社会预防与司法治理实现有机衔接配合,最大程度上遏制性侵害未成年人犯罪。

第四,在明确了性侵害未成年人犯罪刑事政策体系基本原理的基础之上,就需要进一步研究该刑事政策在刑事实体法、刑事程序法与社会机制三个领域的具体展开,根据不同领域性质与功能的不同,刑事政策的具体内涵也体现出明显差异。首先,性侵害未成年犯罪刑事政策在刑事实体法的展开主要体现为刑法对性侵害未成年人犯罪的严厉惩治,这是由刑法的定罪量刑的规范属性与犯罪治理的功能所决定的。性侵害未成年人犯罪及其刑罚的实体规定直接体现为刑法分则对性侵害未成年人犯罪的定罪量刑的相关规定,因此刑法作为刑事实体法就承担了通过对性侵害未成年人犯罪的特定的定罪量刑规则来体现性侵害未成年人犯罪刑事政策中对该类犯罪专门的、特殊的严厉惩治的内涵。其次,性侵害未成年人犯罪刑事政策在刑事程序法的展开主要体现为刑事诉讼法中对被性侵的未成年受害人的专门保护,这是由刑事诉讼法的程序正当的规范属性与权利保障的功能所决定的。诚然,刑事诉讼法也承担了追究性侵害未成年人犯罪的程序保障功能,但是其主要的权利保障的职能决定了其对性侵害未成年受害人权利的专门保障。因此,刑事诉讼法作为刑事程序法就承担了通过对性侵害未成年人犯罪的专门的、特殊的程序规则与措施来体现性侵害未成年人犯罪刑事政策中对被性侵的未成年受害人的倾斜性、专门性保护的内涵。最后,性侵害未成年人犯罪刑事政策离不开社会机制的配合与支持,也必然需要在社会支持体系中具体展开。社会支持体系一方面可以通过具体的综合预防机制如预防性侵教育或强制报告机制等来保障对性侵害未成年人犯罪的有效预防,另一方面也可以调动家校、职能部门、社会组织等社会力量对受性侵害的未成年受害人进行持续的帮扶与救治。因此受社会支持机制的广泛性、补充性特点所决定,性侵害未成年人犯罪刑事政策在社会中的展开主要体现为对性侵害未成年人犯罪的预防与对被性侵未成年受害人的社会保护两方面的内涵。

上 编

性侵害未成年人犯罪刑事政策体系总论

第一章

刑事政策体系的实证基础：
性侵害未成年人犯罪的现状与特征

制定性侵害未成年人犯罪的有效刑事政策的前提是清晰把握性侵害未成年人犯罪的真实状况与特征，由此才能制定有针对性的、符合实际治理需求的有效刑事政策。因此本章通过收集与整理近年来代表性司法数字资源中九类性侵害未成年人犯罪的案件数据与信息，对当前性侵未成年人的状况与特征展开有效分析。对性侵害未成年人犯罪的现状分析主要从犯罪数量、犯罪类型和犯罪发生区域三方面展开，而在此基础上对该类犯罪从刑罚与保安处分措施状况着眼的司法惩治状况的分析可以进一步加深对犯罪现状的认识。在现状分析的前提下，从犯罪人、未成年受害人与犯罪行为三个方面展开特征分析，从而进一步明确性侵害未成年人犯罪的刑事政策的治理重点与方向，以期为有效惩治性侵害未成年人犯罪的刑事政策提供直接依据。

第一节 性侵害未成年人犯罪的现状分析

分析性侵害未成年人犯罪的现状，应首先从宏观视角出发，依据司法统计数据分析近年来犯罪发生的总体概况。对性侵害未成年人犯罪现状的有效统计与总结，有助于对性侵害未成年人犯罪的趋势与特征作科学分析与研判，在此基础上才能保障对性侵害未成年人犯罪的有效刑事政策应对，从而制定合理的、有针对性的刑事政策的治理与预防措施体系。

一、犯罪数量分析

性侵害未成年人犯罪涉及的罪名较为广泛，以危害未成年人与性相关的身心健康为标准，相关罪名共有9种，包括：强奸罪，负有照护职责人员性侵罪，猥亵儿童罪,引诱幼女卖淫罪,强制猥亵、侮辱罪,组织卖淫罪,强迫卖淫罪,协助组织卖淫罪,引诱、容留、介绍卖淫罪。通过中国裁判文书网、北大法宝等网站数据的收集,能够获取2017至2021年五年来①涉及这9种罪名的一审判决书共计14 310份,经过对数据的整理、统计和分析,从而对性侵害未成年人犯罪的现状与特征进行总结。当然,性侵害未成年人犯罪的实际发生数可能与案例数并不完全一致。从犯罪学意义上而言,与其他犯罪相同,性侵害未成年人犯罪也可能存在一定的犯罪黑数。性侵害未成年人的犯罪行为隐蔽,不容易被他人发现;而未成年受害人还在成长中,受认知能力与知识所限,有时往往难以主动告发、揭示犯罪行为。即不少的受害人年龄较小,由于缺乏相应的性教育,对性侵行为没有形成正确的认识,缺乏防范意识和防范能力,在犯罪人的诱骗下即使受到性侵后也不会主动向家长报告,这使得性侵害未成年人犯罪更难被发现。不过根据统计学规律进行样本相关性校正并根据其他来源数据进行对比分析,仍然能够相对客观地反映性侵害未成年人犯罪的当前状况。

根据数据统计,2017年至2021年我国性侵未成年人的案件数量分别为2 691件、2 538件、3 961件、3 651件、1 469件(参见图1-1)。在犯罪数量上,2017年至2020年是犯罪的高发期,每年的犯罪数量均在2 500件以上。在变化趋势上,以2019年为节点,2017年至2019年案件数量总体呈上升态势,2019年至2021年案件数量逐年递减。2021年较2020年减少了59.8%,下降数量明显。一方面,性侵害未成年人犯罪数量从升到降,呈总体下降态势,且降幅明显,这表明性侵害未成年人犯罪受到了一定的遏制,犯罪形势缓和,与预防性侵害未成年人犯罪相关的政策和措施逐渐显效;另一方面,性侵害未成年人犯罪数量总体仍然较高,说明犯罪形势仍然较为严峻,对性侵害未成年人犯罪还亟须有效的预防政策与措施,进一步从源头上防患于未然。

二、犯罪类型分析

在犯罪类型分布上,前述9种罪名均有涉及,但是犯罪类型主要集中在强奸罪和猥亵儿童罪上,这两类犯罪的案件量分别达到5 765件和5 701件,分别占

---

① 按照相同方法亦搜集统计到2022年性侵害未成年人犯罪案例53件。但考虑到网上数据有滞后性等影响因素,2022年总案例数尚不准确,缺乏样本有效性,因此案例总数数据仅统计至2021年。但在特征研究时,在不影响总体案例准确性的前提下,仍将2022年案例列入特征分析提取的范围内。

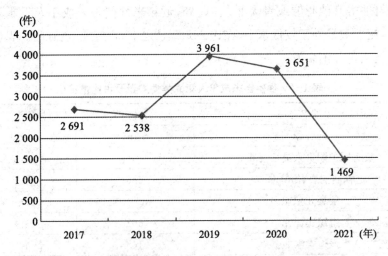

图1-1　性侵害未成年人犯罪历年案件数量折线图

比40.1%和39.7%。相对而言,卖淫类犯罪(指组织卖淫罪等5种罪名)占比较少,5种卖淫类犯罪的案件量共计2 193件,共占比15.3%(参见表1-1)。数据表明,预防和控制性侵害未成年人犯罪的工作重点在于对强奸罪和猥亵儿童罪的防控,同时应坚决打击涉未成年人的卖淫行为。

值得一提的是,负有照护职责人员性侵罪这一罪名在司法实践中开始被适用。负有照护职责人员性侵罪是《中华人民共和国刑法修正案(十一)》(以下简称《刑法修正案(十一)》)所增设的,该罪在立法上的考量是:具有监护、收养等特殊职责的行为人容易针对受害人实施欺骗、利诱等行为,受害人虽非自愿但可能基于这种特殊关系而忍气吞声、难以反抗或抵制,行为人的犯罪很容易得手,因此对处于此类特殊关系的未成年女性应当实施特殊保护①。《刑法修正案(十一)》于2021年3月1日开始实施,但与同样由《刑法修正案(十一)》所增设的高空抛物罪、妨害安全驾驶罪等罪相比,负有照护职责人员性侵罪的适用次数明显偏少②。该罪极少适用的原因在于适用该罪需满足特定的狭窄条件,也即需要满足女性受害人的年龄处于已满14未满16周岁,行为人与受害人之间存在特殊照护关系。这两个条件缺一不可,若没有同时满足这两个条件,则行为将被认

---

① 参见周光权:《刑事立法进展与司法展望——〈刑法修正案(十一)〉总置评》,《法学》2021年第1期。
② 依据北大法宝网站数据统计,2021年至2022年,案由为高空抛物罪的刑事一审判决有134份,妨害安全驾驶罪的刑事一审判决有58份。

定为强奸罪等其他犯罪或者无罪①。此外,近年来性侵害未成年人犯罪数量有所下降,犯罪数量处于较低水平,在这一大背景之下,相应地,负有照护职责人员的性侵行为也并不多发。

表 1-1 性侵害未成年人犯罪类型数量及占比情况

罪名	合计/件	案件类型占比/%
强奸罪	5 765	40.1
负有照护职责人员性侵罪	15	0.1
强制猥亵、侮辱罪	686	4.8
猥亵儿童罪	5 701	39.7
组织卖淫罪	602	4.2
强迫卖淫罪	148	1.0
协助组织卖淫罪	363	2.5
引诱、容留、介绍卖淫罪	1 027	7.2
引诱幼女卖淫罪	53	0.4

三、犯罪发生区域分析

性侵未成年人案件的发生区域分布如图 1-2 所示,在国内的 31 个省、自治区、直辖市(不含港澳台)当中,通过网络收集的相关案件数量排列前五的省份为四川省、浙江省、湖南省、广东省和福建省,近六年的案件总数分别为 1 441 件、1 410 件、995 件、988 件和 822 件。而案件数量最少的五个省份为西藏自治区、海南省、青海省、宁夏回族自治区和天津市,近六年的案件总数分别为 5、34、69、94 和 99 件②。若以三大分区的划分视角来观察犯罪发生的地域特征③,则东部地区、中部地区和西部地区近六年来的犯罪数量分别为 6 727 件、4 139 件和 3 494 件,分别占比 46.8%、28.8%和 24.3%。

数据表明,总体而言,东部地区的性侵害未成年人犯罪发生数要高于中西部

---

① 参见付立庆:《负有照护职责人员性侵罪的保护法益与犯罪类型》,《清华法学》2021 年第 15 卷第 4 期。

② 此处主要是通过不同地域案件数量比较发现地域特点。这里的案例数量仅限于对网络数字案例资源采集的案件数量,受各种数据准确度影响,与准确的实际案件数量会存在一定差距。

③ 我国的三大经济分区分别为东部地区、中部地区和西部地区,各地区所涵盖的省份如下。东部地区:北京、天津、河北、辽宁、上海、江苏、浙江、福建、山东、广东、广西、海南;中部地区:山西、内蒙古、吉林、黑龙江、安徽、江西、河南、湖北、湖南;西部地区:重庆、四川、贵州、云南、西藏、陕西、甘肃、青海、宁夏、新疆。

地区,经济发达地区的犯罪数量普遍偏高。东部地区犯罪发生数量较高的原因有以下几点:第一,东部地区的人口基数大。通常而言,一个地区的人口基数与该地区的犯罪数量呈正相关。根据2020年第七次人口普查的数据,人口数量排名前十的省份①当中,就有七个省份在性侵害未成年人犯罪数量上的排名位列前十,这也印证了东部地区的犯罪数量受到人口基数的直接影响。第二,东部地区外来务工者较多,流动人口数量大。相关研究表明,流动人口是引发犯罪的重要原因,流动人口聚集与犯罪热点形成具有正相关性②,一些城市的流动人口的案发数量往往要高于本地人口③。而东部地区经济发达,每年有大量的外来人口涌入这些省份务工,流动人口可能带来一些治安压力,在多种因素的作用下成为性侵未成年人犯罪发生的一个考虑因素。

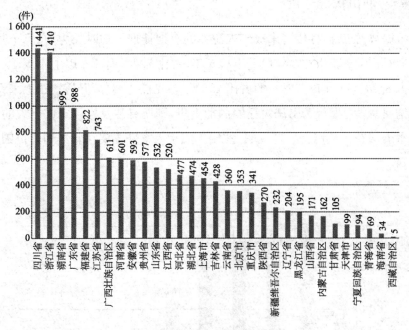

图1-2 案件发生地分布情况

---

① 根据国家统计局发布《第七次全国人口普查公报(第三号)》,2020年人口数量排名前十的省份依次为:广东省、山东省、河南省、江苏省、四川省、河北省、湖南省、浙江省、安徽省、湖北省。

② 参见金诚、李树礼、郑滋椀:《流动人口的空间分布与犯罪问题研究——以流动人口聚集区与犯罪热点的相关性为视角》,《中国人民公安大学学报(社会科学版)》2014年第5期。

③ 参见汪东升:《流动人口犯罪的现状、原因与防治——以北京市为例》,《北京交通大学学报(社会科学版)》2013年第12卷第3期。肖倩:《农民工城市经济适应过程中的剥夺问题与城市安全》,《晋阳学刊》2011年第4期。

第二节 性侵害未成年人犯罪的司法惩治现状分析

对性侵害未成年人犯罪现状的分析，不仅应从宏观角度展开分析，还应着眼于司法惩治现状。司法惩治现状将反映出司法机关在惩处力度、惩处方式等方面上的特征，据此发现司法惩治中存在的问题和不足，进而为后续修正裁判方式和科学制定刑事政策提供客观基础，并最终实现司法惩治效果的提升。

一、刑罚状况分析

根据数据统计，性侵害未成年人犯罪的有期徒刑平均时长为40.7个月，有期徒刑时长主要集中在1年以上不满6年，占比80%，而6年以上不满10年的区间占8.8%，10年以上时长的占比2.9%（参见图1-3）。但从立法上来看，若将引诱幼女卖淫罪视为引诱卖淫罪的加重犯，则所有涉及性侵未成年人的罪名的加重刑均在5年以上。这说明，性侵未成年人案件主要在基本刑的范围内判处刑罚。

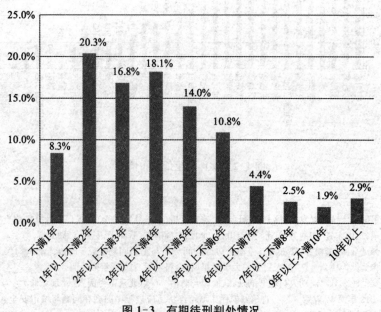

图1-3 有期徒刑判处情况

在犯罪完成形态上,有4.4%的犯罪行为未遂。数据表明,性侵害未成年人犯罪的既遂程度较高,这和犯罪实施难度低、犯罪的既遂标准不高相关联。

在缓刑上,判处缓刑的案件占比6.3%。这表明,缓刑适用率不高。根据《中华人民共和国刑法》(简称《刑法》)第七十二条规定,判处缓刑应满足被告人犯罪情节较轻、有悔罪表现、没有再犯罪的危险、宣告缓刑对所居住社区没有重大不良影响的条件。通过归纳总结,司法实践主要依据下列事项对犯罪人判处缓刑:第一,犯罪人为偶犯、初犯或未满18周岁。第二,犯罪人存在智力上的残缺。第三,犯罪人与受害人之间是情侣关系,且双方是基于恋爱而自愿发生性行为。第四,考虑到一些民族特有的婚俗习惯。前三种情形是较为常见的缓刑情节,但是第四种情形较为少见,因此需要格外注意以防其被忽视。在我国部分少数民族地区,男女的结婚年龄较早,可能女方在未满14周岁的情况下就出嫁,男女双方依据少数民族的婚约习俗结成事实婚姻,在此种情况下被告人的主观恶性较低且犯罪后果较轻,应当对其判处较轻的刑罚并适用缓刑。例如,在"奉某某强奸案"中,被告人奉某某将被害人杨某带至自己家中,后在自己家中办婚礼酒宴,酒宴之后奉某某与杨某一同在奉某某卧室内睡觉,奉某某在明知杨某未满14周岁的情况下,与杨某发生性关系。法院认为,被告人与被害人均系瑶族,双方依据瑶族特有的习俗确定了婚姻关系,确定关系后双方发生性关系虽构成犯罪,但考虑到瑶族风俗习惯和被告人的悔罪表现,可对其实行社区矫正[①]。

二、保安处分措施适用状况分析

保安处分是指国家基于维护法社会秩序之必要及满足社会大众之保安需求,在行使刑罚权之外,对于特定的行为人,以矫治、感化、医疗、禁戒等手段所为之具有司法处分性质的保安措施[②]。我国刑法规定的保安处分包括了专门矫治教育、强制医疗、禁止令、从业禁止等措施。在性侵害未成年人犯罪上,根据数据统计,法院仅对2.5%的犯罪人适用了保安处分,适用的类型基本为禁止令和从业禁令,适用比率偏低。适用对象的职业主要为教师或培训机构的老师,还有小部分为个体经营户等非教师群体。具体适用保安处分的典型情形有:第一,被告人为学校在职教师,判决中的表述为禁止被告人从事"教师类别行业""未成年

---

① 参见湖南省隆回县人民法院(2017)湘0524刑初478号刑事判决书。
② 参见梁根林:《非刑罚化——当代刑法改革的主题》,《现代法学》2000年第6期。

人教育相关职业"等。第二,被告人为课外培训机构的教师,判决中的表述为禁止被告人从事"与教育相关职业""与未成年人相关的职业"等。第三,被告人为商店经营者,其在商店内对未成年人实施猥亵,法院判决禁止其"进入受害人的住处或者接触受害人及其法定代理人、近亲属"。第四,被告人容留未成年人卖淫的,禁止被告人"经营休闲场所"。

司法机关对犯罪的原教师人员判处的职业禁令存在一些问题。首先,对犯罪的原教师人员适用从业禁令的比例偏低。有3.5%的犯罪人原为教师人员,这些犯罪人利用师生关系的便利对未成年人实施了性侵害。但是,并不是所有原职业为教师的犯罪人都被判处从业禁令。根据数据统计,性侵害未成年人犯罪具有反复性的特点,有一部分犯罪人曾经具有性犯罪的前科,并且教育类的职业能够为犯罪人实施性侵害提供便利,若教师被释放后再次从事教育类行业,其再犯的可能性较大。因此对教师犯罪人有适用从业禁令的必要性,实践当中对教师适用从业禁令的比例偏低,应当进一步扩大职业禁令的适用比例,从而防止犯罪人再次犯罪,更好地保护未成年人。其次,从业禁令的范围与预防再犯罪的需要不相适应。从判决来看,不同法院对职业相同、性侵行为相似的犯罪人作出的从业禁令存在差异,这导致职业禁令的范围或过窄或过宽。例如,对于培训机构的教师,有法院判决禁止被告人从事"与教育相关的行业",该从业禁令范围过宽,一并禁止了被告人从事成人培训行业。又如,同样对于培训机构的教师,有些法院判决被告人禁止从事"与未成年人相关的职业",此种判决范围亦是不够明确,因为与未成年人相关的职业可以包括未成年人日用品批发行业、儿童用品销售行业等等,禁止被告人从事此类行业不仅无益于预防其再犯罪,反而过度限制其劳动的自由。从业禁止的范围既要与行为人犯罪情况和预防再犯罪的需要相适应,又不得过分限制其所享有的劳动权,以免其无法正常就业,从而获得经济生活基础[①]。应从实施职业禁令的目的出发,确定职业禁令的范围。对犯罪的原教师人员判处职业禁令的目的是防止犯罪人利用教师职务的便利再次性侵未成年人,因此职业禁令应当实现犯罪人与未成年人不发生接触。最终,无论是在职的教师还是培训机构的老师,合适的从业禁令范围应是:禁止其从事与未成年人相关的、可能与未成年人发生密切接触的教育、看护等行业。

---

① 参见童策:《刑法中从业禁止的性质及其适用》,《华东政法大学学报》2016年第4期。

第三节　性侵害未成年人犯罪的特征分析

运用裁判文书数据资源并结合多来源资料与典型案例的比较、验证，可以相对全面、明确地分析性侵害未成年人犯罪的特征。性侵害未成年人犯罪的特征分析将科学、精准地指明犯罪防控的方向，并为刑事政策和社会政策的制定提供犯罪学基础。

一、犯罪人特征分析

（一）犯罪人年龄和性别特征

根据前述对性侵害未成年人犯罪的案件数据统计，犯罪人的平均年龄为42.4周岁，在犯罪人年龄分布上，不满18周岁的犯罪人占比20.8%，18至39周岁的犯罪人占比37.5%，40~74周岁的犯罪人占比29.2%，75周岁以上的犯罪人占比12.5%（参见图1-4）。数据表明，犯罪人的年龄集中于18至39周岁的青年群体，这也与整体犯罪中青年犯罪率通常比较高相契合。

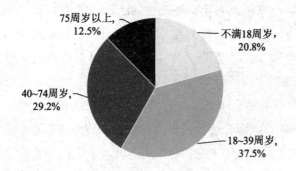

图1-4　犯罪人年龄分布

在对案例的调查总结中发现，在犯罪年龄方面，值得关注的还有两个特征：一是不满18周岁的未成年人犯罪占据相当比例，并且针对身边同龄人作案是未成年人实施性侵害未成年人犯罪的典型特征。许多典型案件中，未成年犯罪人多针对熟人或认识的人作案，犯罪对象往往都是自己未满18周岁的同学、朋友或网友，受害人的年龄基本都在10周岁以上，犯罪人与受害人年龄相近。从司法实践来看，部分16周岁左右的男性未成年人与未满14周岁的女性未成年人之间的性接触可能被视为猥亵儿童罪的行为，但是年龄接近的未成年人之间因认知不成熟发生的性接触在案件处理时应予以审慎,根据平衡保护原则未来可适当考虑引入"两小无猜"条款,对年龄相近的未成年人之间在非强制的情形下的性接触可以考虑适当的除罪化处理。

另一值得关注的特征是性侵害未成年人的犯罪人年龄分布较为宽泛,除青少年、中年人外,75周岁以上老年人亦占据10%以上。通过考察典型案例发现,老年犯罪人的侵害对象往往在12周岁之下,受害人往往是犯罪人自己身边接触到的未成年人。这表明,对性侵害未成年人犯罪的预防不能因预防对象的年龄而有所差别或疏于防范。

在性别上,性侵害未成年人的犯罪人以男性为主,占比99.4%,仅有0.6%的犯罪人为女性。女性犯罪人的犯罪特征与男性犯罪人存在一定的差异。一方面,男性犯罪人单独犯罪的情形较多,而女性犯罪人往往与他人共同实施犯罪,并且在共同犯罪中经常以教唆犯、帮助犯等共犯的形式实施犯罪。另一方面,男性犯罪人的犯罪动机是为了满足自己的性心理和性需求,而女性犯罪人的犯罪动机多元,除满足性心理外还有报复、牟利等动机。

(二)犯罪人职业特征

在对性侵害未成年人犯罪案件统计的已知的数据[①]当中,犯罪人的职业情况如图1-5所示,犯罪人数位列前三的是无业人员、教师和工人,分别占比15.2%、9.5%和3.5%,而职业为学生、国家公职人员和企业员工的犯罪人较少,分别占比0.3%、0.3%和0.6%。

根据数据统计并结合典型案例分析,性侵害未成年人犯罪人有如下职业特征需要注意:第一,以师源性性侵害为代表的未成年人照护职业领域性侵害多发。以教师为代表的未成年人照护职业从业者由于工作性质的特殊性,会经常性地与未成年群体发生接触。典型案例显示,部分犯罪人为了能够接触未成年人而混入照护未成年职业之中,利用能够接触未成年人的机会实施犯罪,甚至反复如此实施犯罪。因此,当前有效落实《中华人民共和国未成年人保护法》(简称《未成年人保护法》),在全国多地已陆续深入展开的密切接触未成年人行业从业查询工作,对预防利用密接职业犯罪具有重要的意义。第二,犯罪的发生与犯罪人的文化程度和工作的稳定性有一定关联。无业人员缺乏常规性的单位管理,行为随意且流动性高,实施性侵害未成年人犯罪相较难以有效发现与查获,因此在犯罪人的职

---

① 一些裁判文书并未指明犯罪人的职业,因此案例统计中存在一定的未知数据。

业中占比最高。第三,个体户或自由职业人员利用经营场所诱骗未成年人的现象值得关注。调查部分典型案例发现,一些性侵害未成年人的犯罪人以经营的商店、超市或摄影部等为作案场所,物色附近的未成年人,并利用食物、娱乐设备诱骗未成年进入经营场所,随后对其进行性侵犯。私人经营的场所较为封闭隐蔽,除非受害人主动报告,在营业场所的相关犯罪不易被他人发现。因此对未成年人常去的经营场所应予以关注,注意线索排查与跟踪,做好相应的预防措施。

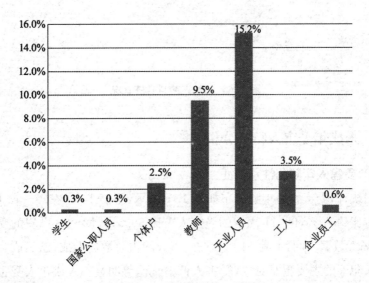

图1-5 犯罪人的职业情况

(三)犯罪人前科劣迹特征

在对性侵害未成年人犯罪案件进行统计分析时,将前科劣迹情况划分成了四类:(1)性犯罪前科,指曾因犯过9种与性相关的犯罪(强奸罪,负有照护职责人员性侵罪,强制猥亵、侮辱罪,猥亵儿童罪,组织卖淫罪,强迫卖淫罪,协助组织卖淫罪,引诱、容留、介绍卖淫罪,引诱幼女卖淫罪)而受过刑事处罚;(2)其他犯罪前科,指曾因犯上述9种性侵类以外的犯罪而受到刑事处罚;(3)治安管理处罚,指曾因触犯治安管理法规而受到行政处罚;(4)无前科劣迹,是指未曾犯罪或受过治安管理处罚。数据显示,有85.4%的犯罪人无前科劣迹,14.6%的犯罪人具有前科劣迹。具体而言,有性犯罪前科的占比2.9%,有其他犯罪前科的占比9.2%,受过治安管理处罚的占比2.5%(参见图1-6)。数据表明,有犯罪前科的人数占比12.1%,再犯值得关注,在未来实施有关性侵犯罪的预防措施时,实施的对象不仅限于有性犯罪前科的人,还应拓展至有其他犯罪前科的人及曾受过治安管理处罚的人。

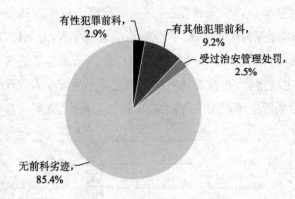

图 1-6 犯罪人前科劣迹状况

二、未成年受害人特征分析

(一) 受害人年龄和性别特征

根据统计,受害人的年龄分布如图 1-7 所示,不满 14 周岁(0~13 周岁)的受害人占比约 70%,6~11 周岁的受害人占比 39.5%,12~13 周岁的受害人占比 24.6%。数据表明,不满 14 周岁的受害人约占总数的七成,已然成为性侵害未成年人犯罪的主要犯罪对象,受害人低龄化趋势明显。未成年人受害人低龄化很大的原因在于,年龄较小的未成年人身心发育尚未完全,对性侵行为缺乏防范意识和防范能力,性防御能力弱的特点很容易被犯罪人所利用。而 6~11 周岁与 12~13 周岁的受害人分别处于小学和初中义务教育阶段,因此在性侵害未成年人犯罪的防控上,应将性教育内容融入义务教育当中,予以足够重视。同时,被害人的年龄大小将直接影响到行为人的主观认定规则。依据 2023 年最高人民法院(简称"最高法")、最高人民检察院(简称"最高检")、公安部、司法部(以上四个部门合称"两高两部")发布的《关于办理性侵害未成年人刑事案件的意见》第十七条规定,若行为人对不满 12 周岁的被害人实施性侵害,则直接认定行为人"明知"对方是幼女;若行为人对已满 12 周岁不满 14 周岁的被害人实施性侵害,并且从其身体发育状况、言谈举止、衣着特征、生活作息规律等观察可能是幼女,则应认定行为人"明知"对方是幼女。从司法判决来看,司法机关在判决书中往往直接给出行为人在主观上"明知"对方是幼女的结论,而缺乏具体的论述,主观认定直接决定行为人罪与非罪和刑罚的轻重,因此在未来司法机关应当加强对这方面的论证。

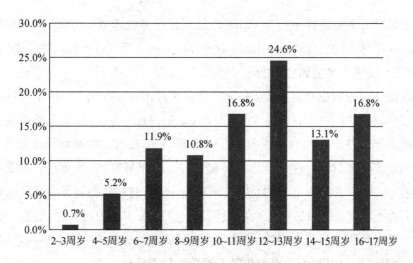

图 1-7 受害人年龄分布情况

根据数据统计,女性受害人占比 98.1%,男性受害人占比 1.9%,这表明性侵害未成年人犯罪保护的重点是女性未成年人。但是对未成年男性的性保护依旧不可忽视,性侵男童的社会危害性与性侵女童的社会危害性相当。性侵男性未成年人的行为同样会造成身体损伤,在心理上使受害人产生焦虑、羞耻和恐惧等心理,这些危害后果与性侵女性未成年人同质。但根据我国立法规定,性侵男性未成年人的行为无法以强奸罪规制,只能认定为猥亵儿童罪或故意伤害罪等其他犯罪,这将导致性侵男性未成年人的刑罚偏轻的问题。因此,有学者提议将男童纳入强奸罪的保护对象,从而实现刑法对性侵男童与性侵女童行为的平等规制①。此外,典型案例显示,当前性侵男性未成年人的犯罪行为出现了新的犯罪模式。这些犯罪以团伙作案为主,呈现出一定的组织形式,通过性侵男童的犯罪行为进行牟利,具有浓厚的商业化、产业化的性质。例如,在"李某某猥亵儿童"案中,犯罪人组织胁迫男童为他人提供有偿性服务,有性需求者通过犯罪人搭建的"天空少年会所"网站进行预约,之后犯罪人会根据约定将男童送往指定地点提供性服务②。再如,在"王某某、谢某某猥亵儿童"案中,犯罪人王某某多次组织胁迫多名未成年男童,通过网上平台进行数十次淫秽色情直播非法牟利,直播期间犯罪

---

① 参见刘仁文:《论我国刑法对性侵男童与性侵女童行为的平等规制》,《环球法律评论》2022 年第 3 期。

② 参见上海市浦东新区人民法院(2019)沪 0115 刑初 4561 号刑事判决书。

人王某某对男童实施猥亵行为①。这些新型性侵男性未成年人的行为,相较于传统的性侵行为危害性更大,因此需对这种新型犯罪模式进行专门性打击治理。

(二) 受害人学业职业特征

根据已知的数据统计,尚未上学的受害人占比8.4%,小学、初中、高中(高职)或专科在校的学生占比90.1%,辍学在家的占比1.0%,从事服务业或其他临时性工作的占比0.5%(参见图1-8)。数据表明,在校学生是性侵害未成年人犯罪的主要受害对象。这一特征主要和受害人的年龄有关,此类犯罪的受害人均未满18周岁,并且有七成的受害人未满14周岁,这些年龄特征决定了大部分受害人尚处于义务教育或高中(高职)阶段。受害人主要为在校生,受害人群体的日常活动场所较为集中,这为开展性侵犯罪的预防工作提供了契机,司法单位、社会和学校应以校园为平台积极开展普法教育活动。

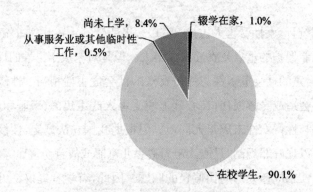

图1-8 受害人学业职业情况

(三) 受害人与犯罪人之间的关系特征

在对犯罪人与受害人关系进行调查统计时,可以将关系类型先分为陌生人和熟人两大类,其次又将熟人细分为恋人、邻居、朋友、亲属、师生、网友和其他熟人七类。根据数据统计,陌生人和熟人分别占比26.5%和51%;在熟人大类下,数量较多的是网友、师生、亲属和朋友,分别占比8.0%、8.0%、5.9%和5.9%(参见图1-9)。

根据数据及具体案例,犯罪人与受害人之间的关系具有如下明显需要关注的特征:

---

① 参见黑龙江省集贤县人民法院(2019)黑0521刑初212号刑事判决书。

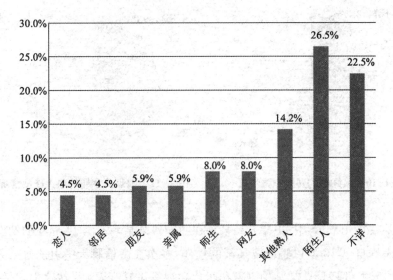

图 1-9 犯罪人与被害人关系分布情况

第一,犯罪人与受害人之间认识的比例较高,以熟人作案居多。根据所有性侵类案件的汇总数据,熟人和陌生人分别占比 51% 和 26.5%,因此总体来看性侵害未成年人的犯罪人与受害人之间大多认识。熟人作案居多的原因在于,犯罪人与受害人日常接触的机会较多,同时戒备心较低,这些都有利于犯罪人实施性侵犯罪。在典型类案调查中发现,在强奸罪中熟人作案的特征尤为明显。数据显示,在强奸罪中关系类型为熟人和陌生人的占比分别为 76.5% 和 15.1%,熟人作案的比例超过 3/4(参见图 1-10)。强奸罪的熟人作案比例极高的原因在于,90% 的强奸罪案件发生在犯罪人住所、受害人住所、宾馆等隐蔽场所,而发生在公共场所的比例只有 10%。若犯罪人与受害人是陌生关系,则两者很难共同出现在上述隐蔽场所之中。但是,猥亵儿童罪中熟人作案的特征并不突出。数据显示,在猥亵儿童罪中关系类型为熟人和陌生人的占比分别为 48.2% 和 42.7%(参见图 1-11)。这说明,猥亵儿童罪仍具有熟人作案较多的特征,但是熟人与陌生人的比例差异并没有特别明显。

第二,受害人与犯罪人之间通过网络结识的现象突出,显示出网络成为性侵害未成年人犯罪的重要媒介。典型案例表明,许多犯罪人往往借助交友软件或一些游戏软件与受害人结识,通过建立恋爱关系、虚报年龄、伪装身份等方式获取受害人的信任,进而实施性侵行为,有三种典型情形值得关注与介入预防:一是以展示视频、图片等线上形式实施猥亵性侵行为的现象日益凸显。例如在

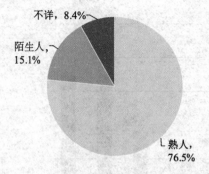
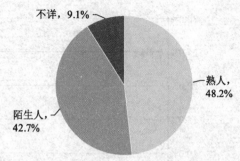

图 1-10 强奸罪的熟人作案情况　　图 1-11 猥亵儿童罪的熟人作案情况

"吴某某猥亵儿童"案中,犯罪人吴某某在明知曹某某系不满 14 周岁的幼女的情况下,谎称自己 15 岁以骗取曹某某的信任,多次在微信聊天中引诱曹某某和其讨论性话题,并诱导曹某某拍摄隐私照片和视频供其观看①。在这类案件中,犯罪人充分利用了未成年人缺乏社会经验、判断力不足、容易受外界诱惑的特点。二是以网络恋爱为名行性侵之实的情形较为常见。犯罪人根本就不存在恋爱目的,只是借用恋爱的名义,欺骗未成年女性的信任,最后实施性侵行为。三是少数案件中双方具有真实的恋爱目的,犯罪人明知受害人未满 14 周岁仍实施性行为致罪。此类案件中,犯罪人通过网络结识受害人,以真实的男女恋人关系相处,后犯罪人明知未成年人未满 14 周岁仍与其发生性关系,构成相关犯罪。这些案例充分表明,对未成年人使用网络进行全面的指导教育,并对网络环境进行针对性的清理打击,已成为治理性侵害未成年人犯罪的必然要求。

第三,亲属性侵未成年人的现象值得关注。从司法案例来看,亲属不一定属于照护职责人员,亲属性侵未成年人的常见类型有:(1)继父性侵其继女;(2)亲生父亲性侵其亲生女儿;(3)叔叔性侵其侄女;(4)爷爷性侵其孙女。在这四种情形当中,最为多发的是继父性侵其继女的情形。亲属性侵未成年人案件具有以下典型的特点:一是,犯罪的地点通常在犯罪人与未成年人共同居住的家中。犯罪人往往与未成年人共同生活在同一住所当中,犯罪人会趁家中没有其他人的情况下对未成年人实施性侵害。二是,未成年受害人难以主动报告,性侵行为通常是被动发现的。未成年受害人往往因为害怕或者基于其与犯罪人之间的不平等关系,而不敢向其他近亲属报告,性侵行为往往是由其他近亲属通过未成年人的异常举动而

---

① 参见上海市浦东新区人民法院(2020)沪 0115 刑初 3735 号刑事判决书。

察觉和发现的。三是，司法介入困难。即使未成年人的其他近亲属已经发现了性侵行为，但是由于犯罪人是家庭内部的成员，因此犯罪人以外的近亲属碍于面子或考虑到家庭的和谐等因素，不愿将案件报告至司法机关，而是选择忍气吞声，以家庭内部和解的方式解决问题。四是，性侵行为具有反复性和持续性。根据数据统计，在亲属性侵案件中，有77.3%的案件中的被害人受到了多次性侵害，这些案件的平均性侵时长为19.6个月，有些案件的性侵时长更是长达5年。造成亲属性侵行为反复与持续的原因主要有两点：其一，性侵行为发生在家中，具有隐蔽性，不易被发现；其二，其他近亲属对性侵行为容忍的态度，为再次犯罪提供了机会。因此，为阻止亲属二次性侵未成年人的发生，社会不仅应对未成年人开展预防性侵教育，同时也应当对未成年人的父母开展相关宣传工作，引导未成年人的父母形成正确的价值观，鼓励未成年人的父母积极向司法机关揭发性侵行为。此外，学校老师、邻居等社会群体发现亲属性侵行为时，也应当积极向司法机关揭发。

第四，应关注到农村留守未成年人遭受性侵害的现象。在调查中发现，有不少性侵案件发生在农村地区，农村中有许多留守儿童，他们的父母外出打工，平常由爷爷奶奶等老人照顾，因此通常缺乏密切的监护，他们的活动范围往往会超出家人的视野。犯罪人正是利用了留守未成年人缺乏家庭监管的漏洞，趁家人不注意通过诱骗等手段对未成年人实施性侵害。司法机关似乎关注到了这一点，2023年最高人民法院、最高人民检察院发布的《关于办理强奸、猥亵未成年人刑事案件适用法律若干问题的解释》（以下简称《性侵未成年人案件解释》）第一条规定："奸淫幼女的，依照刑法第二百三十六条第二款的规定从重处罚。具有下列情形之一的，应当适用较重的从重处罚幅度：……（四）对农村留守女童、严重残疾或者精神发育迟滞的被害人实施奸淫的"，该司法解释加大了对性侵农村留守儿童行为的处罚力度。留守儿童是性侵害防控的盲区，原因如下：其一，农村经济条件较差，性教育工作普及率低，留守儿童很难从学校或村委会获取性教育的知识；其二，留守儿童往往由老人抚养，而老人文化水平较低，老人作为家长也难以对留守儿童展开性教育。因此，针对留守儿童的性侵防控工作应当从两方面展开，一方面，应当通过学校或村委会直接对留守儿童展开性教育；另一方面，应当对留守儿童的家长开展性安全教育，增强家长防范儿童被性侵的意识，要求父母及时发现子女的异常表现，密切注意子女日常生活中的可能风险。①

---

① 参见张晓冰：《农村留守儿童遭受性侵案件的特征、难点及出路》，《法律适用》2019年第4期。

第五，应当厘清犯罪人的照护职责人员身份在定罪量刑中所起到的特殊作用。照护职责人员是指对未成年人具有监护、收养、看护、教育、医疗等特殊职责的人员。在定罪上，是否具有照护职责身份将影响到罪与非罪。一般而言，行为人在双方均自愿的情况下与已满14周岁但不满16周岁的未成年女性发生性关系，不构成犯罪，但是若行为人具有照护职责人员身份，则会构成负有照护职责人员性侵罪。在量刑上，是否具有照护职责人员的身份将影响到刑罚的轻重。依据《性侵未成年人案件解释》第一条规定，在强奸罪中，若奸淫幼女的犯罪人是照护职责人员，则在依照刑法第二百三十六条第二款的规定从重处罚的基础上，应当适用较重的从重处罚幅度。同样依据《性侵未成年人案件解释》第二条规定，负有特殊职责的人员多次实施强奸、奸淫行为，应当认定为刑法第二百三十六条第三款第一项规定的"强奸妇女、奸淫幼女情节恶劣"，并适用10年以上有期徒刑、无期徒刑或死刑的加重刑。

三、犯罪行为特征分析

（一）犯罪手段多样

对性侵害未成年人犯罪行为进行统计发现，犯罪人使用的主要手段由多到少依次是诱骗、暴力、胁迫、迷醉和利用被害人无防卫能力，分别占比36.7%、25.9%、6.2%、4.6%和4.3%（如下图1-12所示）。此外，有占比10.5%的性侵行为是在受害人自愿等其他情形下发生的，但由于受害人的年龄不满14周岁，没有性同意能力，此行为依旧构成犯罪。由此看出，诱骗、暴力、胁迫是主要的犯罪手段。同时，值得注意的是有4.6%的性侵行为是利用迷醉手段实施的，迷醉型性侵行为是指犯罪人先通过酒精、迷药等物质使被害人失去防卫能力而后实施性侵

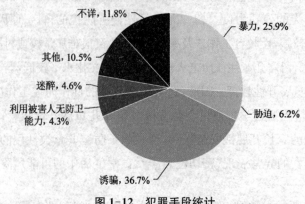

图1-12 犯罪手段统计

行为或者利用被害人本身的迷醉状态实施性侵行为。对于迷醉型性侵行为,应当通过警示教育,告诫未成年人禁止饮酒,并防范陌生人投递迷醉类药物。

同时,有4.3%的性侵行为是利用被害人无防卫能力实施的,也即性侵的实施对象是精神发育迟滞的未成年人。犯罪人利用精神发育迟滞的未成年人对性侵行为缺乏正确认识、抵抗能力弱的特点,对其实施性侵行为,此种行为性质恶劣,因此应加强对精神发育迟滞的未成年人的保护。由于不满14周岁的未成年人因立法推定不具有性同意能力,因此若行为人的性侵对象未满14周岁,被害人的精神状况不会影响到犯罪的成立与否。但是,若被害人已满14周岁,被害人的精神状况将直接影响到强奸罪、强制猥亵罪的成立与否,若行为人明知被害人缺乏性防卫能力仍对其实施性侵害,即使这是在双方自愿的情形下发生的,也仍然成立犯罪。在处理此类案件时,应当从两个方面展开审查。其一,审查被害人是否具有性防卫能力。法学意义上无防卫能力的认定标准源于《精神疾病司法鉴定暂行规定》第二十二条第一款的规定:"被鉴定人是女性,经鉴定患有精神疾病,在她的性不可侵犯遭到侵害时,对自身所受的侵害或严重后果缺乏实质性理解能力的,为无自我防卫能力。"但是这一标准较为模糊,缺乏可操作性,因此在司法实践中,通常依据《精神障碍者性自我防卫能力评定指南》中的具体细则对被害人的性自卫能力展开评定,并将性自卫能力分为有性自我防卫能力、性自我防卫能力削弱、无性自我防卫能力三个等级。若被害人被评定为性自我防卫能力削弱或无性自我防卫能力,则应将行为人非强制实施性侵害的行为认定为犯罪,而不考虑被害人的自愿性。其二,审查行为人是否明知被害人精神发育迟滞。若行为人不明知被害人精神发育迟滞的事实,将阻却犯罪的成立,因此准确查明行为人的主观状况十分重要。行为人对被害人精神状况的认识程度可以依据客观证据进行判定。若行为人与被害人事前认识,例如两人共同生活或者是同学、朋友,则往往可以得出行为人明知被害人精神状况的结论。若行为人事先与被害人不认识,但在接触过程中,从被害女性的外貌、发育、表情、言谈、举止等常理推断,行为人已发觉女方精神不正常,而乘机与其发生性关系的,这就需要根据被害幼女提供的与行为人接触的详细过程和细节陈述,并结合其他证据,并对照行为人供述的诚实程度,予以准确判断认定[①]。

---

① 参见张华、沙兆华、祝丽娟等:《性侵害未成年人犯罪法律适用研究——上海市第二中级人民法院及辖区法院2012—2015年性侵害未成年人案件实证调查》,《预防青少年犯罪研究》2017年第1期。

(二)犯罪地点具有隐蔽性

根据数据统计,在犯罪地点上,私密场所和公共场所分别占比78.7%和19.4%;在私密场所中,犯罪人住所、受害人住所、宾馆和其他私密场所分别占比24.8%、16.5%、17.7%和19.7%(参见图1-13),常见的其他私密场所有汽车、学校、娱乐会所包厢等地方。数据表明,犯罪地点大多发生在私密场所,具有一定的隐蔽性,往往缺乏第三人在场,不容易被发现。在司法实践中还发现,一些性侵案件发生在私人影院当中,这些私人影院通常还会提供包场、夜猫场、通宵观影等"允许留宿"的服务,有的甚至24小时营业并直接经营"日包房"、民宿等项目,且均未按照《旅馆业治安管理办法》规定安装旅业系统和二代身份证读卡器,也不会对顾客进行身份核验登记,私人影院中乱象丛生,已经成为监管的盲区①。

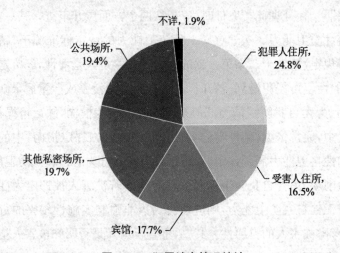

图1-13 犯罪地点情况统计

值得注意的是,在宾馆和娱乐场所的经营上,2020年修订的《未成年人保护法》已经作出了专门的针对性规定以保护未成年人。其一,宾馆等住宿场所的经营者对入住的未成年人具有身份审查的义务。2020年修订的《未成年人保护法》第五十七条明确规定了旅馆、宾馆、酒店等住宿经营者接待未成年人入住,或者接待未成年人和成年人共同入住时,应当询问父母或者其他监护人的联系方式、入住人员的身份关系等有关情况;发现有违法犯罪嫌疑的,应当立即向公安机关报告,并及时联系未成年人的父母或者其他监护人。在这项规定的基础上,

---

① 参见姚琳:《扬州邗江检察力促私人影院规范管理》,《法治日报》2022年3月31日,第4版。

公安部提出"五必须"①要求,以切实防范在旅馆中侵害未成年人案件的发生。其二,禁止未成年人进入不适宜未成年人活动的娱乐场所。《未成年人保护法》第五十八条规定了营业性歌舞娱乐场所、酒吧、互联网上网服务营业场所等不适宜未成年人活动场所的经营者,不得允许未成年人进入,这在源头上阻止了性侵行为在娱乐场所的发生。但是,在2020年修订的《未成年人保护法》实施后,仍有不小比例的性侵害未成年人犯罪案件发生在酒店、宾馆以及一些娱乐会所,这说明宾馆等住宿行业和娱乐场所的经营者并未严格落实法律规定,在对未成年人的身份核验上存在漏洞。若严格执行法律规定及相关行业规定,能够有效地预防与减少此类性侵行为的发生。在私人影院的治理上,可以通过发布检察建议或多部门联合出台文件的形式明确禁止私人影院接待无监护人陪同的未成年人,并要求私人影院加强自身规范严格核实顾客身份;与此同时,司法部门应与市场监管部门联合加强执法,联合打击私人影院违规接待未成年人的行为。

此外,"隔空猥亵"的案件在司法实践中时有发生。"隔空猥亵"是指行为人通过线上对未成年人实施性侵害。司法实践中常见的"隔空猥亵"行为有:(1)行为人通过视频聊天或发送照片、视频的方式,胁迫、诱骗未成年人观看行为人自身或他人的隐私部位、淫秽行为。(2)行为人胁迫、诱骗未成年人暴露自身的隐私部位或者实施淫秽行为,并要求未成年人以视频聊天或照片、视频等方式传递。"隔空猥亵"行为出现的初期,司法机关内部在该行为的刑事认定上产生了一些分歧,但随着研究的深入观点逐渐趋于一致,司法机关也通过发布指导性案例与司法解释统一了"隔空猥亵"行为定性的认识。2018年11月18日最高人民检察院发布的第十一批指导性案例中的"骆某猥亵儿童案"②明确了"隔空猥亵"行为具有刑事违法性,即行为人通过网络不与被害儿童身体发生接触的猥亵行为,具有与直接接触被害儿童身体的猥亵行为相同的性质和社会危害性,该行为虽未直接接触未成年人,但实质上已使未成年人的尊严和心理健康受到严重侵害。《性侵未成年人案件解释》也对此类性侵行为的刑法适用作出了明确规定,该解释第九条规定:"胁迫、诱骗未成年人通过网络视频聊天或者发送视频、

---

① "五必须"是指:旅馆经营者接待未成年人入住,必须查验入住未成年人身份,并如实登记报送相关信息;必须询问未成年人父母或者其他监护人的联系方式,并记录备查;必须询问同住人员身份关系等情况,并记录备查;必须加强安全巡查和访客管理,预防针对未成年人的不法侵害;必须立即向公安机关报告可疑情况,并及时联系未成年人的父母或其他监护人,同时采取相应安全保护措施。

② 参见最高人民检察院指导案例第43号(2018年)。

照片等方式,暴露身体隐私部位或者实施淫秽行为,符合刑法第二百三十七条规定的,以强制猥亵罪或者猥亵儿童罪定罪处罚。"由此进一步明确了"隔空猥亵"行为具有刑事违法性。

尽管"隔空猥亵"行为可以被认定为犯罪,但是在入罪时仍应注意以下几点:第一,猥亵行为包括言语猥亵。言语猥亵是指鼓励或要求未成年人以文字或语音形式说、读淫秽内容,或者以文字或语音的形式对未成年人进行性挑逗[①]。由于言语猥亵的性质与其他猥亵行为相比较为轻微,因此言语猥亵可能会被认定为行政法上的"性骚扰"而非刑法上的"猥亵"。通过言语猥亵与通过淫秽视频、照片猥亵在侵害后果上并无实质性区别,这些行为都是通过传递淫秽信息从而实现猥亵的效果,只是在传递方式或表现形式上存在一定的差异,例如语音猥亵是通过声音传递淫秽信息,而照片是通过光传递淫秽信息。因此,言语猥亵和其他猥亵方式一样均会对未成年人的身心造成侵害,应被认定为刑法上的"猥亵行为"。第二,在对"隔空猥亵"行为适用刑法时,要注意区分猥亵儿童罪与强制猥亵罪。相对于猥亵儿童罪而言,强制猥亵罪对手段行为的要求更高,行为人只有实施了暴力、胁迫等强制手段才能构成强制猥亵罪。因此,针对不满14周岁未成年人实施的"隔空猥亵",无论手段是否具有强制性,均构成猥亵儿童罪;针对14周岁以上的未成年人实施的"隔空猥亵",当手段行为具有强制性时则构成强制猥亵罪,当手段行为不具有强制性时则不构成犯罪。司法实践中经常会出现未成年人已满14周岁,行为人通过虚假许诺或者发红包、送礼物等方式获取未成年人的好感,并实施"隔空猥亵"行为,在此种情况下,由于手段行为不具有强制性,未成年人完全可以通过删除好友、关闭通信软件的方式自行阻断他人的"猥亵行为",其性自主权并未受到妨害,因此不应当对此种行为认定为犯罪。

(三)性侵害行为具有反复性和持续性

根据数据统计,有40.4%的未成年受害人受到过两次或两次以上的性侵害,有59.6%的受害者只受到过一次性侵害(参见图1-14)。并且在受害人被多次性侵的案件当中,绝大多数受害人受到的多次性侵害均来自同一犯罪人。在受害人与犯罪人为亲属关系的案件中,受害人受到多次性侵的问题尤其突出,有77.3%的受害人受到过其亲属的多次性侵害。数据与典型案例都表明,犯罪人

---

① 参见邵守刚:《猥亵儿童犯罪的网络化演变与刑法应对——以2017—2019年间的网络猥亵儿童案例为分析样本》,《预防青少年犯罪研究》2020年第3期。

的性侵害行为具有一定的反复性,并且受害人是否会受到多次性侵害与犯罪行为的隐蔽程度相关联。若犯罪行为较容易被发现,一旦犯罪人被告发和惩治,受害人将不再受到二次的侵害。但在像亲属性侵未成年人的案件中,一方面犯罪行为难以被发现,另一方面即使被发现,受害人及其监护人可能会被胁迫或囿于颜面而选择忍气吞声,对犯罪行为的容忍将为犯罪人再次实施性侵行为提供可能。

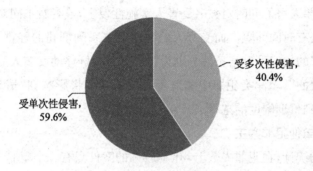

图1-14 被害人受性侵害次数情况

根据数据统计,在受多次性侵害的受害人中,受性侵害持续时间为1个月及以下的人数最多,占比50.4%,其次是持续时间为2个月以上不满1年,占比36.0%;受性侵害持续时间长短不一,最短仅数天,最长可达4年,所有受多次性侵害的受害人的受侵害平均时长为5.3个月(参见图1-15)。同时,调查中还发现,在受害人与犯罪人为亲属关系的案件中,受多次性侵的受害人的受侵害平均

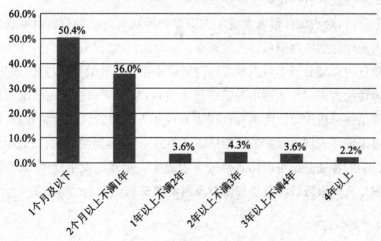

图1-15 受多次性侵害的持续时间状况

时长为 19.6 个月，远高于其他案件类型。数据表明，持续性是性侵害未成年人犯罪的重要特征，持续的性侵害将给未成年人造成多次、长期、严重的身心伤害。性侵行为的持续性特征有两点原因：其一，犯罪人具有长期的恶劣性需求，并不是实施单次性侵行为后便能够满足；其二，犯罪人在实施完成首次性侵行为后，并没有被告发，促使其产生侥幸心理，进而继续实施性侵害。

此外，受害人涉及多人的案件占比 12%，在此类案件中被害对象为两人或两人以上，犯罪人可能同时对数名受害人实施性侵害，或者对不同对象实施的性侵行为之间具有时间间隔。而受害人的数量会关系到刑罚的轻重，例如强奸罪和猥亵儿童罪的法定刑升格条件分别为"强奸妇女、奸淫幼女多人的""猥亵儿童多人或者多次的"，卖淫类犯罪中卖淫者人数的多少将影响到"情节严重"的认定，进而影响到量刑幅度的选择。

(四) 以单独犯罪为主

根据数据统计，在犯罪人数上，有 88.7% 的案件只有一个犯罪人，有 11.3% 的案件犯罪人有两个或两个以上。数据表明，单独犯罪是性侵害未成年人犯罪的主要形式。并且，共同犯罪主要出现在卖淫类犯罪当中；而绝大部分的强奸罪，强制猥亵、侮辱罪和猥亵儿童罪都是单独犯罪。这是因为，在强奸罪、猥亵儿童罪等案件中，犯罪人的犯罪动机主要是为了实现个人的性需求、满足性心理，他人很难与犯罪人有相同的犯罪目的。而卖淫类犯罪的实施涉及联系卖淫女、招揽嫖客、租用卖淫场所等多个方面，需要多人的分工和配合才能够完成，因此卖淫类犯罪往往具有一定的组织形式。

综上分析，对当前性侵害未成年人犯罪的现状与特征的分析对明确性侵害未成年人犯罪的刑事政策而言至关重要。一方面，就状况分析而言，从体现犯罪现状的数量与类型分析中可以发现性侵害未成年人犯罪的变化趋势、预防效果，从而明确性侵害未成年人刑事政策的惩治重点；从体现司法惩治状况的刑罚与保安处分措施分析中可以明确对性侵害未成年人犯罪的预防再犯效果，从而明确性侵害未成年人刑事政策的惩治措施。而另一方面，对犯罪人、未成年受害人与犯罪行为的特征分析可以体现性侵害未成年人犯罪的发生规律，从而明确性侵害未成年人刑事政策的重点预防对象与治理要求。

第二章

性侵害未成年人犯罪刑事政策体系的现状与问题

第一节 性侵害未成年人犯罪专门刑事政策的发展形塑

刑事政策是用于指导刑事立法、司法和其他与之相关的社会活动之间的关系，通常以策略、方针和原则等形式出现，并具体落实到立法层面的法律法规与司法层面的规范运行上。一个国家对性犯罪未成年受害人的相关刑事政策能够体现出该国对于未成年人保护的关怀程度，也体现出对性犯罪的惩治力度。我国在性侵害未成年人犯罪的刑事政策上历来重视对于性侵害未成年人罪犯的打击与对未成年受害人的保护，新中国成立之初，就有针对严惩性侵害幼女犯罪的刑事司法解释，1953年2月20日，最高人民法院在《关于严惩强奸幼女罪犯的指示》中明确严惩强奸幼女的罪犯。但就性侵害未成年人犯罪专门刑事政策的形成经历了从一般到具体的过程，即从一般未成年人保护的精神出发，逐渐将这种一般保护原则具体化为性侵害未成年人犯罪的刑事政策，并逐渐科学化与体系化的过程。

一、性侵害未成年人犯罪刑事政策的规范渊源

性侵害未成年人犯罪的刑事政策立基于未成年人保护的基本规范，是基本规范的落实体现。1991年我国加入了联合国《儿童权利公约》，公约明确规定了国家有义务、有责任保护儿童权益，并应积极主动地履行此责任。1991年制定的《未成年人保护法》第一条就明确规定要保护"未成年人身心健康"。性侵害未成年人犯罪构成对未成年人身心的严重伤害，通过刑事政策来预防与惩治性侵

害未成年人犯罪可以说是贯彻未成年人保护的规范要求,也是保障未成年人身心健康的底线要求。此外,未成年人保护的基本规范也成为性侵害未成年人犯罪的刑事政策的基本原则。例如我国《未成年人保护法》与多次颁布的《中国儿童发展纲要》,都规定了我国保护未成年人基本权利的基本原则[1],其中儿童利益最大化原则(或最有利于未成年人原则)与儿童参与原则对于保护性犯罪未成年受害人具有重要的指导意义。儿童利益最大化原则由《儿童权利公约》所确定,是指从儿童身心发展特点和利益出发处理与儿童相关的具体事务,保障儿童利益最大化,在新修订的《未成年人保护法》中扩展为最有利于未成年人原则,在这一原则指导下,性侵害未成年人犯罪的刑事政策不仅需要惩治性侵害未成年人犯罪,更要全方位最大限度地考虑保护受害未成年人的利益[2]。而儿童参与原则重点强调畅通儿童意见表达渠道,重视、吸收儿童意见[3],因此性侵害未成年人犯罪的刑事政策就需要保障未成年受害人及其法定代理人的知情权与提出意见的权利。

二、性侵害未成年人犯罪刑事政策的形成发展过程

针对性侵害未成年人犯罪的专门的、具体的刑事政策在未成年人保护的一般原则有其具体的出现和发展过程,这一过程主要体现在诸多对性侵未成年人犯罪的相关规范之中。

(一)性侵害未成年人犯罪刑事政策的萌芽期

在1997年《刑法》制定之前,体现性侵害未成年人犯罪刑事政策的立法规范仅零星出现,这一阶段因为相关规定较少且非常松散,难以总结归纳出体系性的专门刑事政策内涵。如1979年《刑法》第一百三十九条规定对奸淫14岁以下幼女的以强奸罪从重处罚。1991年制定的《未成年人保护法》在第五十三条规定引诱、教唆或强迫未成年人卖淫的从重处罚。

---

[1] 《中国儿童发展纲要(2011—2020年)》规定了我国保护儿童基本权利的基本原则:依法保护原则、儿童优先原则、儿童最大利益原则、儿童平等发展原则、儿童参与原则。
[2] 参见《儿童权利公约》第3条第1款:关于儿童的一切行动,不论是由公私社会福利机构、法院、行政当局或立法机构执行,均应以儿童的最大利益为一种首要考虑。
[3] 例如,在《中国儿童发展纲要(2011—2020年)》"儿童与法律保护"章节中提出:保护儿童的法律法规和法律保护机制更加完善;贯彻落实保护儿童的法律法规,儿童优先和儿童最大利益原则进一步落实;司法体系进一步满足儿童身心发展的特殊需要。

(二) 性侵害未成年人犯罪刑事政策的形成期

性侵害未成年人犯罪专门刑事政策开始形成的标志是 1997 年制定的《刑法》对性侵害未成年人犯罪的专门规定,包括对性侵儿童或幼女类犯罪或者设定为单独罪名,或者设定为从重或加重情节;前者有猥亵儿童罪、引诱幼女卖淫罪等,后者包括在强奸罪等犯罪中对奸淫幼女的从重及加重情节等。这表明在立法司法领域开始有意识地通过特别的、针对性的一系列规范来惩治性侵害未成年人犯罪,标志着性侵害未成年人犯罪的专门刑事政策正在逐渐成形。上述 1997 年《刑法》的相关规定都是对性侵害未成年人犯罪的从重或加重惩罚,体现出性侵害未成年人犯罪的刑事政策中惩治犯罪人的内涵。

随后出现的相关法律与司法规范文件则更加注重对性侵害未成年人案件中未成年受害人的保护,体现的是性侵害未成年人犯罪的刑事政策中保护受害人的另一种内涵。2006 年修订的《未成年人保护法》中明确规定"禁止对未成年人实施性侵害"以及"公安机关、人民检察院、人民法院办理未成年人遭受性侵害的刑事案件,应当保护被害人的名誉",这是最早的在法律当中对性侵害未成年人刑事政策的直接表述,且保护名誉权的规定与前述刑法重在惩治犯罪的规定不同,是从受害人保护的角度进行的规定。2006 年公安部印发了《公安机关办理性侵害犯罪案件工作指导手册》,重点强调保护性犯罪未成年受害人,针对办理性侵害儿童的案件提出如专员办案、对被害人进行心理特征分析等系列要求。

(三) 性侵害未成年人犯罪刑事政策的完善期

性侵害未成年人犯罪专门刑事政策在法律法规与司法规范中逐步出现以后,性侵害未成年人犯罪专门刑事政策开始进一步完善并体系化,进入完善期。

随着社会的发展,各种新型侵害未成年人的犯罪形式频出,通过立法的方式体现的性侵害未成年人犯罪刑事政策往往时间较久、程序繁杂,这会导致惩治犯罪人与保护被害人的相关权益不够及时,而司法解释对于相关法律的规定起到补充作用,能够通过及时出台应对性侵害未成年人犯罪中新型问题的司法解释,保障刑事政策的灵活适用。故而,通过出台相关司法解释对性侵害未成年人犯罪新问题予以解释,可以根据需求落实性侵害未成年人犯罪刑事政策,及时地保护未成年受害人的合法权益。因此 2013 年 10 月 23 日印发的最高人民法院、最高人民检察院、公安部、司法部《关于依法惩治性侵害未成年人犯罪的意见》(简称《性侵意见》),标志着性侵害未成年人犯罪专门刑事政策进入体系化完善阶段。虽然 2013 年的《性侵意见》被 2023 年出台的《关于办理性侵害未成年人刑事案件的意见》所承继取代,但该意见是我国出台的第一部专门保护性犯罪未成年受害人的司法解释,弥补了多处对于性犯罪未成年受害人保护不足的地方,一方面体系性地强调严惩性侵害幼女、校园性侵害的犯罪行为,另一方面充分规定在司法中对未成年受害人进行特殊、优先保护,兼顾明确了性侵害未成年人犯罪刑事政策的惩治与保护的双重内涵,对于提高惩治性侵害犯罪和保护未成年人权益的司法水平,具有重要指导意义。《性侵意见》在基本要求部分系统化地列举了从严惩治、未成年受害人特殊保护、双向保护、案件保护、专门办理等系统刑事政策原则,并在后续部分中对这些专门刑事政策原则一一展开,成为性侵害未成年人犯罪专门刑事政策的集大成者与指导纲领。此后,在这一纲领指导下,在法律法规方面,刑法陆续进行了一系列体现这种体系化专门刑事政策精神的修改。

一是在具体规范落实方面,2015年11月1日起施行的《中华人民共和国刑法修正案(九)》(以下简称《刑法修正案(九)》)专门增加了对未成年人负有特殊职责人员实施性侵害的可以进行从业禁止的规定,组织卖淫罪、强迫卖淫罪中增加了组织、强迫未成年人卖淫的从重情节,并进一步取消了可能不利于从重惩处性侵未成年人的嫖宿幼女罪。2020年修订的《未成年人保护法》对性侵害未成年人的预防与治理作了全面的补充性规定,增加了预防性侵害、性骚扰未成年人工作制度、密切接触未成年人单位从业人员强制查询制度、受性侵害未成年人的专门救助制度、性侵害未成年人的专门程序等。2021年3月1日起施行的《刑法修正案(十一)》为进一步贯彻从严惩治的刑事责任,对强奸罪、猥亵儿童罪进行了修改和完善,并新增设了负有照护职责人员性侵罪,补充对已满14岁未满16岁未成年少女的性侵防范规定的部分空白。

二是在司法规范方面,在2013年《性侵意见》的基础上,2023年5月又密集颁布了最高人民法院、最高人民检察院、公安部、司法部《关于办理性侵害未成年人刑事案件的意见》(以下简称《办理性侵案件意见》)以及最高人民法院、最高人民检察院《性侵未成年人案件解释》,从司法程序与实体适用两方面进一步完善了性侵害未成年人犯罪专门刑事政策的具体应用,提出了许多新的适用规则,进一步完善了性侵害未成年人犯罪刑事政策体系。此外,在其他司法规范与具体规范性文件中还规定了许多涉及适用性侵害未成年人犯罪刑事政策的规定,例如2013年教育部、公安部、共青团中央、全国妇联联合下发了《关于做好预防少年儿童遭受性侵工作的意见》,主要系统性完善了预防性的刑事政策体系。2015年最高人民法院、最高人民检察院、公安部、司法部发布了《关于依法办理家庭暴力犯罪案件的意见》,其中规定了对强奸、猥亵儿童等侵害公民人身权利的家庭暴力犯罪严格判处。2015年5月12日,最高人民检察院发布了《检察机关加强未成年人司法保护八项措施》的通知,其中第一条规定:严厉惩处各类侵犯未成年人的犯罪。2015年9月16日,最高人民法院发布的《最高人民法院关于充分发挥审判职能作用切实维护公共安全的若干意见》中规定对于性侵儿童的犯罪予以严惩,强化对儿童的司法保护。2018年10月19日,最高人民检察院向教育部发送了史上首份检察建议书,该建议书建议进一步健全完善预防性侵害的制度机制,加强对校园预防性侵害相关制度落实情况的监督检查等。2020年最高检、教育部、公安部联合下发《关于建立教职员工准入查询性侵违法犯罪信息制度的意见》,规定了中小学校、幼儿园新招录教职员工前,教师资格认定机构在授予申请人教师资格前,应当进行性侵违法犯罪信息查询。

经过多年立法与司法领域的重视与发展,可以说目前我国形成了较为系统的性侵害未成年人犯罪刑事政策体系,不仅在立法上有诸多直接的、专门的规定,在司法甚至行政领域也通过许多规范性文件就相应刑事政策加以具体化规定并实施。

第二节　性侵害未成年人犯罪刑事政策体系的基本原则

就内容而言,当前的性侵害未成年人犯罪刑事政策体系主要包括惩治犯罪与保护受害人两个方面,前者主要体现在刑事实体法上对性侵害未成年人犯罪的专门罪名与从严惩罚规定,后者主要体现在刑事程序法上对受到性侵害的未成年受害人特殊的保护性规定与措施。而无论是惩治犯罪还是保护受害人都要遵循性侵害未成年人犯罪刑事政策的基本原则。当前已有的性侵害未成年人犯罪刑事政策的立法与司法体现出普遍遵循的、系统性的基本原则。这些基本原则是贯穿于性侵害未成年人犯罪刑事政策保护全过程的,是性侵害未成年人犯罪刑事政策的基本要求与运行指南,是性侵害未成年人犯罪刑事政策的基础内涵。在设定和具体适用性侵害未成年人犯罪刑事政策时,需要遵循相关基本原则,以保证针对性犯罪未成年受害人保护规范的制定与制度的构建具有统一性,便于更系统地维护未成年人的身心健康权益。

一、最有利于未成年人原则

在落实性侵害未成年人犯罪刑事政策时,特别是在保护受到性侵的未成年受害人时,需要全面贯彻最有利于未成年人原则。2020年新修订的《未成年人保护法》将最有利于未成年人原则作为未成年人保护的一般原则,要求给予未成年人特殊的、优先的保护,尊重未成年人的人格尊严,保护未成年人隐私权与个人信息,适应未成年人身心健康的发展规律与特点,听取未成年人意见,对未成年人的保护要与教育相结合。这些原则的细化要求也是性侵害未成年人犯罪刑事政策的基本要求,对受到性侵害的未成年人进行保护时,在司法程序与具体措施上都需要满足这些要求。

一直以来,我国性侵害未成年人的刑事政策在相关立法规范与司法解释中都体现出"最有利于未成年人"的价值取向,充分发挥该原则维护性犯罪未成年受害人合法权益的作用。一方面,明确将"最有利于未成年人原则"作为立法机关、司法机关和行政机关在处理性犯罪未成年受害人相关事宜时的纲领性原则,确立其指导性地位。这一纲领性原则即要求立法、司法、行政机关将"最有利于未成年人"作为明确准则,把未成年受害人利益放在优先考虑的位置,对性犯罪未成年受害人的权利进行周全性保护。2023年两高两部《办理性侵案件意见》明确规定了以最有利于未成年人原则作为性侵未成年人案件的指导原则,体现了在制定相关立法规范与司法解释时,充分考虑性犯罪未成年受害人相关利益,确保未成年人是具有独立权利的主体,且相对于其他主体的利益更为优先。另一方面,在司法具体运行时,将"最有利于未成年人原则"贯穿于性侵未成年人犯罪的刑事诉讼程序与受害人保护措施之中,成为司法运行的指导原则。当立法与司法规范未能涉及的运行问题出现时,应以最有利于未成年人原则贯彻实现对性侵害未成年受害人的保护。

二、严厉惩处罪行原则

有关性侵害未成年人的刑事政策的初始起点与重点都表现为严厉惩处性侵害未成年人犯罪,以期通过在刑法中比惩治一般犯罪更为严厉的刑罚来倾斜性保护未成年人,起到威慑并预防犯罪的效果。一方面,在强调法网严密的刑法严密性方面,严厉惩处罪行原则体现为刑法对性侵害未成年人行为的方方面面都作出了特殊的从重惩处规定,除了性侵害行为中常见的强奸、猥亵未成年人的罪行之外,还包括强迫引诱未成年人卖淫等行为,覆盖一切涉及性侵害未成年人的直接与间接行为。另一方面,在强调惩处从重的刑法严厉性方面,对前述性侵害未成年人的罪行都作出施加比侵害成年人更重的刑罚的规定,有的是通过设置专门罪名并对应进行独立的重刑设置,如猥亵儿童罪、负有照护职责人员性侵罪等,有的是在一般性侵罪名中将性侵未成年人的情形作为从重与加重情节从而设置更重的刑罚,如强奸罪中的奸淫幼女行为,组织卖淫罪与强迫卖淫罪中强迫不满14周岁的幼女卖淫的情形等。此外,在前述司法规范性文件与司法运行中,严厉惩处罪行原则也得到了反复体现。2023年两高两部《办理性侵案件意见》将依法从严惩处性侵害未成年人犯罪作为办理未成年人案件的基本原则,而两高《性侵未成年人案件解释》正是为了贯彻严惩性侵未成年人犯罪的原则而出台的,这一原则贯穿始终。而在司法运行过程中典型体现严厉惩处罪行原则的是,诸多涉性侵害未成年人的指导性案例皆是依据从严惩处的原则来认定的,如齐某强奸、猥亵儿童案(检例第42号)将作为从重情节的"公共场所"予以扩张解释,只要在公开场所且多人在场而不需要被多人看见就能认定为公共场所。骆某猥亵儿童案(检例第43号)将猥亵儿童罪的猥亵行为方式进行扩张,在网络环境下以满足性刺激为目的的非接触式侵害行为要求儿童拍摄、传送暴露身体的不雅照片、视频或通过画面看到被害儿童裸体、敏感部位的,可以直接认定为猥亵儿童罪加以严惩。

三、防范二次伤害原则

性侵害未成年受害人容易在刑事司法程序中受到不当对待,造成二次伤害。二次伤害的原理核心在于多重被害化,如果对被害人缺乏关切、被害人权利未能得到妥善之保护,被害人第一次受到的犯罪侵害不仅得不到弥补,反而会继续受到第二次伤害,因而对被害人的保护也会围绕最大限度地减少或消除反复被害的危害或者可能性而展开①。正因为在刑事程序中对于未成年受害人关怀不足,而性侵案件所具备的隐蔽性等特征更是加大了司法工作的难度。询问相当于犯罪过程的再现,也会让被害人身心受到伤害,因而有必要在性侵害未成年人犯罪刑事政策中明确避免二次伤害原则,考虑到未成年人身心特殊性,避免对未成年受害人造成进一步伤害。前述诸多司法规范中都体现出防范二次伤害的原则。例

---

① 参见李川:《三次被害理论视野下我国被害人研究之反思》,《华东政法大学学报》2011年第4期。

如多部司法规范性文件明确询问未成年受害人以一次为原则①。诸多司法规范都要求对于未成年受害人的案件,要注意办案方式方法,采取适合未成年受害人身心特点的方法,充分保护未成年受害人的合法权益;避免二次伤害也是对司法工作人员取证工作的要求,避免因取证质量较差或取证次数过多对未成年受害人身心造成二次伤害;还要突出对未成年受害人的特殊身心关注,辅之以心理疏导等救助措施,也是实现对未成年受害人司法保护的应有之义。这些规定的出台都表明了刑事诉讼过程中对未成年人所采取的特殊保护所遵循的防范二次伤害原则。

四、落实迅速、及时原则

性犯罪未成年受害人本就在性侵害中遭受了巨大的痛苦,而当性侵未成年人案件进入司法程序后,任何不必要的拖延对于未成年受害人来说都是增加他们的痛苦,对他们来说都是煎熬,故而,为有效落实性侵未成年人刑事政策,在诸多立法与司法规范之中,都有确保案件公平正义的情况下尽可能快速、及时地办理性侵未成年人案件的规定,以此避免给性犯罪未成年受害人再次造成伤害。迅速、及时原则要求不论是在侦查阶段,还是在审查起诉或审理阶段,相关的办案人员对于性侵害未成年人案件的性质、特点等十分熟悉,做到快速反应、快速破获、快速查处,提高办案速度和审理效率,并且要求办案机关在面对性犯罪未成年受害人时,严格遵循相关立法和司法解释的专门性、特殊性保护要求,例如询问性犯罪未成年受害人应以一次为限,不拖拉,不重复。

第三节 性侵害未成年人犯罪刑事
政策体系的当前问题

一、刑事政策在惩治方面的分散不周延问题

严厉惩治罪行是性侵害未成年人犯罪刑事政策的核心原则,这一原则要求刑法关于性侵害未成年人的规定在各个罪行上都要比一般的性侵犯罪更为严

---

① 参见《人民检察院刑事诉讼规则》第四百六十五条第六款:询问未成年受害人、证人,适用本条第二款至第五款的规定。询问应当以一次为原则,避免反复询问。

厉,因此刑法要对性侵害未成年人犯罪及其刑罚进行单独的规定,形成覆盖各种性侵害行为的周全体系。目前刑法虽然在许多条款上对性侵害未成年人犯罪及其刑罚进行了特殊的规定,但是覆盖面仍然不够周全,刑罚的相对特殊严厉性也不够充分,这造成了性侵害未成年人刑事政策在惩治方面的分散不周延问题。

我国对性犯罪未成年受害人的相关保护内容只散见于各个条文中,具体而言,现行《刑法》分则明确了对部分性侵害未成年人犯罪的从严惩治的规定,根据规定的模式主要分为两种类型:一是专门定罪量刑模式,即对性侵害未成年人犯罪的行为单独设定罪名及其对应的刑罚,这一模式由于从罪名上明确区分了性侵未成年人犯罪①与一般性侵犯罪并对前者加重处罚,最为凸显特殊保护的价值,在《刑法》中有第二百三十七条第三款的猥亵儿童罪、第三百零一条第二款的引诱未成年人聚众淫乱罪、第三百五十九条第二款的引诱幼女卖淫罪、第二百三十六条之一的负有照护职责人员性侵罪。二是比照量刑模式,即并不对性侵害未成年人犯罪的行为设定独立的罪名,而是比照一般性侵犯罪的刑罚规定从重或加重处罚,这种模式虽然能够体现出对性侵害未成年人犯罪特殊的从严惩处的刑事政策,但并不足够特殊,只是将性侵害未成年人罪行作为一种从重或加重情节处理,需要依附于特定一般性侵犯罪来认定刑罚,在《刑法》中有第二百三十六条的强奸罪、第三百五十八条第一款的组织卖淫罪、强迫卖淫罪,第三百六十四条的传播淫秽物品罪等。②

从整体来看,可以看出我国刑法中对于性侵害未成年人的从严惩处规定虽然存在,但是分布较为分散,不成体系,有关的具体条文数量较少且规定的模式并不一致。刑法相关规定的零星分散与模式差异,导致难以在司法适用中形成一个统一性的保护适用逻辑,虽然通过针对性司法解释如两高《性侵未成年人案件解释》等有条件地在缓解这一问题,但是司法适用中仍然存在着诸多难题,影响了性侵害未成年人刑事政策的有效展开。刑法针对性侵害未成年人犯罪的规定存在以下问题:第一,规定较为分散,跨多个章节零星设置,有的性侵犯罪有对性侵害未成年人的单独规定,有的则相对缺失,如传播淫秽物品罪有向未成年人传播的从重处罚规定,组织淫秽表演罪就没有针对未成年受害人的从重或加

---

① 部分独立规定的性侵未成年人犯罪罪名针对的未成年受害人的年龄与性别有所限定,如猥亵儿童罪针对的是未满14周岁的未成年人,负有照护职责人员性侵罪针对的是已满14岁未满16岁的未成年女性。

② 参见张明楷:《刑法学》(第六版),法律出版社2021年版,第867—881页。

重惩处规定,体系性难以体现。第二,从设置模式来看,逻辑不够统一,如同样是针对性侵害未成年人犯罪,猥亵犯罪、引诱卖淫犯罪设置单独罪名,奸淫犯罪、组织强迫卖淫犯罪则依附于强奸罪、组织卖淫罪、强迫卖淫罪等罪名。第三,从惩处力度而言,标准不够一致,同样是性侵犯罪,有的设置单独的法定刑进行从严惩治,如猥亵儿童罪,有的则仅限于比照一般性侵犯罪从严惩治且规定力度不一,有的性侵害未成年人罪行是比照一般性侵犯罪加重处罚,如强奸罪中的部分规定,有的却仅是比照一般性侵犯罪从重处罚,如组织卖淫罪、强迫卖淫罪等。第四,惩处犯罪相对覆盖面不够,有的性侵害未成年人的行为无法得到有效惩治。例如许多国家为有效打击儿童色情问题,对儿童色情物品做出比一般淫秽物品范围更宽的界定,并在制作、传播行为之外,还对持有儿童色情作品作出专门规定。① 目前我国《刑法》中尚缺乏对此的相关规定,仅有制作、贩卖、传播一般淫秽物品犯罪的规定。

总之,性侵害未成年人犯罪在罪名上未实现完全独立规定,更无体系性贯通规定,而在刑罚上大多也只能比照一般性侵犯罪进行从重或加重处罚,这表明总体而言,刑法上绝大多数情形下仍然将性侵害未成年人犯罪作为一般性侵犯罪的一种比较严重的情形加以认定,而未能从总体上反映性侵害未成年人犯罪相较于一般性侵犯罪在侵害对象与侵害法益上的独特性,以至于对性犯罪未成年受害人的特殊保护并不充分,零星分散的规定也影响了从严惩处的性侵害未成年人刑事政策的展现。

二、刑事政策重惩治轻保护的问题

如前所述,性侵害未成年人犯罪刑事政策的发展是从强调重惩性侵害未成年人犯罪开始的,重惩罪行也一直是性侵害未成年人犯罪刑事政策的重点。虽然刑事政策发展后期在司法程序方面也陆续出台了以保护未成年受害人为重点的规范措施,但是相对于严惩罪行的规范而言,仍相对较少,且社会关注度不高。社会中性侵未成年人案件引发关注,民众往往将关注的重点聚焦于"严惩犯罪"上,对于此类犯罪的被害人保护并没有进行深入的关注与探究,社会一般以惩罚罪犯为性侵未成年人事件的着眼点。易言之,社会大众在此类案件中缺乏对未成年受害人的重视,对于性犯罪未成年受害人进行专门司法保护的现实必要性

---

① 参见段小松:《联合国〈儿童权利公约〉研究》,人民出版社2017年版,第277页。

已显而易见。

这样重惩治的刑事政策可能会导致在性侵害未成年人犯罪治理中相对过于依赖刑罚，对刑罚的期待值过高，从而对其他预防性侵害未成年人犯罪的措施予以忽视，对性犯罪未成年受害人的倾斜性保护也关注度不够。[①] 倘若对犯罪的遏制过多地依赖刑罚，当社会中性侵害未成年人的犯罪率上升时，人们会自然地认为是针对此种犯罪的惩罚力度不够，要求加大惩处力度，反而对其他关键的预防性原因如未成年人性教育、密切接触未成年人场所与人员治理等缺乏关注，就可能造成惩处措施的错位不力；此外在处理性侵害未成年人案件时关注的重点如果始终集中在严惩加害人上，则在未成年受害人保护上可能就不够充分，例如将对性侵害未成年人的犯罪人的定罪量刑作为案件结束的标志，就可能在结束司法程序后忽视对未成年受害人的保护，导致未成年受害人的身心健康无法得到完全的恢复和保障，现实中大量性侵害案件中未成年受害人的身心健康在相当长的时间内难以恢复，甚至影响到成年后的心理健康状态。[②]

未成年受害人保护是性侵害未成年人刑事政策的当然内涵。在刑事法领域，未成年受害人保护的刑事政策主要体现在刑事诉讼程序中对未成年受害人的专门保护规定与专门保护措施。之所以在刑事诉讼程序中给予未成年受害人专门保护，是因为性犯罪未成年受害人具有特殊性，其脆弱的身心容易在刑事司法程序中受到反复询问等二次伤害，已经造成的对未成年人的身心伤害也需要在司法程序中得到专门的救济救助，由此通过专门规定与专门措施，可以使得刑事司法程序中性犯罪未成年受害人受到的影响最小化，保证性犯罪未成年受害人在刑事司法程序中不会遭受二次伤害、三次伤害，同时还可以让遭受过性侵的未成年人更快、更好地恢复，保障其身心权益。

从诉讼程序中的专门保护而言，对性侵害犯罪未成年受害人的权利保护尚不够充分。与《中华人民共和国刑事诉讼法》（以下简称《刑事诉讼法》）中专节规定的保护未成年犯罪嫌疑人的未成年人刑事案件诉讼程序不同，《刑事诉讼法》并没有对包括受性侵害的未成年受害人在内的未成年受害人的专门保护条款。《未成年人保护法》在"司法保护"一章零星规定了诸如专门人员专门办理、针对

---

① 参见黄尔梅：《性侵害未成年人犯罪司法政策——案例指导与理解适用》，人民法院出版社2014年版，第3-17页。

② See Kendall-Tackett K A, Williams L M, Finkelhor D. Impact of Sexual Abuse on Children: A Review and Synthesis of Recent Empirical Studies. Psychological Bulletin, 1993(1): 113.

性帮扶救济等对未成年受害人的特殊保护规定,但具体措施规定较少。因此当前主要依靠《办理性侵案件意见》等司法解释在办理性侵未成年人案件时采取针对性的保护措施。但当相关司法解释的具体规定难以覆盖时,性侵害未成年人案件常见的取证难、隐私保护难等问题仍然有待解决。因此就总体而言,相关司法解释仍然是采用要点式列举的方式提出部分专门办理措施,仍然未能形成体系性的、专门性的性侵未成年人案件办理流程与办理规范,以系统性地实现保护未成年受害人的刑事政策目的。

三、刑事政策保护程度不一的问题

虽然性侵害未成年人犯罪刑事政策的保护对象是未满18岁的未成年人,但刑事政策在落实到法律的规定或具体司法运行时,对不同的未成年人对象的保护程度却存在明显的差异,体现为主要是依据年龄和性别而产生的保护差异,从而导致对未成年人保护不足的问题。

一方面是从年龄层面上来说,刑法上对不同年龄层次的性犯罪未成年受害人保护差异较为明显。当前刑法明确专门规定从严惩治的性侵害未成年人犯罪的保护对象主要是未满14周岁的未成年人,无论是单独认定从严惩治的奸淫幼女犯罪还是设定专门罪名的猥亵儿童罪,这两种主要的性侵未成年人犯罪在从重或加重量刑时都主要是以14周岁为年龄界限。如根据现行《刑法》第二百三十六条第二款的规定,奸淫未满14周岁幼女的,以强奸罪论处并从重处罚。可见,刑法对于未满14周岁的幼女进行了特殊保护,而对已满14周岁未满18周岁的未成年人的奸淫行为如何认定与惩处则未作专门规定。这一规定也表明了刑法将已满14周岁作为性承诺有效的年龄要求,也就是已满14周岁的未成年人已经如同成人一样被推定具备了性同意能力,在对其的强奸罪认定上与一般对成人的强奸罪采用一致标准[1],未有专门保护的规定。但是,从现实层面出发,已满14周岁未满18周岁的未成年人大多仍处在身心发育阶段,相较于成年人,他们的心智仍然是不成熟的,大多数仍然处于上学环境,也缺乏社会经历,因此能否做出这样的推定而放弃专门保护值得商榷。另外,这个阶段的未成年人正处在世界观、人生观、价值观的重要养成阶段,对性观念等相关知识的了解也是在这个阶段发生,过早地尝试性行为极其不利于其身心全面健康发展。故而,

---

[1] 参见张明楷:《刑法学(下)》(第六版),法律出版社2021年版,第871-872页。

对于这个阶段的未成年人来说,性侵害给他们造成的危害并不一定会比给未满14周岁的未成年人造成的危害轻。目前的刑法规定可能会导致已满14周岁的未成年人虽然作出了同意与行为人发生性关系的承诺,但实际上其并不能完全理解并认知性行为本身的意义和可能带来的后果,这类被害人得不到专门的保护,从而造成对此种性犯罪未成年受害人保护的缺位。相较于未满14周岁的未成年阶段,14周岁至18周岁的未成年人的人际交往明显增加,身体发育更为明显,更容易接触到更为复杂的环境,也就是说,这个阶段的未成年人可能遭到性侵害的危险程度并没有下降甚至有所上升。具体到现实生活中,已满14周岁的未成年人遭到性侵害的案件并不罕见,同时,有大量案件显示许多性侵害是从未成年受害人未满14周岁一直持续到14周岁以后。因而,对于不同年龄层次的性犯罪未成年受害人的特殊保护差异可能造成性侵害未成年人刑事政策的保护不足问题。正是认识到这一问题,《刑法修正案(十一)》增设了负有照护职责人员性侵罪,对已满14周岁未满16周岁的未成年女性进行了专门规定保护,部分填补了前述强奸罪中对未成年人的保护差异造成的保护空白。但刑法中对负有照护职责人员之外的对已满14周岁未成年人的奸淫行为以及对已满16周岁未满18周岁的未成年人的奸淫行为仍然未作专门规定。从未成年人身心健康需要一致性保障的意义上,即便考虑到性自主能力的成熟性差异,这种刑法上基于未成年人年龄的保护差异仍然造成了对性侵害未成年人犯罪的治理不够的问题。同理,由于猥亵儿童罪的规定将受害人的年龄也局限于未满14周岁的未成年人,因此猥亵儿童罪的规定也同样存在着基于年龄的对未成年人的保护差异,存在着对已满14周岁的未成年人的保护不力。

另一方面,从性别意义上而言,刑法上对不同性别的性侵害犯罪未成年受害人保护存在着明显差异,造成性侵害未成年人刑事政策的保护不足问题。在性侵害未成年人犯罪中,男性未成年人的性自主决定权和身心健康发展权利应当给予其与女性同等的保护,因为未成年人是基于年龄而非性别而造成身心不够成熟、容易受到伤害的特殊对象,男性未成年人同女性未成年人一样都具备身心健康发展不成熟、反抗能力弱等特征,因此不应做出差别性的保护。而当前我国刑法中在性侵未成年人犯罪的规定中存在着明显的性别差异。造成这一规定的前置原因是强奸罪本身未将男性作为受害对象,导致强迫与男性未成年人发生性关系的行为按照现行《刑法》规定只能以强制猥亵罪或猥亵儿童罪来定罪,这还是基于《刑法修正案(九)》将强制猥亵罪的保护对象扩大到了"他人",将男性也纳入其中的情形下,否则可能只能以间接的其他罪名如非法拘禁罪、故意伤害罪等罪名或行政处罚来进行处理。《刑法》第二百三十六条第二款规定:"奸淫不满十四周岁的幼女的,以强奸论,从重处罚。"显然,这里排除了不满14周岁的男性作为奸淫犯罪受害人的法律可能,也就是说奸淫未满14周岁的幼女可以判定强奸罪,而奸淫未满14周岁的男性则不能以强奸罪论处,而是只能被定为猥亵儿童罪。从刑法设置的法定刑来看,强奸罪的基本量刑是3年以上10年以下有期徒刑,强奸不满14周岁幼女的,需从重处罚;而猥亵儿童罪的基本量刑是5年以下有期徒刑。也就是说性侵害未满14周岁的幼女与性侵害未满14周岁的幼男判定的罪名不一样,行为人面临的刑罚也会存在很大差别,差异性较为明显。虽然在传统观念中女性才是性犯罪的被害主体,男性在两性关系中往往并不处于弱势地位,易被伤害的往往也是女性,但这主要是针对成年人的两性关系。对未成年人而言,男性与女性未成年人的身心健康同样处于需要受到特殊保护的弱势地位。在性侵未成年人犯罪中,不论是男性还是女性,都因身心发育不成熟,对性行为意义和后果认知不全面,同时因为自身反抗能力弱,容易被迫就范,在此类案件中都往往处于孤立无援的境地。就现实而言,男性未成年人被性侵问题不可忽视,男性犯罪人对未成年男性受害人的性侵害更具隐蔽性,同样存在报案难立案难追责难问题,其维护权益面临更大的困难。需要明确的是,公开报道的男性未成年人被性侵的案例较少并不等于男童面临的性侵害风险低,男性未成年人在遭到性侵害后受到的身心伤害也不比女性未成年人小。因此基于性别的差异性保护将明显造成男性未成年人的保护不足问题。

四、刑事政策在运行上的效果有限问题

性侵害未成年人案件当前的一些特殊办理难题,导致刑事政策在运行时难以发挥出其应有的惩治罪行、保护未成年受害人的效果,存在一些运行上需要解决的妨碍刑事政策有效展开的问题。

(一)熟人作案等现实因素增加追究难度问题

据相关统计数据显示,在未成年人遭受性侵害的案件中,属于熟人作案的案件数量占到了近七成①,熟人一般包括家庭成员、老师、邻居或父母的朋友等,正

---

① 参见《"儿童保护"2020年性侵儿童案例报告:熟人作案超七成》,https://new.qq.com/rain/a/20210302AODJESOO。

是由于这样的特殊关系,性侵者利用未成年受害人和未成年人父母或监护人对自己的信任,让被性侵者对加害人没有戒备心,使得他们更加便利地侵犯到心智尚未成熟的未成年人,往往侵害的时间持续较久且多次反复实施侵害,在没有外界干预的情况下,作案者不会自动终止。熟人作案的特点恰恰体现了性侵未成年人案件的隐蔽性,所谓的"熟人"也会有意识地引诱或者威胁被害人不要将他对被害人实施的行为告诉他人,未成年人往往也会按照他们的要求来做。① 例如2017年被网友曝光的南京南站猥亵女童案,此案中被害女童是侵害人父母的养女,侵害人长期与被害女童生活在一起,女童由于年纪较小和对于养育关系的信任,以及生活上对该家庭的依赖,并不能正确认识到侵害人对她实施的是猥亵行为,养父母对此也没有及时制止甚至放纵,此行为被网友拍下曝光在网上引发热议,可见这样的犯罪行为在现实生活中发现具有难度。由于性侵害犯罪的熟人作案与未成年人身心尚不成熟等现实因素,对性侵害未成年人犯罪追究的难度有所增大,造成部分犯罪黑数问题,由此妨碍了刑事政策的运行效果。

(二)网络性侵新型犯罪加大打击难度问题

伴随互联网技术的飞速发展,网络成为很多犯罪人的最佳选择载体。近些年,利用网络对未成年人实施性侵害的案件频繁出现,2020年3月,韩国"N号房间"事件震惊世界,"N号房间"的运营者就是充分利用了网络的匿名性和保密性,从2018年开始威胁被害人拍摄性剥削视频,之后再上传到其在网络上创建的各种类、各级别的聊天室供付过会费的会员观看,而其中的受害人有很大一部分是未成年人,甚至还有婴幼儿,更为可怕的是,"N号房间"的注册用户高达27万人。而在我国也不断出现犯罪人利用网络交友软件欺骗、引诱未成年人与其进行裸聊的案件,或通过网络聊天骗取未成年人的信任,约见未成年人线下见面让其自愿与犯罪人发生性关系。② 网络世界隐蔽而复杂,很多行为很难被及时监控到,犯罪人利用网络实施性侵害更为便利、快捷,可能使遭受性侵害的未成年人人数更为庞大,造成的社会影响更大;犯罪人也会利用计算机技术掩盖自己的犯罪行为,这样的案件往往无法充分保存证据,办案人员在案发后也很难追踪取证,使得性侵害未成年人犯罪行为隐藏在网络之下,增加了对此类犯罪的打

---

① 参见赵国玲、徐然:《北京市性侵未成年人案件的实证特点与刑事政策建构》,《法学杂志》2016年第2期。
② 参见赵卿、吴浩:《利用即时聊天工具性侵未成年女性犯罪探析》,《青少年犯罪问题》2016年第2期。

击难度。高度隐蔽性、复杂性使得很多性侵害未成年人的犯罪难以被披露出来，这就导致被性侵的未成年人的权益始终无法得到保护，刑事政策效果受到较大影响。

（三）补充性社会保护缺乏问题

对被害人的保护不仅需要司法举措，还需要社会的广泛参与支持。特别是未成年人尚处于成长发育中，对于家庭、学校等社会因素的依赖性较高，对性侵害未成年人的保护无法脱离家庭、学校等社会因素的支持。此外，具有心理辅导、生活帮扶、协助救治职能的社会组织的参与对于性犯罪未成年受害人的被害恢复极为重要，司法机关由于其重点职能在于案件办理，因此在被害人专门保护能力方面难以充分具备，也不具备长效机制，通常作为牵头机关或管理机关来协调与联合社会组织等社会力量进行社会支持，而社会组织、机构所提供的社会保护更为专业、长期和有效。但当前补充司法救助的社会保护尚无法充分全面地展开。虽然现阶段，通过家庭教育支持、学校配合、社会组织提供社会服务等举措，社会保护取得了一定程度的成效，但是目前社会参与的程度仍然需要大幅提升。一方面，在犯罪治理的意义上，深受传统观念的影响，善恶有报、以牙还牙的朴素正义观念深植民众心中，相关案件中社会民众更多地要求对犯罪人要严厉打击、从重惩处，往往忽略了此类案件中被害人的被害恢复问题，社会民众缺乏对性犯罪未成年受害人恢复身心健康的充分关注。另一方面，受制于社会组织发展与支持水平程度的影响，为未成年人保护提供服务的社会组织虽然有了长足的发展，但在专业性、物质性方面仍然有待于进一步发展成熟，家庭教育支持等其他社会支持机制也还需要进一步完善。在社会保护支持不够充分的情形下，刑事政策的未成年人保护方面就在实施效果上受到影响。

第三章

性侵害未成年人犯罪刑事政策体系的基本原理

理论是实践的先导,性侵害未成年人犯罪刑事政策需要一定刑事司法理论的支撑,才能保障刑事政策自身的科学性、合理性与体系性。在分析刑事政策的理论基础时,首先要认识到其理论基础可以区分为不同的层次,既有体现一般犯罪刑事政策的基础原理,又有在基础原理的基础上,专门针对性犯罪未成年受害人的特殊保护的专门原理,这些相关理论都应该成为确定性侵害未成年人犯罪刑事政策的理论根基。

第一节 基于被害人学的被害人专门保护原理

性侵害未成年人刑事政策以未成年受害人保护为核心原则之一。而要实现对未成年受害人的科学充分保护,就必须明确其相关理论基础。未成年受害人保护的基本原理,在基础原理意义上来源于被害人学中二次被害与三次被害的基本理论,在此基础上考虑未成年人身心的独特特征,进而形成未成年受害人保护的特殊性原理。

一、被害人学的发展与被害人专门保护原理的形成

被害人学是伴随着被害人权利运动和恢复性司法的发展而兴起的,从一开始研究内容限于被害人的特征及责任、被害人与被告人之间的关系,到后来随着人权保护运动的发展,针对被害人的研究范围不断扩大,更多地关注到被害人的权利保障、权利救济和权利实现。[1] 自从 1948 年亨蒂(Hentig)出版《犯罪人及

---

[1] 参见车浩:《被害人教义学在德国:源流、发展与局限》,《政治与法律》2017 第 10 期。

其被害人》(The Criminal and His Victim)一书以来,被害人学逐渐兴起并发展为一门新兴的学科①,国际上以被害人为中心的理论研究和立法运动逐渐兴起:犯罪学领域的被害人学(victimology)和刑事司法领域的被害人权利救济研究相辅相成,使被害人在刑事诉讼中的正当法律地位和权利保障受到关注,共同催生了被害人物质补偿制度的产生及被害人刑事诉讼地位的直接提升。被害人国家补偿制度、被害人法律援助等被害人恢复性司法保护措施也不断完善。② 各国都通过立法的形式制定了专门的被害人保护立法,并且通过修改刑事诉讼法律增加了被害人知情权和参与权的内容。以被害人保护为目的的恢复性司法措施和被害人影响陈述等新制度不断出台。而1985年的《为罪行和滥用权力行为受害者取得公理的基本原则宣言》(Declaration of Basic Principles of Justice for Victims of Crime and Abuse of Power)更成为国际通行的被害人保护之原则纲领。我国对于被害人的研究相较于西方起步较晚,随着国内对于人权保障的深入研究、法治思维的不断加强,被害人的责任以及对其的救济和补偿越来越受关注。

从被害人学保护理论探讨对被害人的专门保护,具体有以下几个方面:

第一,被害人学批判长期以来理论研究和诉讼程序方面对于被害人独立地位的忽视,传统理论认为犯罪行为侵犯的是国家权威和法秩序,但是受到最直接、最切实伤害的实际上是刑事被害人,保护被害人的权利就是保护每一个人,因为每一个人都可能遭受不法侵害而成为被害人。而长期以来将被害人边缘化、客体化的行为显然是缺乏正当性的。③ 被害人是犯罪行为不可替代的参与者,是查明案情、推动刑事诉讼程序顺利进行的关键一环,作用是不言而喻的,同时也决定了被害人始终需要参与刑事诉讼程序,因而对其的保护也应该是不可或缺的一环。

第二,从被害人学理论的角度来说,为保护被害人需要不断完善刑事诉讼制度,制定更加具体的被害人的知情权、控诉权、参与权和伤害恢复权的保障规范实质上就是从程序法的角度突出刑事被害人的当事人地位,刑事诉讼法的再修

---

① 参见[德]汉斯·约阿希姆·施奈德:《国际范围内的被害人》,许章润等译,中国人民公安大学出版社1992年版,第19页。
② 参见[德]汉斯·约阿希姆·施奈德:《国际范围内的被害人》,许章润等译,中国人民公安大学出版社1992年版,第19页。
③ 参见侯安琪、王瑞君:《国内被害人学研究及启示》,《同济大学学报(社会科学版)》2010年第2期。

改应当在保护被告人与保护被害人之间保持合理的平衡,尤其不能忽视对被害人的权利保护。具体到性犯罪被害人,尤其是性犯罪未成年受害人更需要受到特别的关注,性犯罪是严重侵害被害人身心健康并且严重危害社会秩序的一种犯罪,且未成年人的身心仍在发育中,缺乏相应的辨别能力和防范能力,其在未成年时期遭受性侵害后如若无法得到足够的保护会严重影响其今后的人生。

第三,被害人学特别强调在刑事司法制度中对被害人的被害援助、被害赔偿和被害补偿。被害援助理论注重强调确立法律援助对被害人的作用与责任,提高司法人员对被害援助的认识,以避免在司法程序中对被害人造成二次伤害;被害赔偿和补偿理论强调的是罪犯或国家对被害人因犯罪造成的损失具有恢复的责任。

二、二次被害理论

(一)二次被害理论的形成

在被害人学发展过程中,二次被害或多次被害理论是以被害人为中心理论研究的核心成果,成为被害人保护最重要的基础原理。被害人二次被害或多次被害理论是基于被害人学形成的防范被害人被害化的重要理论,是20世纪被害人学最重要的产生司法实践影响力的成果。纵观被害人制度的发展史,被害人问题的提出正是犯罪学意义上的被害人学蓬勃发展的结果,被害人的刑事司法研究之发展也是被害人学中以多重被害化(multiple victimization)或二次被害(secondary victimization)为核心的被害化(victimization)理论发展的结果。被害人学的最初研究发现,如果对被害人缺乏关切、被害人权利未能得到妥善之保护,被害人第一次受到的犯罪侵害不仅得不到弥补,反而会继续受到第二次(犯罪后再被害)和第三次被害化(刑事程序后身体或精神损伤的恶化),被害人将可能产生被害标签诱导犯罪或干脆转化为犯罪人,这都将会进一步助长未来犯罪之发生。因此对被害人之研究、对被害人权利保护之研究的呼声日益高涨。[①] 由于二次被害问题在多次被害中居于突出地位,尤其是二次被害是刑事司法中的问题,因此二次被害对司法程序中被害人保护的改善有重要的理论意义,二次被害理论也旋即成为被害人学的基础理论,对被害人的保护也正是围绕着最大限度地减少或消除反复被害的危害或者可能性而展开。其中传统刑事司

---

① See Fattah E A. Understanding Criminal Victimization: An Introduction to Theoretical Victimology. Prentice-Hall Canada, 1991: 224.

法进程正是二次被害化过程的重灾区,改造刑事司法程序以保护被害人免受反复伤害即顺理成章。此外,二次被害理论也是人格权利运动发展的结果。被害人同被告人一样,同样应该在刑事诉讼中享有充分的人格尊严和隐私权等基本人格权利。[①] 与被告人在西方享受到的倾斜性权利保护不同,被害人的人格权利往往被忽略。刑讯和庭审中的犯罪再现过程,正是被害人不得不重温的人格尊严受到践踏伤害的过程,由此造成的身心二次被害甚至多次被害往往被刑事追诉的目的所掩盖,导致被害人人格权受到反复伤害。因此人格权的平等保护原则也要求正视刑事司法中的反复被害化情形,通过减少二次被害的可能性来保护被害人人格权。总之,正是在被害人人格保护呼声和二次被害理论的基础上,被害人权利救济的研究日益深化发展,具体到刑事司法领域开花结果,世界各国大规模地进行了被害人保护的专门立法和刑事程序法之修正。受此影响,许多国家关注到未成年受害人司法实践中的二次被害问题并针对其形成了专门的未成年受害人司法保护专门机制。尽管我国在犯罪学与刑事司法理论上对二次被害理论有所引入借鉴,但未引起足够重视,造成我国刑事司法领域对二次被害原理相对陌生,由此导致了对未成年受害人司法保护专门意识与机制的原理相对缺乏了解。因此要探讨解决未成年受害人司法保护的专门对策,就应当深入研究被害人二次被害理论,明确其对刑事司法的重大启示性意义。

(二) 二次被害理论的内涵

研究被害人二次被害,首先应当明确其含义。作为二次被害理论的核心,"被害化"已经成为被害人学的核心术语,简而言之,就是指个体从非被害人成为被害人或被害人受到的"被害程度进一步加深"的状态或过程。[②] 其本身具有三个特点:第一,被害化不仅是指身体受到的物理性损伤或财产的物质性损失,更包括人格权意义上的人格尊严受损,以及心理学意义上的精神折磨和心理伤害。这大大加深了对被害内容的认识,从而摒弃了仅仅认为被害化就是物理性被害的狭隘观点。第二,被害化并非仅犯罪行为实施时被害之状态,更可能涵盖犯罪后长期之被害过程。刑事司法进程中的二次被害和司法程序后的精神创伤,会进一步延伸被害人的被害化状态。相关研究表明,这一过程可能长达几十年,特

---

① See Elias R. The Politics of Victimization: Victims, Victimology and Human Rights. Oxford University Press, 1986: 42-43.

② See Hindelang M J, Gottfredson M R, Garofalo J. Victims of Personal Crime: An Empirical Foundation for a Theory of Personal Victimization. Ballinger Publishing Co., 1978: 2.

别对青少年受害人来说，有可能长达终生。第三，造成被害化的主体绝不仅仅是犯罪人。当然，犯罪人是造成被害化的前提和主要原因，是首次被害的催生者。但是当犯罪行为被追究之后，加深的被害化进程（二次、三次被害）是由其他主体而诱发。这包括刑事诉讼中的警察、检察官、法官等相关主体，也涵盖了媒体、亲戚朋友等社会因素。警察在刑事审判时强制被害人进行的被害过程回忆式再现、庭审中的犯罪过程公开重述、媒体对被害内容的渲染式报道都可能对被害人造成恶劣的精神损害，加深被害化程度。

被害化最值得关注的内容是在刑事司法过程中遭受的二次被害。二次被害是相对于首次被害而言的。首次被害（primary victimization），是指因为受到犯罪的直接侵害而遭受的身体物理性损害、财产的物质性损失以及心理的精神性损伤。首次被害在犯罪时即已经发生，事后减轻被害程度的方式多通过民事救济和国家补偿手段。特别是西方国家普遍设立的被害人国家补偿制度，是被害人研究推动法制完善的重要成果。依据侵权而发生的民事救济古已有之，犯罪作为对被害人权利的严重侵害成为犯罪人对被害人进行经济赔偿的合法理由。但是犯罪后情形多变，当犯罪人死亡或下落不明时，或当犯罪人无力赔偿或不能赔偿时，被害人仍需要物质补偿以减轻犯罪带来的侵害，维持基本生活。而传统刑事诉讼体制只顾追究犯罪，对这一点无暇顾及。于是在被害人研究团体不断的倡导呼吁之下，自1963年新西兰的《犯罪伤害补偿法》开始，发达国家普遍建立了以国家资助和社会保险为内容的受害人国家补偿制度，对犯罪人赔偿不足的被害人进行充分救济和保护，以期减少犯罪带来的首次伤害程度。而二次被害或再次被害是指在首次被害之后，由于负面的反应而造成的对被害人的进一步侵害。[1] 这些负面的反应包括亲戚朋友羞辱性或冷漠的表达、媒体对案件的公开反复重现或公权机关对被害人进行的强制性被害重述。其中刑事司法程序所造成的"被害人的二次被害"尤为显著[2]，已成为二次被害的主要表现。国外相关研究表明，81%的强奸案件受害人认为与刑事司法机关的接触造成了进一步的心理伤害。[3]在刑事司法制度中二次被害现象有种种表现：警察为尽快侦

---

[1] See Montada L. Injustice in Harm and Loss. Social Justice Research, 1994(1): 7.

[2] See Koss M P. Blame, Shame, and Community: Justice Responses to Violence Against Women. American Psychologist, 2000(11): 1336.

[3] See Campbell R, Raja S. Secondary Victimization of Rape Victims: Insights from Mental Health Professionals Who Treat Survivors of Violence. Violence and Victims, 1999(3): 264.

破案件强迫被害人反复重述被害过程、对被害人陈述的怀疑,检察官和辩护人在庭审中对被害人受害过程反复的公开再现与质疑,刑事诉讼各方对被害人"揭疮疤式"的采证质询,等等。这些毫无疑问对被害人来说都是反复的心理折磨和精神伤害。而且由于证据采证程度和增减量刑因素等各种原因,庭审结果很可能与被害人的愿望背离,这都可能给被害人造成进一步的伤害。① 本该充分伸张正义的刑事司法过程之所以成为二次被害的"重灾区",是传统刑事司法制度长期对被害人权利进行忽视造成的。自从国家垄断刑事追诉权之后,追诉犯罪并施加刑罚成为刑事诉讼的主要目的,被害人就一直居于类似于证人的诉讼程序中的辅助地位。而要减少二次被害的可能性,首先需要重视被害人在诉讼中的基本权利和重要地位,一方面通过制度设计赋予被害人更多的程序性权利,使其人格尊严、隐私权、知情权和平等权都能得到充分保障;另一方面在司法过程中,提高司法工作人员素养,培训对被害人的基本尊重和保护意识,并为被害人设置对司法人员投诉和批评的法定机制。

我国有学者将二次被害定义为:"被害人在遭受犯罪行为侵害后,在刑事诉讼活动中所受到的伤害以及社会、他人的歧视和不公正待遇。"②还有学者认为,"再度被害,是指在诉讼过程中,由于公开被害人隐私或描述其被害过程而使被害人受到情感上的侵害"③。尽管关于被害人二次被害学界还没有统一观点,但是强调被害人精神上的损害和刑事司法程序的消极影响是其共同点。此外,社会、他人的不正当反应,以及隐私的不当泄露也可能致使被害人二次被害。从广义上理解,被害人二次被害是指被害人遭受犯罪侵害后,由于社会因素或者司法因素而受到进一步伤害,即被害人在寻求国家司法救济过程中,由于不当司法行为再次遭受不必要的物质耗费和精神损害,以及因被害人接触的人和社会舆论的正式或非正式的反应而承受心理压力。由此,被害人二次被害主要呈现三个方面的危害后果:

首先,精神性伤害是被害人二次被害的主要特征。被害人遭受犯罪侵害后本身产生恐惧、羞耻、抵抗意识、强烈的愤怒情绪和报复心理,代之而来的是胆怯、无助感、罪恶感、被动地接受侵害事实、不敢声张等被害体验。此时,被害人

---

① See Orth U. Secondary Victimization of Crime Victims by Criminal Proceedings. Social Justice Research, 2002(4): 315-316.
② 参见李伟:《犯罪学的基本范畴》,北京大学出版社 2004 年版,第 172 页。
③ 参见莫洪宪:《刑事被害救济理论与实务》,武汉大学出版社 2004 年版,第 128 页。

亲戚、朋友和周围接触人群的冷漠、不理解和刻意疏离的态度将使被害人心理受挫，甚至有的被害人还会成为社会公众鄙视、嘲笑、诋毁的对象和各种羞辱行为的攻击目标，无端地加深被害人精神痛苦。而被害人不得不经历的刑事司法程序也正是造成其精神损害的重要原因。侦查询问过程中被迫回忆被害经历，警察对被害人陈述的怀疑态度，审判过程中刑事诉讼各方对被害人"揭伤疤式"的质询，以及司法程序的时间消耗及其造成的心理压力对被害人来说都是痛苦的精神折磨。强烈的被害化精神损害可能使被害人陷入"创伤后应激障碍"（PTSD）状态，出现紧张性头痛、进食障碍、无法入睡等不确定症状，陷入抑郁、焦虑、自闭等情绪状态，对事物普遍丧失兴趣和热情、注意力下降、暴躁易怒、拒绝帮助、排斥诉讼救济等，甚至出现记忆缺失或者制造错误记忆的情况。这不仅使被害人自身承受沉重的心理负担，还将使试图为其提供帮助的人遭受情感上的"替代性精神创伤"。尽管有的被害人陷入被害化精神损害并不会立刻显现出异常表现，但是这种被害体验就像一剂苦味的中药浸入被害人内心，随着平静生活的缓慢推进，在某个不经意的时刻突然爆发。更为关键的是，被害人二次被害的精神损害是一种长期性、渐进式的复杂过程。被害人二次被害的精神性损害将影响其一生的经历，并随着被害化事件的复杂性混乱，改变被害人已经形成的世界认知，导致自身的社会存在破坏甚至丧失。

其次，人格尊严的贬损是被害人二次被害的本质特点。不当司法行为造成的被害人二次被害，本质上是被害人人格权的贬损。被害人在刑事诉讼全流程享有人格尊严不受侵犯的权利。"人是目的而非手段"，刑事诉讼程序对被害人的制度性漠视，使被害人沦为证明犯罪的工具和司法制度的牺牲品，缺乏对被害人人格尊严的基本尊重，致使被害人二次被害。被害人进入刑事司法程序将再次承受心理伤害，尤其是刑事侦查和法庭审理阶段不可避免地反复再现被害经历，无疑是对被害人人格尊严的无情践踏。被害人遭受犯罪侵害后，心理异常脆弱，反而对自身尊严的维护格外强烈和敏感。某些刑事案件承办人员的司法行为虽未违反任何职责要求和职业规范，甚至看上去并无任何不妥[1]，但是在特定情境下却可能导致被害人二次被害。比如，侦查取证环节承办案件人员按照调

---

[1] 参见[美]安德鲁·卡曼：《犯罪被害人学导论》，李伟等译，北京大学出版社2010年版，第172页。"警察在工作中表现出对被害人不感兴趣的态度，其实是其'工作人格'的一部分，警察的工作环境要求他们保持客观。同时经常近距离接触自然伤亡和社会灾难的人们倾向于孤立与排斥被害人。"

查流程查明犯罪事实,如果不注重被害人询问方式,包括直接提及敏感性词语等,都将使被害人承受心理压力,甚至加深被害人的精神痛苦。

最后,因隐私不当公开而造成的精神伤害是被害人二次被害的突出表现。被害人进入刑事司法程序,不论是侦查或审查起诉阶段,还是法庭审理阶段,都面临着巨大的隐私泄露风险。刑事司法工作人员缺乏被害人隐私保护意识,不考虑被害人隐私泄露的负面影响,其不当司法行为导致被害人隐私泄露,使被害人身心受到创伤。裁判文书上网和庭审直播都可能泄露被害人的身份信息,对被害人造成二次伤害。媒体对被害事实加以浓墨重彩的新闻渲染后进行报道等将使被害人隐私信息被迫公开、名誉权等遭受侵害,致使被害人二次被害。其中,性侵害被害人相较于其他类型的被害人因隐私不当公开受到的伤害尤为特殊。在我国还普遍存在的"贞操"观念影响下,一旦泄露被害人相关隐私,被害人势必成为公众的谈资,面临周围人的指指点点,甚至无法继续在原本的生活环境中生存。而网络时代更使隐私泄露导致的危害被成倍放大。

此外,值得注意的是被害人二次被害具有严重的社会危害性。[1] 一方面,被害人二次被害将加剧犯罪预防的风险。当刑事司法程序无法实现被害人的报复性正义,甚至反过来进一步加深其精神痛苦,在这种情形下,被害人极可能希望社会其他人遭受同等的痛苦,促使被害人向犯罪人转化,最终导致犯罪悲剧如同"多米诺牌"般蔓延。如果被害人二次被害无法得到有效防范和恢复,一旦今后再次遭遇不可控的危机事件,将使原本精神痛苦的被害人转变为最危险的社会犯罪风险源。另一方面,被害人二次被害有损法律公正和权威。被害人二次被害后,一些被害人对国家、政府不再抱有期待,对法律公平正义的理想破灭,选择远离法律、逃避现实,进而对社会产生极度的不信任感。[2] 可见,刑事司法领域的二次被害具有严重的社会危害性。当然,被害人二次被害还受犯罪的类型和严重程度以及被害人自身人格特点等影响,但是刑事司法程序确是导致被害人二次被害的独有因素。对刑事司法程序可能造成的被害人二次被害风险源进行规避,使被害人建立明确的风险判断和风险防范意识,能够有效降低被害人对刑事诉讼的焦虑和排斥,进而实现法律对社会的调控机能。

---

[1] 参见曾康:《论不当司法下刑事被害人的"二次被害"》,《学术论坛》2004年第1期。
[2] 参见田思源:《犯罪被害人的权利与救济》,法律出版社2008年版,第22页。

三、三次被害原理

三次被害（tertiary victimization）是指前述首次被害与二次被害的两次被害化的力量加之于被害人之后，使得被害人产生自我否定、自我谴责和摧残的心理障碍[1]，形成自我伤害的心理趋势，更在极端情形下由于心理愤恨扭曲转化为犯罪人，受到第三次伤害。第三次被害的理论提醒我们，被害化有可能是一个长期的过程，并不随着刑事司法程序的终结而终结。因此刑事程序后的被害人保护处遇措施同等重要。发达国家通过建立固定的被害人救助机构、数量众多被害人援助组织、刑事被害人的跟踪保护制度来为被害人提供心理咨询和治疗、精神鼓励和互助、生活援助等，最大限度地减少第三次被害的可能性。

从三次被害的角度理解，仅仅关注刑事司法领域中的被害人制度构建和完善的问题，对整个被害人保护制度来说，远远不够。被害人所受到的伤害是从犯罪行为侵害时起，一直可以延续到刑事诉讼程序终结之后。仅仅在刑事司法过程之中建立所谓的刑事诉讼求偿制度和增加被害人的相关诉讼权利，并不足以充分减轻三次被害的危害，对被害人的保护有所缺失。如第一次被害之后如果犯罪人由于穷困或者客观条件无法给予被害人赔偿，刑事附带的民事赔偿只是一纸"法律白条"，就无法减轻首次被害程度。建立独立的被害人国家补偿制度已经远远超出了刑事诉讼程序的范围。再比如在诉讼程序中再次被害带来的精神创伤需要诉讼程序后长期的精神治疗和援助，以防止或减少第三次被害发生的可能性或程度[2]，这就需要国家和社会在司法程序外提供更多的心理治疗和物质福利保障。因此，只研究刑事司法领域中的被害人救助问题，实际上是狭隘理解被害人救助研究的表现。从三次被害的角度来尽量降低被害人的被害化程度，不仅需要建立国家刑事被害人补偿机制，增加被害人诉讼权利保护；更需要建立专门的包括社会力量在内的被害人救助机构和组织，警觉多次被害的可能性，在诉讼程序之外对被害人这种弱势群体进行倾斜性保护，这是一

---

[1] 研究表明，强奸被害人创伤后应激障碍（PTSD）的发生概率为65%～70%，5%身体遭受袭击的被害人终生受到被害经历的影响。See Echeburua E, Amor P J. Evaluation of Psychological Harm in the Victims of Violent Crimes. Psychology in Spain，2003(1)：12.

[2] See Sessar K. Tertiary Victimization：A Case of the Politically Abused Crime Victims, in Burt Galaway and Joe Hudson. Criminal Justice, Restitution and Reconciliation. Criminal Justice Press, 1990：37-45.

个社会系统工程。

被害化理论：
遭受犯罪侵害的被害人需要从被害经历中恢复过来，开始新的健康生活，如果不能转移到康复状态，则为被害人化。被害人被害化是不断加深的过程，包括首次被害、二次被害和第三次被害（当然被害化阶段不具有时间上的绝对先后顺序）。被害化极易导致被害人向犯罪人转化。

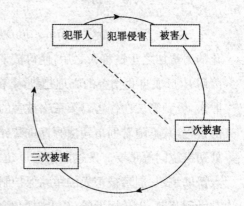

图 3-1　被害化理论示意图

第二节　基于未成年人特征的未成年人专门保护原理

性侵害未成年人犯罪刑事政策相对于一般性侵犯罪刑事政策的特殊之处就在于受害人的未成年人身份，由于未成年人身心尚在成长发育之中，因此基于未成年人的特殊性必须对未成年受害人采取特殊的保护对策。这种基于未成年人特殊性的刑事政策需求立基于国家对未成年人的保护职责之上，其核心就是基于儿童福利主义的国家亲权保护原理。

一、国家亲权保护原理

虽然未成年人的父母或监护人负有未成年人保护的首要职责，但各国普遍遵循基于儿童福利保护需求的国家亲权原则，国家对未成年人保护承担必要责任，从行政机关到司法机关，从未成年受害人到未成年犯罪嫌疑人保护，都在一定层面上遵循"国家亲权"的原则，体现国家亲权保护的原理。"国家亲权"亦可称"国家家长"，最初起源于英国封建土地制度，以衡平法的"国家亲权思想"为理论基础和基本理念。在其发展兴起后，不再局限于财产性利益，更多地关注未成年人的人身性权利，并成为未成年人司法保护建立与发展的基础原理。

国家亲权（Parens Patriase）来自拉丁语，其字面含义是"国家家长"（Parent

of the Country），传统含义是指国家居于无法律能力者（如未成年人或者精神病人）的君主和监护人的地位①，未成年人和其他无行为能力人都处于国王的保护之下，国家亲权理论便由此而来。国家亲权脱胎于父母亲权，当父母或者监护人不能或者不适宜履行监护职责时，国家可以运用公权力干预失职的父母或监护人，并代为履行监护职责以保护未成年人。国家被认为是未成年人的最高监护人，在效力上，国家亲权高于父母亲权，为保护未成年人利益，国家有权限制和剥夺父母亲权，决定未成年人的监护权。需要注意的是，国家不得滥用最高监护权，必须以保护未成年人权益为目的和限度，即以少年福利为本位，防止公权力对家庭亲子关系的不当干预。中世纪时期，英国法院首先运用国家亲权理论作为干预未成年人的合理化根据，但最初目的是维护国王的统治权，而非未成年人的权益。至17世纪，英国法院就国王此项权力之性质，谓国王经由大法院对于未成年人行使监护权，尤其是对于身心发育障碍、孤苦无依、被虐待及其他失所教养之未成年人有保护和教养之权责，迭见于判例中。② 美国因英国殖民历史继受了国家亲权理论，对处于危境中的少年，国家有提供强有力干预和保护的义务，达到挽救少年的目的。到19世纪，国家亲权理论演变为少年庇护所等矫正机构强制收容、矫治、保护罪错少年的正当性依据。在1839年的克劳斯案中，宾夕法尼亚州高级法院首次引用国家亲权理论论证庇护所对少年进行干预和保护的合理性，此后，国家亲权理论被广泛应用于干预罪错少年的诉讼案件中，自身的内涵和适用范围也不断拓展。1899年伊利诺伊州颁布的《少年法院法》以国家亲权理论作为少年司法的哲理根基，明确少年司法的功能是维护和增进少年福祉。国家亲权理论强调国家履行保护未成年人职责应以实现儿童最大利益为首要考量因素和最高价值目标③。

在司法领域的国家亲权原理体现为：一方面，随着社会文明的发展，同态复仇的方式变得不符合社会发展的需求，同时伴随着国家权力、国家机器的不断强大，统治者强调对于国家司法权的绝对控制，认为犯罪是对国家利益和社会利益的侵犯，公民选择上交自己的追诉权和惩罚权，交给国家统一行使，组成国家刑

---

① 参见姚建龙：《国家亲权理论与少年司法——以美国少年司法为中心的研究》，《法学杂志》2008年第3期。
② 参见朱胜群：《少年事件处理法新论》，三民书局1976年版，第33页。
③ 联合国《儿童权利公约》第3条第1款："关于儿童的一切行动，不论是由公私社会福利机构、法院、行政当局或立法机构执行，均应以儿童的最大利益为一种首要考虑。"

事司法权,国家成为全体公民的家长,保护公民的合法权益就成为国家义不容辞的责任,当公民遭受不法侵害后,国家有权利惩罚犯罪,有义务保护公民的合法权利。同时,随着社会的进步,子女不再被视为家长的私有财产,"绝对亲权"的观念失去了支撑,"国家亲权"逐渐取代"绝对亲权",认为国家是未成年人的兜底监护人,国家有责任也有权力在刑事司法中去保护处于弱势地位的未成年人,作为保护未成年人的最后一道屏障,应该积极履行保护未成年人的职责。① 另一方面,国家作为强大的权力机器,拥有丰富的资源与条件,能够最大限度地帮助未成年受害人实现自己的权利,在未成年人受到侵害后,能够及时、准确地惩罚侵害人,维护被侵害人的权益,这也是符合国家亲权原则的。②

二、未成年人关怀原理

"关怀"是指关心,包含帮助、爱护、照顾的意思,未成年人关怀理论建立在弱势保护的基本原则基础之上。关怀他人和被他人关怀都是人的基本需要,每个个体在人生中的不同阶段都需要得到他人的理解与关照,与他人保持关系,生活在关系群中,才能得以继续存活,故而,对于属于弱势群体的儿童来说,理所当然需要特殊的关照。从某种意义上可以说,关怀理论强调的是对弱势群体的特殊关照,故而未成年人关怀理论强调的是对作为弱势身份的未成年人的特殊照顾,基于未成年人弱势特征设计对未成年人的专门、倾斜性照顾,这一原理为尊重和保障未成年人的合法权益提供了理论基础和指导思想,最有利于未成年人、未成年人优先等理念可以说都是未成年人关怀原理的体现。

首先,我国自古就有"尊老爱幼"的传统,这是未成年人关怀理论的映照。未成年时期是每一个社会人都会经历的时期,未成年人生存和发展的利益构成了成人社会特别是家庭与政府的义务的基础,故而,未成年人是当然的权利主体,其享有的权利应受到法律的特殊保护。③ 倘若在未成年时期得不到很好的照顾,人类将不复存在,社会将不会发展。

其次,未成年人关怀理论不仅仅强调与未成年人有亲密关系的人(如父母)的责任,更强调国家保护未成年人的责任,国家有义务为未成年人的健康成长提

---

① 参见肖姗姗:《少年司法之国家亲权理念——兼论对我国少年司法的启示》,《大连理工大学学报(社会科学版)》2018 年第 4 期。
② 参见童小军:《国家亲权视角下的儿童福利制度建设》,《中国青年社会科学》2018 年第 2 期。
③ 参见张杨:《西方儿童权利理念及其当代价值研究》,中国社会科学出版社 2016 年版,第 45 页。

供良好的社会环境,这点也与国家亲权原理的要求相一致。从国家角度保护未成年人,将未成年人与成年人区分开,承认未成年人的独立地位,并考虑其特殊需求,注重提高其道德和法律地位,更有利于在未成年人遭到侵害后保障其权利,避免再次遭受不法侵害。① 由此可知,"未成年人关怀理论"的实质指向未成年人的健康成长,强调现实关怀对于未成年人保护的重要价值,突出对特殊未成年人群体如性犯罪未成年受害人的特殊关怀,将其置于具体的、专门的关怀关系中。

未成年人关怀原理应用于未成年受害人的保护,就要求立法与司法基于未成年受害人的特殊性,应该对未成年受害人持倾斜性、优先性保护的价值取向。未成年受害人的刑事政策应考虑到未成年受害人身心脆弱的特点与实际情况,让保护儿童利益最大化原则、未成年人优先保护理念贯穿于未成年受害人保护之中,必须针对性犯罪未成年受害人制定符合其特殊保护需求的专门机制,形成符合其身心需求的专门保护体系。

第三节 性侵害未成年人犯罪的特殊性原理

性侵害未成年人刑事政策的直接理论来源是性侵害未成年人犯罪的特殊性原理,这一原理建构在前述被害人保护专门原理与未成年人保护专门原理的基础之上,决定了性侵害未成年人刑事政策相较于其他刑事政策的特殊之处:一是被害人的未成年人身份表明受害人在心理上、生理上都不成熟,其身心脆弱导致的受害程度与时间长度远高于成年受害人,因此刑事政策上必须给予倾斜性的专门优先保护。二是由于性犯罪行为相对于一般犯罪行为对被害人所造成的身心综合伤害往往更为严重,特别是在身体伤害之外可能造成精神的严重创伤,因此刑事政策上应重视精神伤害的保护与综合的惩治。三是对未成年人的性侵行为相较于其他犯罪行为更为隐蔽、取证较难、再犯率更高,因此刑事政策上必须重视预防与惩治相结合,社会预防与司法治理实现有机衔接配合,最大程度上遏制性侵害未成年人犯罪。

---

① 参见王雪梅:《儿童权利论——一个初步的比较研究》,社会科学文献出版社 2005 年版,第 78 页。

一、基于未成年受害人身份的特殊性原理

性侵案件中未成年受害人相较于成年被害人具有明显的易受侵袭与伤害的弱势特征，这是刑事政策上需要给予未成年人倾斜性、专门性保护的机理所在。

一方面性侵害未成年人案件中的被害人是尚处在成长中的未成年人。相较于成年人而言，未成年人不论是生理还是心理上都处在相对弱势的地位。从生理上看，未成年人仍处于生长发育阶段，与成人相比力量悬殊，遇到犯罪侵袭时的反抗能力较弱。从心理上看，未成年人自主意识尚不成熟，对性侵危险的识别性较弱，缺乏相应性防范能力和自我保护能力，因此相对于成年人更容易遭受性侵犯罪的侵袭。近些年，性侵未成年人案件受害人低龄化趋势值得关注，使得被害后果更加严重化。这样的趋势反映出在目前针对未成年人的性犯罪中，被害人与加害人不论是心智还是力量上的对比更为悬殊，加害人优势地位明显，被害人极其缺乏社会经验和防范警惕意识，更加容易相信加害人，比如有的案件中加害人仅用给予糖果等小小的物质引诱这样的形式就会骗得未成年人的信任，进而有机会实施性侵。例如较为典型的性侵害者利用自身特殊职位或关系采取欺骗的方法性侵未成年人的情形中，未成年人易被欺骗、缺乏防范意识的特点体现得较为明显。

另一方面，未成年人在受到性侵伤害后，相对于成年人而产生的生理和心理创伤也更为严重。就身体伤害而言，未成年人正处于生长发育阶段，身体的各项机能和器官都未发育完全，还较为稚嫩，遭受性侵害时最直接、最明显的便是身体上的创伤，不仅可能直接遭受性器官与身体的损伤，甚至可能导致被传染性疾病甚至怀孕、早产、人工流产，影响以后的生育功能，对身体的伤害极大。受到性侵害甚至性虐待的幼女很可能因身体器官受损造成生活难以自理，影响其一生的身体健康。在部分性侵案件中，性侵行为是在未成年受害人身体出现损伤后才被发现，甚至在怀孕后才被发现。此外，就心理伤害而言，特别是由于未成年人正处于性心理塑造阶段，还未形成健康完整的人生观和价值观，这使得他们极易受到外界不当的影响，性侵害作为严重的身心伤害，极易对未成年人未来的性心理健康产生长期的不良影响，甚至可能导致终生伤害。相较于其他犯罪，未成年受害人面对性侵害的创伤反应不仅广泛，而且对未成年人身心发展历程的影响也更加深远，如会对未成年人的性认知产生障碍，不良影响甚至会伴随性犯罪未成年受害人的一生。可以说性侵害未成年人犯罪对未成年人的影响十分深

远。可见，未成年受害人作为特殊群体，其身份的特殊性使其在受到性侵害时应该给予特殊专门保护。

二、基于性侵害行为的特殊性原理

相对于其他侵害未成年人的犯罪，性侵害行为由于性质上的特殊性更容易给未成年人造成严重危害，这类犯罪相对来说又取证困难、容易反复，因此，性侵害未成年犯罪相对于其他侵害未成年人的犯罪有更迫切的针对性治理与预防需求。

首先，性侵害未成年人的犯罪行为往往利用涉世未深的未成年人尚难以认识性侵性质，乘虚而入，犯罪的隐蔽性较强。不同于虐待或故意伤害等行为会给被害人身体造成最直接的伤害，性侵害给被害人造成的伤害更为隐蔽，且加害人会利用未成年人对性行为认知不足的缺陷进而采取措施掩盖自己的性侵行为。在其他的犯罪行为中，未成年受害人至少知道自己遭受了打击、威胁或者辱骂等，对犯罪行为本身具有一定的认知；而在性侵害犯罪中，被侵害对象由于年龄、认知等因素而无法理解性侵害行为的性质，甚至不知道这是伤害行为或者违法行为，导致被害人难以报案或无法报案。其次，性侵害未成年人犯罪往往可能出现在一对一场所，取证定罪相对较为困难，这更是增加了追究性侵害未成年人犯罪的难度。再次，性侵害犯罪再犯率较高，而由于未成年受害人的难以反抗性、追究困难性，也给予了加害人反复地、长时间地实施性侵的机会。综上所述，从侵害行为的特殊性角度也可以看出，性侵害未成年人犯罪相对于其他侵害未成年人的犯罪更特殊，更值得被特别关注。

三、基于侵害后果的特殊性原理

严重的社会危害性是是否将某一行为纳入刑法犯罪圈的依据，社会危害性也是我们对某一行为进行判断时考虑的首要因素。当把主体聚焦到被害人身上，主要考虑的则是被害后果。与遭受其他人身侵害相比，未成年受害人在遭受性侵害后，其心理上的创伤更为明显，被害后果的身心二重性是性侵害未成年人犯罪刑事政策必须考虑应对的特殊之处，精神伤害相对于身体伤害较为隐蔽，刑事政策上应加大对受害人的心理救助与治疗的力度，且对性侵害给未成年人带来的精神伤害予以重视，需要通过司法机制进行充分的赔偿与补偿。

未成年人正处在一个心理状态不断发展健全的时期，尤其是对性观念的理解和价值观的塑立还未完全形成，因而性侵害对未成年人更为深远的影响是心理创伤方面。未成年人对于成人世界会有模仿、单向输入的过程,在这个过程中不断形成自我的认知价值观,在这个不断变化、不稳定的心理状态塑造过程中,成年世界的行为对未成年人的世界会产生塑造性、深远性的影响,像性侵害这样超过了未成年人心理承受能力的行为毫无疑问会对未成年人的心理产生不可磨灭的不良影响,一个成年人倘若被性侵后都会产生巨大的身心痛苦,更何况一个心理尚未成熟的未成年人。从短期影响来看,未成年人在遭到性侵后,可能会因为在性侵过程中遭受的一些不愉快、痛苦的经历以及身体上的疼痛,引起焦虑、抑郁、暴躁、恐惧、羞耻等异常情绪。在诸多案例中,未成年人在被性侵后都变得沉默不语,不愿与他人交流,封闭自我,情绪变得极其不稳定,出现夜晚失眠、反复噩梦等反应,严重的甚至会出现自杀、自残行为,这些行为都会影响到未成年人正常的学习、生活和人际交往。从长期影响来看,未成年人在遭到性侵害后可能会对两性关系产生困惑甚至扭曲。被害人可能在长期心理压力下出现不良性幻想、性压抑、性功能紊乱情况。可见,性侵害对于未成年人来说,其不良心理影响甚至是持续一辈子的,这是相较于其他侵害的特殊性之处。

而心理伤害相对于身体伤害而言较为隐蔽,未成年人因自身身心不够成熟又难以察觉,总体上更不容易被发觉救助。特别是当前司法上一般心理救助与治疗措施尚缺乏体系性、常规性机制的情形下,较为隐蔽的心理伤害更难以得到及时的治疗,留下恶化甚至影响终身的不良隐患。此外,受制于司法机制影响,对刑事附带民事的精神损害赔偿通常难以获得支持,这进一步加大了心理救助的难度。虽然当前已有部分案例在这一方面着力突破,但总体上还缺乏体系性支持。因此未来刑事政策应在这一方面着力保障未成年受害人身心都获得有效保护。

综上可见,性侵害未成年人犯罪不同于其他犯罪,未成年受害人身份的特殊性、侵害行为的特殊性、侵害后果的特殊性,都是性侵害未成年人刑事政策的设立依据,也需要性侵害未成年人刑事政策在具体展开时根据这些特殊性原理设立针对性的规范与措施。

下编

性侵害未成年人犯罪刑事政策体系分论

第四章

性侵害未成年人犯罪刑事政策体系的实体法展开

第一节 刑事政策视野下性侵害未成年人犯罪实体认定的合理性问题

性侵害未成年人犯罪刑事政策在刑事实体法上的展开就体现为刑法对性侵害未成年人犯罪的严厉惩治规定。但近年来,王振华猥亵儿童案等诸多典型案例[①]却揭示出性侵未成年人存在一定的惩治难问题,诸如严重强奸或猥亵儿童量刑过轻[②]、14至18周岁未成年人性同意难以认定[③]等性侵未成年人定罪量刑适用难题不断引发对性侵害未成年人犯罪相关刑法规定的检讨与质疑。为针对性回应解决这些司法适用问题,2021年3月1日起施行的《刑法修正案(十一)》从进一步全面保护未成年人身心权益出发,特别对旧有性侵害未成年人犯罪的刑法规定作了多处修改:一是针对奸淫幼女的严重罪行可能量刑过轻的问题,修改了《刑法》第二百三十六条关于奸淫幼女型强奸罪的量刑规定,将在公共场所当众奸淫幼女、奸淫不满10周岁的幼女或者造成幼女伤害的严重罪行明确纳入加重处罚情形,而非仅仅如修正前规定般"从重处罚";二是针对已满14周岁

---

① 这些案例中最具代表性的例如:猥亵儿童一审判五年过轻引发广泛争议的王振华案,参见《王振华猥亵儿童被判5年是否过轻?法学专家解读争议》,https://www.chinanews.com/sh/2020/06-19/9216450.shtml;招14周岁"童养媳"引强奸争议的陈学生案,参见《官方回应重庆14周岁"童养媳"四大焦点:无法认定强奸》,http://www.chinanews.com.cn/sh/2017/02-26/8159703.shtml.
② 参见李玫瑾:《构建未成年人法律体系与犯罪预防》,《法学杂志》2005年第3期.
③ 参见赵国玲、徐然:《北京市性侵未成年人案件的实证特点与刑事政策建构》,《法学杂志》2016年第2期.

未满18周岁未成年人性同意是否真实自主难以明确[①]从而引起强奸罪认定困难的问题,新增了作为《刑法》二百三十六条之一的负有照护职责人员性侵罪[②],规定对已满14周岁不满16周岁未成年女性负有照护职责的人员与其发生性关系,无论是否经其同意,都直接构成犯罪;三是针对严重猥亵儿童可能量刑过轻问题,通过修改《刑法》二百三十七条第三款从而对猥亵儿童罪单独设置量刑规则,特别明确了更多的加重处罚情形:除了按照修正前规定就可加重处罚的聚众或在公共场所猥亵儿童外,新增猥亵儿童多人或多次、造成儿童伤害或其他严重后果、猥亵手段恶劣或其他恶劣情节等情形。之后,2023年6月1日起施行的两高《性侵未成年人案件解释》进一步对性侵害未成年人犯罪的刑法条款适用标准进行了明确,从严厉惩治性侵未成年人犯罪的角度规定了处罚较重的认定标准,例如将对幼女身心健康造成伤害的兜底情况规定为强奸罪加重处罚的"造成幼女伤害"的认定标准之一;以及对强奸未成年人的成年被告人判处刑罚时,一般不适用缓刑等。

这些新增规定是在总结了目前性侵害未成年人犯罪刑法适用困境的基础上查漏补缺而针对性严密刑事法网的产物,对刑法更有效地体现严厉惩治性侵害未成年人刑事政策、威慑性侵害未成年人犯罪产生良好的促进效能。然而从体系性规制性侵害未成年人犯罪的刑事政策角度审视,《刑法修正案(十一)》新增规定相较于修正前性侵害未成年人犯罪的规范结构与规制思路变动不大,仅涉及性侵害未成年人犯罪的三处相对零星分散的修正,且其中两处仅限于个罪局部量刑规则调整而并未涉及犯罪的规定。即便就唯一调整犯罪圈而新设的负有照护职责人员性侵罪而言,同时扩张的入罪范围也极其有限:在本次刑法修正前,2013年《性侵意见》第21条就已经规定负有照护职责的人员利用优势地位或被害人孤立无援的境地而迫使14周岁以上未成年女性与其发生性关系的行为可认定为强奸罪,也就是已经将本次刑法修正新设的负有照护职责人员性侵罪的部分情形通过司法解释的方式入罪,且司法解释中14周岁以上未成年受害人年龄范围相比新设该罪已满14周岁未满16周岁的年龄范围更宽,2023年《性侵未成年人案件解释》又进一步重新确认了这一规定。因此《刑法修正案(十

[①] 参见尹泠然:《欧洲涉罪未成年人参与诉讼考察及其启示》,《中国刑事法杂志》2020年第5期。
[②] 该罪名经2021年3月1日实施的《最高人民法院、最高人民检察院关于执行〈中华人民共和国刑法〉确定罪名的补充规定(七)》正式确定。

一)》新设的负有照护职责人员性侵罪只是将那些无法明确存在迫使性与否从而无法纳入前述司法解释的小部分情形进一步入罪,扩张入罪的范围极其有限,在特定意义上只是先前司法解释惩治负有照护职责人员性侵未成年人行为的入罪逻辑之延续。

由于《刑法修正案(十一)》对性侵害未成年人犯罪的相关修正在规制结构与逻辑上相对于修正前变动不大,面对性侵害未成年人犯罪长期存在的复杂理论与实践困境,就有必要进一步检视在这些修正生效之后,新修规定是否足够划定较为合理的性侵害未成年人犯罪的刑事责任范围,进而全面、妥当地解决已有性侵害未成年人犯罪的认定难题,以充分体现性侵害未成年人犯罪刑事政策的严厉惩治内涵。而要根本厘清这一问题,就应在理论上回溯明晰性侵害未成年人犯罪的法益根据与规范结构,以求对《刑法修正案(十一)》生效后的性侵害未成年人犯罪规定作出科学合理的评价,提供更全面的适用与完善路径。虽然《刑法修正案(十一)》对性侵害未成年人犯罪相关规定进行了针对性有效修正,但从性侵害未成年人犯罪刑事政策的严厉惩治需求出发,还需要进一步检视相关修正规定生效后可能仍然需要解决的性侵害未成年人犯罪的惩治严密性与有效性问题。

一、奸淫幼女型强奸罪的量刑问题

刑法修正后奸淫幼女型强奸罪量刑存在对已满10周岁不满14周岁幼女的相对保护不力问题。《刑法修正案(十一)》虽然明确了对奸淫不满10周岁的女童的情形加重处罚,但同时也可以从这一规定中推论出没有其他加重情节的情形下,奸淫已满10周岁未满14周岁幼女依然只适用当前强奸罪中奸淫幼女一般"从重处罚"规定,即本次刑法修正并没有将奸淫已满10周岁未满14周岁的幼女的情形纳入加重处罚条件从而体现出对幼女的统一特殊保护,从而可能会造成对已满10周岁不满14周岁幼女保护的相对不力。以犯罪情节与量刑大致相同的陕西彪某案①与江西张某案②对比为例,在无其他加重情节的情形下,前者彪某两次强奸其8周岁女儿,被判有期徒刑7年半,后者张某三次强奸其10周岁女儿,被判有期徒刑8年。而两案的情形如发生在《刑法修正案(十一)》

---

① 参见陕西省紫阳县人民法院(2020)陕0924刑初23号刑事判决书。
② 参见江西省赣州经济技术开发区人民法院(2019)赣0791刑初241号刑事判决书。

生效后,前者因受害人不满10周岁将按修改后的强奸罪加重处罚规定判处10年以上有期徒刑、无期徒刑或者死刑,而后者因受害人已满10周岁将继续维持3到10年有期徒刑幅度。两案情节大致相同,受害人仅相差两岁,但本次刑法修正之后,前案情形的量刑陡然上升一级而对受害人保护力度大增;而后案情形却仍然量刑不变,从而体现出相对前者情形在保护力度上难以符合法感情的明显落差。当然将奸淫不满10周岁女童的情形纳入强奸罪加重处罚情形就立法原意上是加强了对低幼女童的区别性保护,在刑法规定上表现为对不满10周岁的低幼女童与已满10周岁不满14周岁的幼女做出量刑区隔,通过刑罚的差别性体现出对不同年龄段幼女保护的级差。以受害人年龄作为刑罚差别化的条件并非不可,但问题在于以受害人10周岁作为奸淫幼女犯罪量刑区隔的标准就刑法原理而言是否合理需要明确,否则就不能回答诸如为何不直接把奸淫不满14周岁的幼女都纳入加重处罚情形等问题。① 这就需要回溯奸淫幼女犯罪所侵害的法益根据,并在此基础上检视这一量刑区隔的法理基础来梳理这一问题,否则可能新规定反而造成对已满10周岁不满14周岁的幼女保护的新缺憾。

二、已满14周岁未成年受害人性同意认定难问题

刑法修正后仍未总体上解决性侵案中已满14周岁未成年受害人性同意认定难题。性同意与否是判断强奸罪之强制性行为是否存在的重要依据,已满14周岁未成年人由于性认知能力尚未完全成熟造成其性同意与否较难判断,实践中形式上的性同意背后可能存在实质上的受胁制可能,实践中屡存争议,而受害人性同意与否难以判断导致强奸罪也相对难以认定。《刑法修正案(十一)》新增的负有照护职责人员性侵罪虽然通过直接推定方式②解决了负有照护职责人员性侵已满14周岁未满16周岁未成年人情形下判断受害人性同意的难题,但并没有规范性地提供判断已满14周岁未成年人性同意的一般标准,因此修正前已有的性侵案中判断已满14周岁未成年受害人自主性同意的难题仍在许多情况下存在,如负有照护职责人员之外的其他人与已满14周岁未成年人发生性关系

---

① 参见邱国樑主编:《刑法典中性犯罪的犯罪学研究》,上海大学出版社2001年版,第40页。
② 按照《刑法修正案(十一)》新设的负有照护职责人员性侵罪之规定,对已满14周岁不满16周岁未成年女性负有照护职责的人员与其发生性关系的,都直接构成犯罪,从而体现出此种情形下推定未成年女性不可能形成性同意,只要发生性关系即推定违背女性意志。

的情形,以及已满16周岁不满18周岁与负有照护职责人员发生性关系的情形等。① 以重庆14岁"童养媳"强奸争议为例,被作为"童养媳"送养且14岁受孕产下一子的马某与收养人陈某在性关系是否违背本人意愿问题上各执一词,"性同意"与否难以确认从而难以追究强奸罪刑事责任。② 因此,仍然需要在刑法原理上明确负有照护职责人员性侵罪的可罚性根据,在该新设犯罪的法益判断层面上明确其与其他性侵害未成年人犯罪法益之间的可能联系或区别,从而进一步为一般性地解决已满14周岁未成年人性同意的自主意志判断难题提供依据。

三、猥亵儿童罪量刑问题

刑法修正后对猥亵儿童罪量刑仍然难以体现出对未成年人的明显倾斜性保护。《刑法修正案(十一)》对猥亵儿童罪新设的独立量刑规定虽然相较于旧有比照量刑规定进一步加大了对猥亵儿童的惩罚力度,但增强幅度非常有限。新设的猥亵儿童罪独立量刑规定仍然与强制猥亵、侮辱罪的量刑规定差别不大,并未体现出明显的通过加重量刑来倾斜性保护未成年受害人的意图:新设刑罚的量刑幅度与强制猥亵、侮辱罪量刑幅度基本趋同,只是基本刑少了拘役且明确列举了加重处罚情形而已,这很难说能明显体现出对儿童相较于成年人的进一步倾斜性保护。特别是在强制猥亵儿童的情形下,猥亵儿童罪刑罚也难以跟强制猥亵成年人有显著不同甚至可能趋同,相对儿童特殊保护需求而言量刑可能偏轻问题难以有效改观。这就需要进一步厘清猥亵儿童罪与强制猥亵罪的法益差别,并在比较基础上明晰猥亵儿童罪的特殊保护需要,否则仍然无法从根本上解决猥亵儿童罪量刑可能偏轻的问题。

由上可见,虽然《刑法修正案(十一)》通过对性侵害未成年人犯罪的修正解决了一些相关适用难题,但仍然存在着需要深入分析厘清适用的问题,以充分实现对性侵害未成年人犯罪的严厉惩治。而要解决这些问题,就需要回溯性侵害未成年人犯罪的法益特性,并在此基础上审视性侵害未成年人犯罪的应然逻辑与规范体系,方能为《刑法修正案(十一)》生效后性侵害未成年人犯罪可能面临的适用问题提供科学的解决之策。

---

① 参见刘明祥:《嫖宿幼女行为适用法条新论》,《法学》2012年第12期。
② 参见《官方回应重庆14周岁"童养媳"四大焦点:无法认定强奸》,https://www.chinanews.com.cn/sh/2017/02-26/8159703.shtml。

第二节 当前性侵害未成年人犯罪的
传统法益观局限及其扩展

法益是影响定罪量刑合理性与有效性的核心因素,性侵害未成年人犯罪的相关规定之所以存在着影响严厉惩治效果的适用疑问,在特定意义上与性侵害未成年人犯罪的法益问题有关。

一、当前性侵害未成年人犯罪的传统法益观:统一于性自主决定

当下对性侵害未成年人犯罪的法益观点主要聚焦于性自主决定权,这点与性侵成年人的犯罪在基本逻辑上并未有明显不同。只是在性自主决定权表现上以14周岁年龄作为区隔标准,导致依据受害人年龄的侵害性自主权的表现不同,从而形成性侵犯罪入罪标准区分的模式。[1] 因此我国刑法中性侵犯罪根据受害人年龄采用的是法益一致、入罪标准区分的模式。

一方面法益一致是指,无论是强奸犯罪还是猥亵犯罪、性侵害未成年人犯罪还是性侵成年人犯罪,在侵害的法益本质上并没有显著差别,都是侵害了受害人的性自主决定权。[2] 这背后的基本依据就是性自主决定权人人享有,并不因未成年人身份而有所缺失。因此,无论是性侵成年人还是未成年人犯罪的根据,都是对基于性自主决定权的性同意的直接违反,都对受害人的性自我决定形成侵犯。我国刑法将强奸妇女的行为与奸淫幼女的行为纳入统一的强奸罪定罪量刑正体现了这种性侵犯罪法益一致性的逻辑。虽然在猥亵犯罪领域,刑法根据受害人年龄将猥亵儿童罪与强制猥亵、侮辱罪区分开来,但是仍然将猥亵儿童罪的量刑与强制猥亵、侮辱罪基本保持一致,体现了基于法益侵害一致性基础而未将法益侵害程度作明显区分的规制逻辑。

另一方面就入罪标准区分而言,该模式认为特定的受害人年龄造成了作为性自主决定权表征的性同意表现不同,进而造成了体现法益侵害的性侵犯罪行

---

[1] 参见车浩:《强奸罪与嫖宿幼女罪的关系》,《法学研究》2010年第2期。
[2] 参见陈伟、金晓杰:《性侵未成年人案现状、原因与对策一体化研究》,《青少年犯罪问题》2016年第4期。

为表现不同,因此以性自主决定的成熟年龄为分界,将形成不同的性侵入罪标准。特定年龄的未成年人受限于身心发育尚未成熟,从而其性自主判断能力尚未成熟,其性自主决定权尚难以行使或完全行使。① 从奸淫幼女型强奸罪与猥亵儿童罪的刑法规定意旨可见,我国刑法中是将 14 周岁作为判断性自主能力有无的年龄节点,认为未满 14 周岁的儿童尚无性自主能力,从而难以做出有效的性自主决定意志,从而推定未满 14 周岁的儿童并不存在性自主同意可能,此时对儿童实施的性行为或性意味行为都自然视为侵害性自主决定权的行为,进而构成强奸或猥亵犯罪。依据受害人年龄不同形成的性自主决定程度之区分,我国刑法对强奸与猥亵犯罪作了一定程度的行为入罪定型化区分:

一是强奸罪依据受害人年龄而区分为普通型强奸罪以及奸淫幼女型强奸罪。普通强奸的成立要求行为人实际上实施了侵害受害人性自主决定权的行为,即采用暴力、胁迫或其他手段使受害人陷入不知反抗、不能反抗或不敢反抗的状态而违反其自主意志实施奸淫行为。与此不同,奸淫幼女型强奸罪是为专门保护不满 14 周岁的未成年幼女所设,由于幼女缺乏性自主的决定能力,即便征得幼女同意的性交行为,也应视为侵害了幼女的性自主决定权:"由于幼女身心发育不成熟,缺乏辨别是非的能力,不能理解性行为的后果与意义,也没有抗拒能力,因此,不论行为人采用什么手段,也不问幼女是否愿意,只要与幼女性交,就侵害了其性的决定权,成立强奸罪"②。此外,《刑法修正案(十一)》新增的负有照护职责人员性侵罪针对性保护已满 14 周岁未满 16 周岁的未成年女性,在入罪时并不需要判断照护职责人员行为的强制性而是直接以性行为存在就可入罪,也体现了同样的基于年龄的推定逻辑:这一年龄阶段的未成年人虽然具备部分的性自主能力,但是面对对其有照护职责人员则推定欠缺这一性自主能力,因此不能形成性同意状态,只要照护职责人员与其发生性关系,就推定为对其性自主决定权的直接侵害。

二是我国刑法还根据受害人年龄区分了强制猥亵、侮辱罪与猥亵儿童罪。强制猥亵、侮辱罪的"强制"强调以暴力、胁迫或者其他使人不能反抗、不敢反抗、不知反抗的方法强制性违反他人自主决定意志而对他人实施有性意味的行为。而猥亵儿童罪则无需强调"强制"手段,由于推定了不满 14 周岁的儿童并无性自

---

① 参见王进鑫:《青春期留守儿童性安全问题研究》,《当代青年研究》2009 年第 3 期。
② 参见张明楷:《刑法学(下)》(第六版),法律出版社 2021 年版,第 871 页。

主能力,因此只要对其实施了有性意味的猥亵行为,就侵害了其性自主决定权,构成猥亵儿童的犯罪。

二、当前性侵害未成年人犯罪的传统法益观的局限

尽管基于年龄的入罪标准区分模式通过对性自主年龄的推定专门保障了儿童的性自主决定权,也从入罪标准意义上体现出了性侵害未成年人犯罪区别于一般性侵犯罪的独立的行为可罚性依据,因此有其对未成年人保护的必要价值。但将性侵害未成年人犯罪与性侵成年人犯罪视为统一法益、仅在入罪行为标准上有所区隔的规制模式也存在基于法益过于单一的判断而形成的深层困境,即由于认为不需要在法益上区分发现性侵未成年受害人犯罪的独特性,所以性侵害未成年人犯罪与一般性侵犯罪在我国刑法中出现一定程度的罪名混同、量刑失当的结构性问题,甚至《刑法修正案(十一)》的相关新规定也在解决这一体系性问题时效果有限,总体上对严厉惩治性侵害未成年人的刑事政策的有效性产生了不利影响。

(一)罪责认定难

我国刑法将普通强奸与奸淫幼女共同设置于强奸罪罪名之下采合一罪规定模式。究其原因就在于受害人是否为幼女并不影响普通强奸与奸淫幼女两类行为侵害法益的一致性,都是侵害了受害人的性自主决定权。只不过普通强奸要判断强制行为导致受害人性同意意志之违背,而奸淫幼女则推定幼女因不具备性自主能力而不具备性自主同意意志。[①] 同一强奸罪名下的两类行为看似基于受害人年龄而可以有效区分,但实则存在两类行为之间的交错混乱关系所造成的刑事责任认定难题。

典型表现是与已满14周岁未成年女性所谓合意性关系之认定困难问题。与已满14周岁的未成年人发生性关系并不构成奸淫幼女型强奸罪,但仍可能构成普通型强奸罪。然而普通强奸罪的认定是以实际违背女性性同意意志为前提的,当已满14周岁未成年女性有形式上对性行为的同意时,是否就一概否认性侵犯罪的成立呢?通常认为,已满14周岁的未成年人(特别是未满16周岁的未

---

① 参见刘芳:《中国性犯罪立法之现实困境及其出路研究》,东北大学出版社2015年版,第85页。

成年人）性自主能力也并未完全成熟①，其受外界影响胁制而做出不完全自主决定的可能性远远高于成年人，其此时做出的形式上的性自主同意意思非常可能是受到一定的胁迫与控制而形成的，但这种胁迫或控制的强度往往对性自主能力成熟的成年人来说尚未能达到使其被胁迫或控制而无法自主的程度，因此如果以成年受害人的性自主同意标准来判断就会出现错误，进而影响到强奸罪的认定。发达国家相对通行的做法是承认已满 14 周岁未成年人性自主能力的特殊有限性，进而形成已满 14 周岁未成年人特殊的性同意判断规则，并在此基础上将未达到一般强奸罪强制程度但利用了未成年人性自主能力有限性而实施胁制性行为的情形规定为特殊的性侵犯罪，这种犯罪的受害人限于已满 14 周岁的未成年人。以规定相对较为精细的德国刑法为例，其专门针对已满 14 周岁未满 18 周岁的未成年受害人规定了两类犯罪：一类是"受影响的性侵未成年人罪"，规定了压制限制未成年人自由而对其实施性行为、利用不当影响对未成年人实施性行为（如用毒品诱惑、金钱换取未成年人性行为）等干扰、胁制性侵未成年人行为为犯罪；另一类是"利用保护监督关系性侵害未成年人犯罪"，并在其中进一步区分为机构内与非机构的不同干扰、胁制手段的性侵行为，前者主要是非亲属监护的负有照护职责人员利用职权形成的胁制性行为，后者是亲属或监护人利用亲密关系形成的胁制性行为，从而形成了针对有限性自主能力的未成年受害人的性侵犯罪规制体系。②

但是我国刑法长期未能针对已满 14 周岁的未成年受害人性同意判断的特殊性进行性侵单独设罪规定，而作为传统普通强奸罪中判断受害人自主决定权受损的不知抗拒、不敢抗拒或不能抗拒的"三不"强制标准内涵又相对模糊，因此导致实践中对已满 14 周岁未成年受害人的性侵犯罪的判断出现一定困境，其典型体现是负有照护职责的特殊职责人员利用职责地位实施的与受害人发生性行为的定性问题。③ 为此 2013 年两高两部《关于依法惩治性侵害未成年人犯罪的意见》明确规定："对已满十四周岁的未成年女性负有特殊职责的人员，利用其优势地位或者被害人孤立无援的境地，迫使未成年被害人就范，而与其发生性关系的，以强奸罪定罪处罚。"该意见还将"负有特殊职责的人员"界定为"对未成年

---

① 参见刘艳红、李川：《江苏省预防未成年人犯罪地方立法的实证分析——以 A 市未成年人犯罪成因和预防现状为调研对象》，《法学论坛》2015 年第 2 期。
② 参见许恒达：《妨害未成年人性自主刑责之比较法研究》，《刑事政策与犯罪研究》2016 年第 9 期。
③ 参见王剑：《治理儿童性侵犯的治安防控研究》，《吉林公安高等专科学校学报》2012 年第 5 期。

负有监护、教育、训练、救助、看护、医疗等特殊职责的人员",即负有照护职责的人员。这一规定是《刑法修正案(十一)》负有照护职责人员性侵罪的设立渊源,新设立的负有照护职责人员性侵罪进一步在原理上推定已满14周岁未满16周岁的未成年受害人面对对其有照护职责的人员无法形成有效的性同意意志,性自主决定无法实现。但如前所述,如果未能考虑已满14周岁未成年人性自主能力相对于成年人的不成熟特性,即便设置这一新罪仍然无法圆满解决本罪范围之外的已满14周岁未成年女性的性自主同意认定问题,进而可能造成在如下问题上性侵未成年人的刑事责任出现认定争议或规制空白:

一是负有照护职责人员对已满16周岁未成年女性实施的性行为仍然可能利用了特定的职责地位优势或未成年人孤立境地,这种对地位优势或特定境地的利用虽然达不到普通强奸罪之强制的程度,但仍然可能是利用了未成年女性尚不成熟的性自主能力而体现为一定程度的胁制,从而违反了未成年人性同意意志,侵害了未成年人性自主权。但目前无法通过刑法对这种情形下的未成年人加以保护,出现诸如16岁高中生与老师恋爱并为其生子,但司法难以查证追究是否侵害未成年人性自主权的问题。①

二是负有照护职责人员之外的其他人员对已满14周岁的未成年女性仍然可能实施其他未达普通强奸罪之强制程度的胁制式性行为,如提供金钱利益或毒品诱惑的行为,此时仍然可能利用了未成年人性自主能力的不成熟而造成对实质性同意意志的违反,侵害未成年人的性自主权,但刑法对这种情形的未成年人也缺乏必要的保护。以14岁少女被金钱引诱发生性关系的案件为例,14岁女孩洪某的亲姑姑张某利用洪某对性的懵懂无知,以1500元诱惑她同意与陌生男性程某发生初次性行为,对其造成严重的心理伤害,但对张某仅能以引诱他人卖淫犯罪定罪,该罪保护的法益并非洪某的性自主权而是社会管理公共秩序,对程某则无法追究刑事责任。这体现出由于刑法尚未能针对已满14周岁未成年人性自主的特殊性来设置专门性侵犯罪,因此实践中并无法通过追究张某及程某的性侵刑事责任来直接保护未成年女孩洪某的性自主权。②

---

① 参见《16岁高中生为老师生子 老师称愿照顾其一生一世》,https://www.chinanews.com.cn/edu/2013/10-13/5372882.shtml。

② 参见《14岁少女懵懂无知 竟被自己亲姑姑引诱"卖处"》,http://news.sohu.com/28/10/news208281028.shtml。

（二）量刑易失当

由于认为性侵害未成年人犯罪与一般性侵犯罪是具备统一法益基础的，两类犯罪之间只是基于对法益侵害程度不同的同类刑事责任大小的差异，因此刑法在规定这两类犯罪量刑时，采用的是在同一量刑幅度内的比照从重量刑模式：一方面，强奸罪中规定奸淫幼女刑事责任时仅是比照普通强奸从重处罚；另一方面，猥亵儿童罪规定仅是比照强制猥亵、侮辱罪从重处罚。比照从重处罚的两罪量刑区间实际上保持一致，主要依赖于司法进行的个案量刑判断，因此就容易造成实际上的量刑标准不一或轻重失当，本应体现出的对未成年人的特殊保护可能因为适用时的标准难以统一而几乎难以体现。① 即由于比照从重处罚的模糊性和宽泛性，在量刑幅度内从重处罚的尺度相对于加重处罚而言更多依赖于个案具体裁量判断，无法如加重处罚般形成与基本刑的明显量刑级差，从而缺乏"从重"的明确适用边界而容易导致适用标准的不一致，进一步产生刑罚畸轻畸重②，难以体现对未成年人的特殊保护需求。以引起较大争议的福建陈某奸淫幼女案③为例，陈某在自己家中奸淫一名5岁女童仅获刑4年半，法院认为陈某归案后自愿认罪认罚，依法予以从宽处罚，但同时因为奸淫幼女行为又应该依法从重处罚，综合考量后判处有期徒刑4年半。虽然这一较轻的量刑结果引发了社会质疑，但法院认为其已经是按照刑法规定对奸淫幼女犯罪进行了从重处罚，量刑结果也在奸淫幼女犯罪的法定量刑区间内，并符合《关于常见犯罪的量刑指导意见》确定的4到7年有期徒刑的从重处罚量刑起点。造成这一问题的原因如前所述，在于按照强奸罪的规定，奸淫幼女行为比照普通强奸从重处罚，与普通强奸适用的量刑幅度一致为3年以上7年以下有期徒刑，在这一量刑幅度内只能依靠法院的裁量来把握"从严"的标准，因此可能出现不同法院尺度不一、忽轻忽重的问题，无法达成对儿童特殊保护的初衷。这表明，受法益一致性规定模式影响形成的性侵害未成年人犯罪比照一般性侵犯罪从重量刑方式，可能导致性侵害未成年人犯罪的量刑结果畸轻畸重，无法通过量刑轻重体现倾斜性保护的目标。具体进一步表现在：

---

① 虽然最高人民法院《关于常见犯罪的量刑指导意见》对强奸罪中普通强奸行为与奸淫幼女行为的量刑起点分别确定为3到5年以及4到7年之间，貌似有所差别，但二者的量刑起点区间高度重叠且较为宽泛，实际上难以限制裁量的相对任意，无法起到对两种行为适用刑罚时统一形成量刑级差的功能。

② 参见张明楷：《论预防刑的裁量》，《现代法学》2015年第1期。

③ 参见《"强奸5岁幼女获刑4年半"引争议 专家：值得商榷》，http://news.hnr.cn/yqhy/article/1/1335789145548787712。

一是强奸罪中强奸不满14周岁幼女与形式合意奸淫不满14周岁幼女的量刑难以形成应有级差,无法体现刑事责任的应有轻重。采用暴力、胁迫等强制手段强奸幼女比未采取强制手段而利用幼女无知而实施奸淫行为要明显更加恶劣,刑事逻辑上应承担明显更大的刑事责任与量刑结果。但按照当前强奸罪对普通强奸与奸淫幼女的合一规制模式,无论不满14周岁幼女形式上同意与行为人发生性行为与否,也即行为人实施强奸手段不论为何,与幼女的明知性性行为都适用《刑法》第二百三十六条第二款的规定以强奸罪从重处罚,同一量刑幅度和原则导致无法根据是否存在强制手段来形成不同的量刑差别。这就使得难以在幼女作为受害人的情形下,有效区分强奸手段与其他非强奸奸淫手段的刑事责任差别,此时刑事责任与对应刑罚的区分判断只能交由自由裁量,从而可能在量刑幅度内产生裁量结果的随机差异,导致本来应该统一形成明显量刑级差的刑事责任区分混乱。如以前述福建陈某奸淫幼女案来与其同法院判决的黄某强奸幼女案①加以比较:黄某与陈某一样奸淫不满10周岁的幼女,相较于陈某非强制性奸淫行为,黄某有压制受害幼女反抗的强制暴力行为,但同一法院判决两案被告均为有期徒刑4年半,认为两案量刑结果都已经符合强奸罪从重处罚的规定。由此可见在相同量刑结果之下,黄某本应因为强制手段相对陈某承担更大刑事责任的逻辑在法院裁量中无法体现。虽然《刑法修正案(十一)》认识到了量刑幅度内比照从重量刑的失当问题,从而局部改变了比照从重量刑的做法,如增加了奸淫幼女型强奸罪独有的奸淫不满10周岁的幼女或者造成幼女伤害等加重量刑情节,但受限于增加的加重量刑情节较为单一且范围较窄,因此并未全面解决这一问题。

二是强制猥亵、侮辱罪与猥亵儿童罪的量刑存在难以形成应有级差的问题,难以体现对未成年人的倾斜性保护。出于对儿童特殊保护的需要,同样的猥亵行为情形下,猥亵儿童的刑事责任应该显著重于猥亵非儿童的刑事责任,形成明显的量刑级差。虽然刑法专门针对儿童受害人设置了猥亵儿童罪,但本次刑法修正前猥亵儿童罪在量刑幅度上保持了与强制猥亵、侮辱罪的一致性;猥亵儿童罪在量刑上仅是比照强制猥亵、侮辱罪从重处罚,从而刑罚从重程度归于具体个案裁量,可能进一步引发比照从重标准不一、难以形成一致的量刑级差的问

---

① 参见《惠安两起奸淫幼女案件,法院判了!》,https://www.sohu.com/a/432147341_674914。

题。① 以引发社会热议的王某某猥亵儿童案②为例，企业家王某某猥亵9岁女童仅判处5年有期徒刑，社会大量质疑量刑偏轻无法起到保护幼女的效果，但法院认为已经是按照猥亵儿童罪量刑规定从重处罚。社会对量刑偏轻的质疑正体现了前述比照从重量刑模式因为无法形成明显量刑级差所造成的对未成年人保护效果不力问题，而仅靠司法裁量并无法解决比照从重量刑下猥亵儿童罪与强制猥亵罪共享同一量刑区间的根本问题。《刑法修正案（十一）》针对这一问题，取消了猥亵儿童罪比照从重量刑的模式而采用设置独立量刑规范的做法，相对于强制猥亵、侮辱罪的量刑适当提高了基本刑起点为有期徒刑，取消了判处较轻拘役的可能性。但除此之外，修改后设置的猥亵儿童罪量刑幅度与强制猥亵、侮辱罪几乎一致，相较于修改之前比照从重模式在量刑区间一致性上并无太大变化，从而实质上并未改变依靠个案裁量来加大猥亵儿童罪处罚力度的做法，所以可能的量刑标准不一与轻重失当的问题并未有效解决。

综上可见，性侵害未成年人犯罪之罪责认定难与量刑易失当问题的根源在于性侵犯罪法益一致模式下过于单一的法益认识局限。将性侵害未成年人犯罪与一般性侵犯罪法益等而视之决定了性侵犯罪难以完全区分未成年与成年受害人进行定罪量刑。虽然当前性侵犯罪基于受害人年龄部分区分了性侵成年人与未成年人的刑事责任，但本质上基于法益同一性的一体化定罪逻辑（如强奸犯罪）与量刑逻辑（如猥亵犯罪）仍然容易导致上述性侵害未成年人犯罪的认定困难或处罚失当，即便《刑法修正案（十一）》进行局部修正也未能完全化解这一问题。因此这就需要从法益根源上深入反思当前对性侵害未成年人犯罪特殊性的认识不足，厘清性侵害未成年人犯罪法益的独特之处，才能从根本上解决性侵害未成年人犯罪的现实困境问题，否则即便通过《刑法修正案（十一）》进行局部修正仍然可能效果有限。

三、健康成长权与自主决定双重法益：性侵害未成年人犯罪的法益新扩展

在确定刑法保护法益的理据时，有所谓的权利主义与国家主义两种理论，二

---

① 参见汪润：《保护未成年人免于性侵不必提高性同意年龄》，《少年儿童研究》2021年第1期。
② 参见《王振华猥亵儿童被判5年是否过轻？法学专家解读争议》，https://www.chinanews.com/sh/2020/06-19/9216450.shtml。

者对刑法应保护的法益基于不同法学观形成不同认识,因此两种理念决定下的未成年人应受保护法益也有明显差别:

一方面经典法益观的基础是权利主义理念。权利主义认为法益的确认应围绕个人权利这个核心展开,法益保护就要求法律尽可能地实现对基本个人权利的普遍保护。① 在这种理念下,包括强奸与猥亵在内的性侵犯罪都是基于保护性自主决定法益的需求而在刑法中有规定的必要性。个人性自主决定权是普适性的,无论未成年人还是成年人都自然享有,因此可以不区分年龄进行一致性刑法保护。由此基于权利主义的理念,性侵害未成年人犯罪与性侵成年人犯罪在一致的性自主决定法益的基础上就可以打通规定②,我国刑法中将一般强奸行为与奸淫幼女行为同设置在一个强奸罪中就是其典型表现。

另一方面,与权利主义恰成对照的是近年来逐渐形成的国家主义法益观。国家主义认为国家通过刑法不仅要保护基于个人基本权利形成的一般性个体法益,还要保护部分个体体现独特保障需求的特殊法益,核心是为社会弱者或自我保护能力不足者提供专门法益保护。③ 即便被保护对象并未意识到需要特殊保护或无法判断自己是否需要特殊保护,国家也可以主动介入,通过刑法规制可能的侵害风险来实现特殊保护。④ 遵循这一理念,未成年人作为缺乏自我保护能力且需要主动介入保护的特殊主体当然就应该成为刑事法律的专门保护对象。⑤ 而刑法对未成年人的保护在普适权利之外应该包含其特有的权利,其中健康成长权就是作为未成年人特有的、应通过法益化纳入刑法保护的对象。但我国当前对这一法益保护目标还认识有限,前述性侵犯罪的适用问题体现出刑法尚未将健康成长权这一未成年人特殊法益纳入直接考量从而出现法益认识简单化倾向。

国家主义法益观与权利主义法益观并非截然对立。按照当前刑法的发展趋势,在权利主义法益观基础上适当引入国家主义法益观成为当前刑法确立可罚

---

① 参见刘艳红:《"法益性的欠缺"与法定犯的出罪——以行政要素的双重限缩解释为路径》,《比较法研究》2019年第1期。
② 参见[美]安德鲁·卡曼:《犯罪被害人学导论》(第六版),李伟等译,北京大学出版社2010年版,第232页。
③ 参见刘艳红:《法定犯与罪刑法定原则的坚守》,《中国刑事法杂志》2018年第6期。
④ 参见李洪祥:《国家干预家庭暴力的限度研究》,《法学论坛》2020年第2期。
⑤ 参见袁锦凡:《性犯罪被害人权利保护的域外经验》,《西南政法大学学报》2010年第4期。

性依据的主流理念。在权利主义与国家主义法益观结合的基础上,刑法中对未成年人法益的保护就应该不仅有一般个人权益,还应包括未成年人所特有的相关法益。① 就性侵害未成年人犯罪而言,性自主决定权非唯一需要保护的法益,体现未成年人特殊性的性健康成长就应该作为必要法益之一,与性自主决定权一起决定着对性侵害未成年人犯罪的形塑。性侵害未成年人犯罪之法益有必要进一步扩展。

(一) 基于权利主义与国家主义的双重法益保护需求

如前所述,基于权利主义与国家主义的双重视角,性侵犯罪所侵害的未成年人的应受权利产生出刑法上不同的法益保护需求:

一方面,从权利主义的视角出发,未成年人与成年人一样享有性自主决定权,性侵犯罪同样侵害未成年人的性自主决定权,这是性侵害未成年人犯罪规范所要保护的基本法益。当然未成年人性自主决定权的表现可能与成年人并不相同,特定年龄未成年人尚不具备行使性自主的能力而需要特殊认定,但其性自主决定权同样需要受到性侵犯罪规范保护。

另一方面,从国家主义的视角出发,基于未成年人的身体和心理尚在成长发育的独特之处,未成年人特别需要相关法律保护其性健康成长权利。性侵害未成年人犯罪会对未成年人性发育意义上的身心健康成长造成严重损害,因此性侵害未成年人犯罪的刑法规范当然就需要对未成年人性健康成长加以保护。② 可以说,性健康成长权益是性侵害未成年人犯罪相对于性侵成年人犯罪的独特法益:奸淫未成年人犯罪相较于普通强奸罪的独特之处不仅是侵害性自主决定权的行为表现形式不同,更重要的是前者还另外存在着对未成年人性健康成长的侵害;同理,猥亵儿童罪相较于强制猥亵罪不仅是不需要行为强制性来表现侵害性自主决定权,更重要的是还在于前者是对儿童性健康成长的直接侵害。

(二) 自主决定与健康成长兼具的双重复合法益

由上可见,从未成年人利益最大化的保护意义上③,性侵害未成年人犯罪的

---

① 参见[加]欧文·沃勒:《有效的犯罪预防——公共安全战略的科学设计》,蒋文军译,中国人民公安大学出版社2011年版,第127页。
② See Kendall-Tackett K A, Williams L M, Finkelhor D. Impact of Sexual Abuse on Children: A Review and Synthesis of Recent Empirical Studies. Psychological Bulletin, 1993(1): 173.
③ 参见刘艳红:《人性民法与物性刑法的融合发展》,《中国社会科学》2020年第4期。

法益不仅包括未成年人的性自主决定权益还应包括独特的性健康成长权益。由此性侵害未成年人犯罪相较于一般性侵犯罪的复杂之处就在于其法益上的双重复合性：

一方面，性侵害未成年人犯罪侵害的是性自主决定法益。性侵犯罪首先必然是对性自主决定权的侵害，无论是成年受害人还是未成年受害人，在面对性侵犯罪时都不可避免地形成了自我意志的折损，无法实现自我决定、形成自主同意，因此刑法在此意义上必须一般性地规定强奸犯罪、猥亵犯罪并予以相应刑罚。作为一种具体权益，个人性自主决定权是否受到侵害需要结合性自主能力的具体状况而具体分析。部分年龄及特定境况结合下未成年人在性自主能力上的不足是造成性侵未成年人与性侵成年人采取差异入罪标准的关键原因之一，因此侵害未成年人性自主决定权的规范标准需要结合特定年龄及其境况差别化划定。

另一方面，性侵害未成年人犯罪也侵害未成年人所特有的性健康成长法益。性侵犯罪对尚在身心成长中的未成年人不啻精神与身体的双重打击，性健康成长进程受到攻击伤害，由此可能造成未来长期性甚至永久性身心损伤，严重影响未成年人终生的健康福祉。① 性健康成长状况是一种基于未成年人身心成长规律的科学判断，因此与性自主决定权所采用的性自主认知能力的判断基准不同，性健康成长权保护需求根据未成年人基于其年龄所属的性健康成长特定阶段有所差别，其受到侵害与否的判断并不需要具体考虑未成年受害人的性认知与意愿状态，而主要体现国家对性健康成长保护需求进行的规范推定。例如美国部分州刑法所采用的法定强奸罪（statutory rape）就是基于性健康成长保护需求而设置的推定式罪名，该罪通常规定只要存在与特定年龄以下未成年人的性行为就可构成本罪，行为人对受害人年龄与身份是否主观上应知可知、未成年受害人是否有具体性同意一概不问。这是因为该罪在原理上推定只要与特定年龄阶段未成年人发生性行为就已经侵害了该阶段未成年人的性健康成长权，因此其他被害人的性自主意志状态等都无需再加以判断。②

---

① 参见张文新主编：《青少年发展心理学》，山东人民出版社 2002 年版，第 167 页。
② See Carpenter C. On Statutory Rape, Strict Liability and the Public Welfare Offense Model. Am. U. L. Rev., 2003(2): 348.

第三节 刑事政策视野下性侵害未成年人犯罪规范体系及其完善

一、《刑法修正案(十一)》后刑事政策对性侵害未成年人犯罪双重法益的体现

如前所述,传统观点中将性侵未成年人与性侵成年人犯罪的法益简单一体视之,导致当前建立在单一法益基础之上的性侵犯罪规范模式就不能实现对性侵害未成年人犯罪的有效严惩,而这正是导致前述性侵害未成年人犯罪刑事政策在惩治上效果不力的根源。因此应当根据前述未成年人性自主决定与性健康成长之双重法益来周延检视完善性侵害未成年人犯罪规范,方是根源上解决性侵害未成年人犯罪刑事政策有效展开问题之策。基于这一立场审视,《刑法修正案(十一)》关于性侵害未成年人犯罪的三处完善相对于修正前更加符合性侵害未成年人犯罪双重法益理念:

一是新增的奸淫幼女型强奸罪加重处罚的情形在保护性自主法益外更明确地体现出性健康成长权的法益保护目的。如果单纯从未成年人性自主决定权的法益保护目的出发,并没有必要在未满14周岁的受害人中再区隔出10周岁以下单独加重处罚,因为不管是未满10周岁还是已满10周岁未满14岁的未成年人,都是同样被推定为无性自主同意的能力从而需要对其性决定权进行绝对保护的。而对未满10周岁的未成年女童相较于已满10周岁未满14周岁的未成年幼女需要通过加重处罚进行倾斜性保护的法益根据就在于二者性健康成长保护需求的差别:10周岁以下处于性健康成长萌芽期,相对于已满10周岁未满14周岁的性成长形成期而言更需要绝对保护性健康成长。性健康成长是个逐步发展的过程,年龄越低越需要倾斜性保护,因此单独设定奸淫未满10周岁女童的加重处罚特别体现了性健康成长的法益保护目的。

二是新增设的负有照护职责人员性侵罪更加明显体现出双重法益保护目的的取向。如前所述,在《刑法修正案(十一)》制定前,已经通过《关于依法惩治性侵害未成年人犯罪的意见》这一司法解释将负有照护职责人员利用其优势地位迫使已满 14 周岁未成年女性发生性关系的行为解释为强奸罪。这一解释要求在入罪时以负有照护职责人员迫使受害人同意作为条件，因此仍然契合保护受害人性自主决定法益的理念，并未体现出明显的保护未成年人性健康成长的意涵。这是因为性健康成长权主要基于未成年人性发展年龄来决定具体保护要求，而无需考量未成年受害人是否存在自主同意状态，只要与未成年人进行了与其性成长阶段不符的性行为，都视为对其性健康成长权的直接侵犯。与上述司法解释判断受害人性同意状态的立场不同，《刑法修正案（十一）》新设的负有照护职责人员性侵罪不考虑性自主同意意志的判断，只以负有照护职责人员与已满 14 周岁未满 16 周岁未成年人发生性行为直接作为入罪标准，从而更契合性健康成长权保护所要求的规制逻辑。当然如前所述，这一新设犯罪将主体限定为负有照护职责人员，同时也暗含了对负有照护职责人员利用这种职责地位违反未成年人性同意意志的直接推定，因此本罪同时也具有保护性自主决定权的另一重目的，体现出双重法益保护取向。

三是新设的猥亵儿童罪独立量刑规则也部分体现出对儿童性健康成长权保护的新法益观念。虽然如前所述，新设置的猥亵儿童罪独立量刑区间与强制猥亵、侮辱罪的量刑区间差别不大，就量刑幅度上并未体现出明显的对儿童的倾斜性保护，但是猥亵儿童罪独立量刑规则仍然相对于强制猥亵、侮辱罪的量刑有两方面的独特之处：一是基本刑相对于强制猥亵、侮辱罪少了拘役，因此直接提高了基本刑的量刑起点；二是加重刑具体适用条件相对于强制猥亵、侮辱罪更加具体、丰富，加重处罚的范围更大。这体现出在量刑设置逻辑上与修正前依附比照于强制猥亵、侮辱罪量刑的法益统一模式有所不同。正是考量到了除性自主决定权的法益保护目的外，猥亵儿童罪还有对性健康成长权的独特法益保护需求，才需要将猥亵儿童罪设置单独量刑规则，并且在量刑条件与幅度上相较于强制猥亵、侮辱罪应更为加重。从上述两项有限的加重处罚独特规定中还是能够体现出一定的保护性健康成长法益的意涵。

虽然《刑法修正案（十一）》关于性侵害未成年人犯罪的修正完善一定程度上体现了双重法益保护目的，但是仍需要进一步分析其是否以及如何能够全面满足双重法益提出的保护要求。这就需要研究双重法益保护目的所决定的性侵害未成年人犯罪应然规制体系，并以此进一步审视反思修正后的性侵害未成年人犯罪规范。性侵害未成年人犯罪的双重法益虽然依据不同，但都基于未成年人身心特点展开。根据未成年人的身心成长与性发育规律，性自觉决定法益与性健康成长法益随着未成年人年龄的变化会形成不同的外在表现,进而体现为不同的保护需求,由此形塑与决定着性侵害未成年人犯罪体系的具体规定。因此研究区分不同法益各自基于年龄的未成年人保护需求,并在此基础上形成各具特点的刑法规范模式,就可以在具体基于年龄阶段的各自模式参照下分别实现对性侵害未成年人犯罪的严密与有力惩治。

二、基于年龄的性自主决定法益保护需求及其相应刑法规范完善

性自主决定法益的权能实现受性自主能力决定。研究表明,个体性自主能力的形成并非一蹴而就,而是随着年龄的增长逐步发展,通常认为伴随着未成年人向成年人的转换而最终成熟。① 因此刑法在设置基于受害人性自主能力不同阶段的保护规范时,通常采用分段保护的模式。如大陆法系代表性的德国刑法以14周岁以下、14至16周岁、16至18周岁为受害人不同性自主能力保护需求阶段,设置针对性的差异化性侵罪名。② 而英美法系代表性的美国《模范刑法典》则以12周岁、15周岁为两大年龄节点推定性自主能力的发展阶段差异,分别设置不同标准的性侵犯罪。③

根据性自主能力发展的三阶段原理④并借鉴各国通行规范做法,性自主能力也可以根据不同成长年龄阶段划分为无性自主能力阶段、有限性自主能力阶段、完全性自主能力的阶段。⑤ 在这三个不同的阶段,性自主决定权的刑法规范保护需求有明显差别,完全性自主能力阶段要保护的是成年人的性自主决定权而与未成年人无涉,因此只在无性自主能力阶段以及有限性自主能力阶段,需要按照各自阶段未成年人性自主能力的特点进行不同的针对性保护,对刑法规范也提出了不同的要求,应在这一规制规律基础上对性侵害未成年人犯罪的相关规定加以检视完善。

(一) 受害推定与加重处罚:无性自主能力阶段的规范完善

在无性自主能力阶段,未成年人缺乏性自主能力而不可能直接践行性自主

---

① 参见牛旭:《性侵害未成年人犯罪及风险治理——一个新刑罚学的视角》,《青少年犯罪问题》2014年第6期。
② BGHSt 38,68;BGHSt 45,31.
③ Model Penal Code: Sexual Assault and Related Offenses Tentative Draft No. 1, https://searchworks.stanford.edu/view/10588796.
④ Vgl. Gössel, Sexualstrafrecht, § 6 Rn. 21ff.
⑤ 参见刘娥:《论性侵犯罪中受害儿童的权益保护》,《中国青年政治学院学报》2010年第3期。

决定权,此时就需要刑法规范的全权保护,因此刑法规范应直接认定这一阶段不满14周岁的未成年人不可能形成性自主同意意志,任何与这一阶段的未成年人的性行为都属于违背性自主决定权的犯罪行为,且因为犯罪人对未成年受害人是明知故犯,应比照对成人的强奸罪或猥亵犯罪加重处罚。目前按照我国刑法关于奸淫幼女型强奸罪与猥亵儿童罪中关于年龄的设定,第一阶段无性自主能力的年龄范围体现为不满14周岁。虽然不同国家未成年人所处的环境与条件不同,但主要发达法治国中无性自主能力的法定年龄范围上限位于13至16周岁之间,基本与我国相差不大,德国与我国相同为未满14周岁,日本以及英国是未满13周岁,美国各州大多为未满15周岁或16周岁①,表明当下我国这个年龄设置与世界绝大多数国家基本一致,符合通行规律。当前刑法中奸淫幼女型强奸罪以及猥亵儿童罪都不需要考虑不满14周岁受害人的性同意状态而直接认定相关性行为或性意味行为直接违反未成年人性自主同意,都符合上述这一阶段对性自主同意阙如的推定要求。但就量刑规则而言,奸淫幼女型强奸罪的基本刑仍然规定为比照普通强奸行为从重处罚从而与普通强奸行为量刑区间一致,则难以满足上述这一阶段的加重处罚规范要求。虽然《刑法修正案(十一)》增加了三种明确列举的加重处罚情形,但非常零星分散,并不能达到总体相较于普通强奸罪明显加重处罚的要求,从而不能体现出对犯罪人侵害未成年人恶劣犯意的加重惩处。而在猥亵犯罪方面,虽然《刑法修正案(十一)》为猥亵儿童罪设立了单独的量刑规则且适当提高了该罪基本刑的起点,但前述猥亵儿童罪与强制猥亵、侮辱罪量刑区间大致相同从而导致对猥亵儿童罪难以加重处罚的问题,相较于修正前比照从重处罚的规定并未有明显改观,同样难以体现出对犯罪人明知故犯的恶劣犯意的加重处罚。

如前所述,《刑法修正案(十一)》向加重处罚性侵未满14周岁未成年人的规制目标有所发展,但仍然需要在其生效后继续推动刑法完善,以实现性侵未满14周岁未成年人相较于性侵成年人的加重处罚。一种相对现实有效的完善路径是通过统一司法解释实现性侵未满14周岁未成年幼女相对于性侵成年人的实质加重处罚。如可通过统一量刑司法解释对奸淫幼女型强奸罪的"从重量刑"做出明确规制,在量刑幅度内通过特定的量刑规则使得奸淫幼女犯罪与普通强

---

① Minimum Legal Age of Consent,http://chartsbin.com/view/hxj.

奸成年人犯罪形成衔接式量刑级差①；通过统一量刑司法解释对猥亵儿童罪与强制猥亵、侮辱罪在大致一体的量刑幅度内形成量刑级差，都可采用分别在量刑幅度中线的以上或以下比照量刑的模式。此外，也可以考虑在司法解释中将强奸罪列举的加重情节中"情节恶劣"或"造成其他严重后果"的兜底条款解释为明知是未满14周岁的未成年幼女仍直接故意奸淫等情形，但同时也要考虑与其他列举加重情形的体系均衡的问题。远期则可以考虑未来修改立法加重奸淫幼女型强奸罪与猥亵儿童罪的法定刑，使其基本刑量刑区间相较于一般性侵犯罪加重处罚，形成与一般性侵犯罪基本刑明显的量刑级差。

（二）干扰胁制的性行为入罪：有限性自主能力阶段的规范完善

在有限性自主能力阶段，未成年人具备一定的性自主能力但又不完全成熟，因此能够形成一定的性自主意志，但也比成年人更容易受到诱惑、干扰、胁制影响而形成违反真实意志的形式上的性同意。因此这一阶段需要刑法规范根据未成年受害人有限性自主能力的特点量身定制入罪标准，将那些虽然达不到强奸罪的强制程度但会压制未成年人真实性意志的干扰、胁制性行为适当入罪，设置针对性的专罪规制。纵观发达立法经验，不少国家针对有限性自主能力阶段的未成年人特殊保护需求设置专门性侵犯罪，将达不到强制程度但干扰压制这一阶段未成年人性自主的行为规定为犯罪，比较典型的诸如前述德国为了保护有限性自主能力阶段的未成年人设置了受影响的性侵未成年人罪以及利用保护监督关系性侵害未成年人犯罪，分别针对一般性不当压制性自主行为与负有照护职责人员利用特定关系压制性自主的行为。②日本虽然未将买春入罪但通过《儿童性剥削防止法》将买春引诱这一阶段未成年人发生性关系的行为规定为犯罪。③《刑法修正案（十一）》新增的负有照护职责人员性侵罪就是这一保护形式的例证，当然其规范范围相对狭窄，仅针对负有照护职责人员主体以及已满14周岁而未满16周岁受害人的情形，尚未涵盖受害人处于有限性自主决定能力阶段而出现的诸多非强奸的干扰、胁制奸淫行为，如引诱型奸淫行为等。此外这一

---

① 当前最高人民法院《关于常见犯罪的量刑指导意见》对强奸罪中普通强奸行为与奸淫幼女行为的量刑起点的差别规定由于区间高度重叠且较为宽泛，难以有效形成明确的对应量刑级差。可以通过修改《关于常见犯罪的量刑指导意见》或者制定强奸罪司法解释的方法实现对奸淫幼女的实质加重处罚。
② Vgl. Ziegler, in: v. Heintschel-Heinegg (Hrsg.), StGB Kommentar, § 182 Rn. 6.
③ 参见吴天云：《日本对于未成年人同意性行为的刑事规范》，《刑事政策与犯罪防治研究专刊》2017年第12期。

阶段刑法规范还要尊重有限性自主决定能力的未成年人所形成的自我意识,如果完全不存在任何干扰、胁制行为时,也要允许14周岁以上未成年人形成性自主同意意志。因此刑法有必要通过设置专罪有效划定这一阶段未成年受害人真实性同意的具体界限,对这一阶段未成年人的性自主权实现定制式保护。

有限性自主能力的年龄阶段按我国刑法规定的精神应为已满14周岁不满18周岁,这与世界上绝大多数国家基本接近。目前我国刑法并无对达不到强制奸淫强度的干扰、胁制行为的一般性入罪规定,因此未来这一阶段应该是性侵害未成年人犯罪完善规范的重点。前述《刑法修正案(十一)》新增的负有照护职责人员性侵罪符合这一阶段保护需求的规定,但仍然范围较窄,需要进一步补充。

一方面相对较为直接有效的补充方法是通过司法解释将负有照护职责人员性侵罪之外的其他干扰胁制已满14周岁未成年人性自主的行为补充纳入刑法规制。可以延续前述《关于依法惩治性侵害未成年人犯罪的意见》第21条的逻辑,通过司法扩张解释将较为严重的干扰胁制已满14周岁未成年人发生性行为或性意味的行为认定为强奸罪行为或者强制猥亵罪行为,为已满14周岁未成年受害人情形下干扰胁制性自主的认定明确司法适用标准。

另一方面,《刑法修正案(十一)》新设的负有照护职责人员性侵罪已经部分体现出了针对性保护已满14周岁未成年人特殊性自主决定权的立法目的,未来可进一步扩展这一新设犯罪成为性侵14周岁以上未成年人的犯罪体系,统一针对虽未达强奸程度但干扰、胁制已满14周岁未成年人性自主的行为形成专门犯罪规定。如可以借鉴前述规定较为精细的德国刑法经验并结合我国刑法的具体规定,直接扩张负有照护职责人员性侵罪适用范围,将已满16周岁的未成年人纳入该罪受害人年龄区间,同时考虑到已满16周岁的未成年人性自主能力相对于已满14周岁未满16周岁未成年人进一步成熟,可借鉴德国规定模式设定针对已满16周岁未成年受害人的特殊入罪情形,如仅限于照护机构职责人员利用身份影响与亲属监护人利用亲密关系形成胁制性同意的情形。此外,可在负有照护职责人员性侵罪之外另行设立利用不当影响性侵害未成年人犯罪,将虽然手段达不到强奸罪强制程度但利用已满14周岁未成年人性自主能力有限性而压制性自主的性侵行为入罪。设置该罪可采取列举加兜底的规定模式,列举诸如利用毒品、金钱等不当手段诱惑,利用受害人孤立处境胁制,利用精神控制与已满14周岁未成年受害人发生性行为等情形,并兜底设置其他利用影响力对已满14周岁未成年人实施性侵害行为情形。① 未来刑法所作相关完善可以针对性、体系性地满足有限性自主能力阶段未成年人的特殊性自主保护需求。

三、基于年龄的性健康成长保护需求及其相应刑法规范完善

如前所述,目前性侵害未成年人犯罪适用问题的核心根源是对性健康成长这一重要法益的忽视。当前性侵害未成年人犯罪相关规定难以对未成年人性健康成长实现针对性保护。② 要解决这一问题,就需要根据性健康成长的独特保护需求明确刑法应然规范模式,以实现对这一法益的针对性保护。

研究表明,性健康成长亦随着年龄的增长呈现逐步发展的趋势③,但未成年人性健康成长规律与性自主能力形成规律并不尽然一致,因此二者形成的年龄保护阶段划分与具体保护要求也各有其特性,应当各自分别明确。根据性健康成长的相关研究原理④,基于年龄发展影响,性健康成长保护需求可以分为绝对保护期、缓和保护期、有限保护期三个阶段。⑤ 刑法应明确不同年龄阶段性健康成长保护的不同需求及其对性侵害未成年人犯罪的规范设置要求,刑法修正后的未来适用完善应基于这一规范保护要求进行具体检视。

(一)顶格刑罚最严保护:绝对保护期的刑法规范完善

在绝对保护期阶段,性健康成长处于起步阶段,此时性意识尚未形成,身心尚处在性萌芽阶段,因此这一阶段性生理与心理极其脆弱,一旦受到性侵可能造成对未成年人身心健康极其严重的伤害,甚至是终生伤害。⑥ 因此在这一阶段需对未成年人性健康成长给予绝对保护,与这阶段未成年人发生的性行为或性意味行为都必须纳入性侵犯罪且应给予性侵犯罪中最严厉的刑罚制裁,以保障未成年人性健康成长的顺利起步。

值得关注的是,《刑法修正案(十一)》在14周岁以下幼女受害人范围中进一

---

① 参见许恒达:《妨害未成年人性自主刑责之比较法研究》,《刑事政策与犯罪研究》2016年第9期。
② 参见王世洲:《关于保护儿童的欧洲标准》,《法律科学(西北政法大学学报)》2013年第3期。
③ 参见刘艳红、李川:《江苏省预防未成年人犯罪地方立法的实证分析——以A市未成年人犯罪成因和预防现状为调研对象》,《法学论坛》2015年第2期。
④ 参见王宝来:《略论我国刑法对未成年人性健康权的保护》,《青少年犯罪问题》1997年第6期。
⑤ See Finkelhor D, Dzuiba-Leatherman J. Victimization of Children. American Psychologist, 1994(3): 177.
⑥ See Morgan J, Zedner L. Child Victims: Crime, Impact, and Criminal Justice. Clarendon Press, 1992: 313.

步区分设置了对奸淫不满10周岁的幼女加重处罚的规定,可以达到当前刑法所有性侵害未成年人犯罪量刑中最重的程度,这体现了上述性健康成长绝对保护期的顶格刑罚需求。审慎分析立法意旨可见,未满10周岁这一年龄阶段契合未成年人成长规律中性萌芽阶段,从而需要绝对保护。因此结合这一立法意旨,可以将10周岁作为我国刑法体现的绝对保护期与缓和保护期的年龄分界,刑法规制意义上的绝对保护期的年龄区间可确定为不满10周岁。对不满10周岁的未成年人应遵循最严厉的性侵犯罪制裁,无论是奸淫幼女型强奸罪还是猥亵儿童罪都应规定对不满10周岁受害人的情形下施加最严厉的刑罚,应相较于性侵已满10周岁不满14周岁的未成年人量刑进一步加重处罚,形成区分式的量刑级差。《刑法修正案(十一)》对奸淫不满10周岁女童相较于强奸罪基本刑加重处罚正体现了上述保护需求,但新设的猥亵儿童罪的加重量刑规则中还未明确猥亵不满10周岁儿童的情形,导致绝对保护期的保护需求未能满足。但猥亵儿童罪的量刑规则存在一定的解释空间,未来可以通过司法解释对该罪加重处罚情形中的"其他恶劣情节"加以解释,明确包含猥亵不满10周岁儿童的情形,以达到最严厉惩罚的程度,实现对绝对保护期儿童性健康成长的最大保护。而长远来看,为体现对性健康成长法益的专门保护,奸淫幼女犯罪应采用与猥亵儿童罪相同的设置模式,从强奸罪中分立出强奸儿童罪的独立罪名,设置独立的相较于普通强奸罪更重的基本法定刑,并在此基础上将奸淫不满10周岁的儿童作为强奸儿童罪加重量刑情节之一施以更严厉的惩罚。国外许多成功立法经验显示,设立单独的性侵儿童罪可以更好地保护未成年人利益,因此德国、英国、美国等均设有性侵儿童犯罪或性侵低龄未成年人犯罪。

(二)整合设罪区分量刑:缓和保护期的刑法规范完善

相关研究表明,在性健康成长的缓和保护期阶段,性身心逐步开始向快速性成熟的青春期过渡,为保障顺利步入性身心关键发展的青春期,这一阶段仍然需要对性侵犯罪严加防范,仍需要对直接性侵行为施加较重的刑罚,但相对绝对保护期的保护需求有所缓和,可以相对性侵成年人犯罪适当加重刑罚。[①]

考虑到儿童成长规律中快速性发展期通常以14周岁为起点,以及当前刑法对儿童年龄边界以14周岁为限,缓和保护期的上限适宜确定为14周岁,缓和保

---

① 参见[美]乔治·B.沃尔德、托马斯·J.伯纳德等:《理论犯罪学》,方鹏译,中国政法大学出版社2005年版,第68页。

护期可以确定为已满 10 周岁不满 14 周岁的范围。从各国刑法规定来看，特别是直接以性健康成长作为法益根据设定法定强奸罪的美国各州，也通常以 15 周岁或 16 周岁作为法定强奸罪或推定式性侵害未成年人犯罪受害人年龄的上限。① 考虑到缓和保护期的性健康成长保护需求，性侵已满 10 周岁不满 14 周岁未成年人的犯罪行为在量刑上虽然轻于性侵未满 10 周岁未成年人的量刑，但应重于性侵成年人犯罪的量刑，因此应相较于普通强奸罪或强制猥亵、侮辱罪加重处罚。《刑法修正案（十一）》对猥亵儿童罪新设置的独立量刑规则相对于强制猥亵、侮辱罪提高了量刑起点，反映了部分缓和保护期的量刑需求，但总体上性侵犯罪量刑规则还需要相应进一步完善。相对具有可操作性的做法是可以通过统一量刑的司法解释区分调节奸淫幼女型强奸罪与普通强奸罪，猥亵儿童罪与强制猥亵、侮辱罪的量刑轻重来形成量刑级差。未来也可以在立法上将奸淫已满 10 周岁不满 14 周岁未成年人的行为单独设定为前述强奸儿童罪的内容之中，作为基本刑的量刑比奸淫不满 10 周岁的儿童稍轻但比普通强奸罪量刑加重，同时将现有奸淫幼女犯罪规定扩展为奸淫儿童犯罪规定，实现不分性别保护未成年人。基于同样原理，猥亵儿童罪基本刑在设置上相比强制猥亵、侮辱罪基本刑应进一步加重处罚。

（三）比照加重处罚：有限保护期的刑法规范完善

在有限保护期阶段，未成年人进入性快速成长时期，已具备一定的性身心能力，从而也可以判断抵挡一定的不良性接触与性影响，遭受性侵风险显著降低。② 据有关调查，14 岁以上有限保护期未成年人受性侵数量仅为不满 14 周岁未成年人的四分之一。③ 因此在这一阶段对未成年人只需要进行有限保护即可，考虑到未成年人已经具备一定的性身心抵御能力，相较前两个时期可以适当降低性侵不良影响，因此对这一阶段的性侵施害人，可以施加相对前两个阶段更加轻缓的刑罚，但仍然需要施加比性侵成人犯罪更重的刑罚。

考虑到未成年人的性身心发展规律，以及与未成年人年龄边界的衔接，有限保护期适宜确定为已满 14 周岁不满 18 周岁的未成年人。性侵这一年龄阶段未

---

① See Cocca C E. The Politics of Statutory Rape Laws: Adoption and Reinvention of Morality Policy in the States，1971-1999，Polity，2002(1)：55.
② 参见卢映洁：《"意不意愿"很重要吗？》，《月旦法学杂志》2010 年第 11 期。
③ 参见《女童保护：2020 年性侵儿童案例统计及儿童防性侵教育调查报告》，https://gongyi.ifeng.com/c/84HZd9RVFSY。

成年人行为仍然需要单独设罪,这进一步凸显了前述单独设置性侵已满 14 周岁未成年人犯罪的必要性,考虑到相比普通强奸罪的单一法益而凸显复合法益的保护需求,对性侵已满 14 周岁未成年人犯罪应施加相比普通强奸罪进一步加重的量刑。

四、实现有效严惩:基于双重法益的性侵害未成年人犯罪规定整合

将上述双重法益视野下基于不同年龄阶段形成的未成年人不同保护需求加以进一步整合,就能够为体系性地设置性侵害未成年人犯罪提供模式参考,进而为未来进一步完善性侵害未成年人犯罪规定、根本上解决性侵未成年人的刑法适用问题提供科学对策:

首先,如前所述,应参照强制猥亵、侮辱罪与猥亵儿童罪分立的立法模式,区分强奸罪与奸淫儿童罪,并设置相较于普通强奸罪加重处罚的奸淫儿童罪刑罚,只有如此才能体现对性侵未成年人犯罪的双重法益的专门全面保护。此外,为扩张解决当前奸淫幼女型强奸罪仅限于女童的性别保护对象狭窄问题,一是需将奸淫儿童罪的受害人范围扩充为不满 14 周岁儿童,周严保护对象;二是需将奸淫儿童的行为单独确立为奸淫儿童罪,并在量刑上比照强奸罪加重处罚。进一步在奸淫儿童罪中,根据前述基于年龄的分阶段保护需要,区分不满 10 周岁受害人与已满 10 周岁不满 14 周岁受害人情形的刑罚幅度,对前者情形出于绝对保护的需要设置相应的加重刑。就这一方向而言,《刑法修正案(十一)》对奸淫不满 10 周岁幼女的加重处罚趋势正确,未来条件成熟时可进一步完善设置单独的奸淫儿童罪并设置相较于普通强奸罪的加重刑罚,形成量刑级差,以凸显对不满 14 周岁未成年受害人的倾斜性保护。

其次,应注重奸淫儿童罪与猥亵儿童罪之间量刑的衔接。当前诸如德国、加拿大等发达国家采用统一设置性侵犯罪的规定模式,并不直接区分强奸奸淫犯罪与猥亵犯罪,因此并不会出现强奸类犯罪与猥亵类犯罪之间的量刑空白问题。[①] 但目前我国奸淫幼女型强奸罪与猥亵儿童罪之间基本刑差异较大导致二者之间存在一定的量刑差距甚至量刑空白,不利于未成年人保护。这典型体现

---

① 参见周子实:《强奸罪入罪模式的比较研究——以德国〈刑法典〉第 177 条最新修正为视角》,《比较法研究》2018 年第 1 期。

在对性侵男童的处罚难题上。由于强奸罪的受害人不包括男性,因此对没有其他特殊情节的奸淫男童行为刑法也只能以猥亵儿童罪定罪量刑,基本刑最高只有5年有期徒刑,相较于强奸罪基本刑10年的有期徒刑上限差距甚大,而性侵女童则可以按照奸淫幼女型强奸罪来处罚,由此不仅导致了性侵男童与性侵女童量刑上的巨大差异,也导致对性侵男童的刑罚的威慑力严重不足。以江苏女教师性侵男学生案[①]为例,常州某中学一女教师与其未满14周岁男学生发生多次性关系构成猥亵儿童罪,从重处罚也仅被判刑3年,被普遍认为量刑偏轻。假设本案是男教师与未满14周岁女学生发生性关系,则可构成奸淫幼女型强奸罪,按照相关司法解释量刑下限也是4年有期徒刑起步,按照量刑幅度中线也可达到7年有期徒刑,明显出现对未成年人保护的性别不均衡。未来在设置奸淫儿童罪时,应注重奸淫儿童罪与猥亵儿童罪之间量刑的阶梯式衔接,未来有条件时合一设置性侵害未成年人犯罪规定从而消除处罚间隙。

最后,应设立性侵已满14周岁未成年人的独立犯罪体系。虽然《刑法修正案(十一)》新增的负有照护职责人员性侵罪有其保护已满14周岁不满16周岁未成年人的积极意义,但相对于诸多达不到犯罪强制程度却可能因未成年人性自主意志不成熟而压制性自主的性侵行为而言,仍存在对其无法规制的困境。因此未来有条件时应通过设立相对体系性的性侵14周岁以上未成年人犯罪,体系性地全面规定干扰、胁制、运用控制关系等利用性自主能力有限性性侵未成年人的行为入罪,并相对于普通强奸罪加重处罚,达到针对性保障已满14周岁未成年人双重法益的刑法机能。

第四节　刑事政策视野下性侵害未成年人犯罪司法适用的完善

除了前述结构性影响严厉惩治性侵未成年人犯罪的刑事政策展开的问题之外,还有性侵害未成年人犯罪的相关规定在具体适用中的部分认定争议问题影响了严厉惩治犯罪的效果,体现出在性侵害未成年人刑事政策保障意义上还有

---

① 参见《常州:女教师因与未满14岁学生发生性关系被判3年》,http://news.youth.cn/sh/201706/t20170602_9944121.htm。

需要解决的相对较为典型性、代表性的认定难题。根据以上刑事政策与法益的原理进一步分析解决这些认定难题，对实现性侵害未成年人犯罪的严厉惩治效果、保障性侵害未成年人刑事政策在实体法中的有效展开而言非常重要。

一、强奸罪着手的认定

在部分典型案例中发现，犯罪预备形态的认定集中出现在利用裸照威胁未成年受害人的案件中。在此类案件中，犯罪人先是通过诱骗收集到未成年受害人的裸照，之后以向他人转发裸照为由胁迫未成年受害人与其发生性关系，但最终由于未成年受害人报警而未得逞。对于此类案件，司法实践的观点通常将此类案件中的犯罪人认定为强奸罪的预备犯，并判处相对较轻的刑罚。但是，也有少量案件一审法院将犯罪人认定为犯罪未遂，但二审认为一审裁判有误，将犯罪未遂纠正为犯罪预备[①]。而实践中被认定为犯罪未遂的情形主要是，犯罪人已经着手实施暴力、胁迫等强制手段，但由于未成年受害人奋力反抗、被第三人发现或自身生理原因而未能得逞。在理论上，对强奸罪着手的判断应分场合进行判断：在行为人当场实施强奸的场合，当行为人开始实施暴力、胁迫或者其他强制手段，就可以认定是强奸罪的着手；在不能当场强奸的场合，实施暴力、猥亵或者其他强制手段还不是强奸罪的着手[②]。由此可见，在强奸罪着手的认定上司法实践的主要观点和主流理论的观点相一致，应以犯罪预备加以认定。

二、猥亵儿童罪的边界

部分典型案例分析发现，在猥亵儿童罪上，"猥亵行为"的范围存在一定的扩张，扩张之后的猥亵行为的范围容易产生争议。由于猥亵儿童罪不要求行为人具有强制手段行为，因此猥亵儿童罪"猥亵行为"的范围要宽于强制猥亵罪。但是，在调查中发现，司法实践对猥亵儿童罪"猥亵行为"的认定较为宽泛，一些对儿童偶尔实施的轻微性骚扰行为也会被纳入猥亵儿童罪的规制范围。例如，在"齐某某猥亵儿童案"中，被告人齐某某驾车在县中德职业学校附近遇见被害人董某独自行走，以送其回家为由将董某拉上车，在行车途中两次抚摸被害人大腿

[①] 参见广东省清远市中级人民法院（2020）粤18刑终254号刑事判决书；浙江省杭州市中级人民法院（2015）浙杭刑终字第387号刑事裁定书。

[②] 参见张明楷：《刑法学（下）》（第六版），法律出版社2021年版，第1142页。

进行猥亵，后董某下车逃跑并向他人求助，被告人齐某某离开现场。在该案中，辩护人提出齐某某是犯罪未遂的意见，但法院认为，被告人主观上表现为故意，客观上已实施了猥亵行为，故辩护人的辩护意见不成立，但鉴于被告人齐某某的犯罪情节较轻，亦未造成被害人严重后果，最终判处有期徒刑6个月。① 由此可见，法院尽管也认识到了齐某某的行为性质较为轻微，但是仍旧认为"两次抚摸大腿"的行为已然构成犯罪而不属于治安管理处罚的范围。司法实践对"猥亵行为"范围的不断扩张，确实有利于保护儿童的身心健康，但是这样也导致行政不法和刑事不法的边界难以理清。一般而言，侵犯行为是否属于刑法上的猥亵行为，取决于接触的部位、接触的方式、持续的时间、行为的场所、行为的强度等等②。因此像"两次抚摸大腿"的行为，接触的部位并非私密部位并且接触的时间较为短暂，进而性质较为轻微，猥亵儿童罪的法益是保护儿童成长不受性行为的妨碍③，而此种行为并不会侵犯猥亵儿童罪所保护的法益。因此，考虑到刑法谦抑性，对此种性质轻微、对受害人没有造成实质性影响的性骚扰行为更宜通过行政处罚的形式处理。

同时，在司法实践中，一贯地认为强奸罪的实行行为只能是男性阴茎插入阴道，而口交、肛交、异物侵入等性侵幼女的行为一律认定为猥亵儿童罪。但是此种观点存在一定的弊端，也即无法将一些危害更严重的侵入型猥亵幼女行为认定为强奸罪，容易导致罪刑失衡。为保护幼女，刑法的强奸罪为奸淫幼女规定了更低的既遂标准，犯罪人与幼女性器官发生接触即构成强奸罪的既遂。而口交、肛交、异物侵入等"插入型"性侵行为对幼女身体上的伤害要明显严重于两性性器官的接触，但只能被判处猥亵儿童罪，最终导致刑罚较轻。④ 因此有学者认为，口交、肛交、异物侵入等"插入型"性侵行为可能严重损害幼女的身心健康，为了有效保护幼女的身心健康，应将上述非自然性交行为评价为强奸罪，并根据刑法第二百三十六条第二款的规定从重处罚，易言之，应将猥亵儿童的行为限定为抚摸、搂抱、接吻等对儿童身心健康损害较为轻微的行为⑤。可以在司法实践中

---

① 参见安徽省宿松县人民法院(2017)皖0826刑初406号刑事判决书。
② 参见张明楷：《刑法学(下)》(第六版)，法律出版社2021年版，第1148页。
③ 参见张明楷：《加重情节的作用变更》，《清华法学》2021年第1期。
④ 参见高艳东、郭培：《未成年人保护视野下强奸罪的扩张：侵入性猥亵儿童的定性》，《苏州大学学报(法学版)》2021年第2期。
⑤ 参见陈洪兵：《罪刑相适应原则在刑法解释中的适用研究》，《交大法学》2016年第4期。

将一些严重的"插入型"性侵行为认定为强奸罪,从而实现罪刑相适应。

三、强奸未遂与强制猥亵的区分

在性侵未成年人案件当中,经常涉及强奸罪未遂与强制猥亵罪既遂的区分。一般认为,两者可以依据行为人的主观意图进行区分,若行为人具有奸淫意图则构成强奸罪未遂,若具有猥亵意图则构成强制猥亵罪。但是在实践当中,行为人通常否认自己具有奸淫的意图,因此实际上难以通过主观意图区分强奸未遂与强制猥亵。而由于强奸罪的手段行为和强制猥亵的手段行为具有极其相似的外观,因此强奸未遂与强制猥亵亦较难通过客观行为区分。从主客观方面均难以区分强奸未遂与强制猥亵时,由于奸淫意图可以被评价为猥亵意图且强奸未遂行为可以评价为强制猥亵行为,因此至少可以将性侵行为认定为强制猥亵罪。此外,强奸因为中止事由而免除刑罚时,仍然可以以强制猥亵罪定罪量刑。同理,由于猥亵儿童罪是强制猥亵罪的特殊罪名,强奸未遂与猥亵儿童的区分可以比照强奸未遂与强制猥亵的关系处理。

四、公共场所的认定

公共场所当众性侵是强奸罪、强制猥亵、侮辱罪和猥亵儿童罪的加重情节,因此"公共场所"的认定直接影响到量刑幅度的选择。典型案例分析显示,对公共场所的认定是在加重量刑时较容易出现的争议问题。一般而言,刑法中的"公共场所"是指有不特定人或多数人可能看到或感知到的场所。生活中具有公共性质的场所依据私密程度的高低可以分为完全开放公共场所、半开放公共场所和私密公共场所。第一,完全开放场所是指广场、车站等人来人往的场所,毫无争议此类场所属于"公共场所"。第二,半开放场所是指存在人员流通但人员数量有限的场所,例如校园、游泳馆和儿童游乐场等。2023年《办理性侵案件意见》第十八条对这类场所认定"当众"时采多人在场标准,只要有多人在场,不论在场人员是否实际看到,均将此类场所确定为公共场所。第三,私密公共场所是指具有私密性的公共空间,例如集体宿舍、集体澡堂等,这些场所并不是一人独有,因此具有公共性质,此类私密公共场所在成立"当众"时可以比照前述多人在场标准。

此外,随着科技的进步,网络场所是否属于"公共场所"逐渐成为值得明确的议题。最高人民法院、最高人民检察院发布的《关于办理利用信息网络实施诽谤等刑事案件适用法律若干问题的解释》第五条第二款规定:"编造虚假信息,或者明知是编造的虚假信息,在信息网络上散布,或者组织、指使人员在信息网络上散布,起哄闹事,造成公共秩序严重混乱的,依照刑法第二百九十三条第一款第(四)项的规定,以寻衅滋事罪定罪处罚。"而《刑法》第二百九十三条第一款第(四)项为:"在公共场所起哄闹事,造成公共场所秩序严重混乱的。"该司法解释将公共场所拓展至网络空间,由此引发了学界的争论。网络空间是否可以评价为公共场所,应取决于犯罪行为在网络空间实施与在物理空间实施所产生的不良后果是否等同。就强奸罪和强制猥亵、侮辱罪而言,性侵行为若发生在公共场所将会给受害人带来更大羞耻和心理伤害。在当下,网络技术较为发达,高清的设备可以给观众带来身临其境之感,因此若对性侵行为采取直播等方式给不特定人群观看到,那么这种在网络空间的性侵给受害人带来的侵害与在实体空间并无二致①。可以说,由于网络的高度扩散性,网络空间的活动与纯粹的现实物理空间活动的社会危害性相比,可能有过之而无不及,因此没有理由将网络空间及网络空间秩序排除在刑法保护的范围之外②。

通过对典型案例的统计调查发现,司法实践对"公共场所"的认定体现出如下标准具有合理性:

第一,将小范围的公共空间仍然认定为"公共场所"。例如在最高人民检察院颁布的指导性案例"齐某强奸、猥亵儿童案"中,被告人齐某在担任班主任期间,利用午休、晚自习及宿舍查寝等机会,在学校办公室、教室、洗澡堂等处多次对被害女童两人实施奸淫、猥亵,也在女生集体宿舍等地多次猥亵被害女童五人各一次③。该案经过了一审、二审和再审程序,集体宿舍、澡堂等是否属于"公共场所"为本案重要的争议焦点。在二审中并未认定被告人是在"公共场所"实施的性侵行为,而再审时最高人民检察院认为:"本案中女生宿舍是20多人的集体宿舍,和教室一样属于校园的重要组成部分,具有相对涉众性、公开性,应当是公共场所。"最终,最高人民法院也认可这一观点,并予以改判。对本案的判决表明学校中的教室、集体宿舍、公共厕所、集体洗澡间等,是不特定未成年人活动的场所,在这些场所实施强奸、猥亵未成年人犯罪的,应当认定为在"公共场所当众"

---

① 参见陈家林:《〈刑法修正案(九)〉修正后的强制猥亵、侮辱罪解析》,《苏州大学学报(哲学社会科学版)》2016年第3期。
② 参见陈洪兵:《双层社会背景下的刑法解释》,《法学论坛》2019年第2期。
③ 参见最高人民检察院指导案例第42号(2018年)。

实施犯罪。在此之后，和指导性案例相似的案件还有"赵某某猥亵儿童案"①"刘某猥亵儿童案"②等等，这些案件均将学生宿舍认定为"公众场所"。

第二，娱乐场所包厢、饭店包厢等临时性私人空间不认为是公共场所。在实践当中，有不小比例的性侵案件发生在KTV包厢和饭店包厢当中，这些包厢一方面基于密闭的空间而具有私密性，另一方面因为服务员具有随时进入的可能并且包厢处于公共场所之中而具有公共性，因此此类场所是否属于"公共场所"具有一定的争议。通过调查来看，实践的观点更倾向于将包厢认定为非公共场所。例如，在"沈某某强制猥亵案"中，沈某某和其亲戚、朋友在某烧烤清吧包厢吃夜宵，并邀请受害人张某一起吃饭。期间，沈某某对张某有猥亵行为。在此案中，控辩双方的争议焦点在于酒吧包厢是否属于公共场所。最终法院支持辩方的观点并认为，客人到酒店包厢消费，其所在包厢即成为封闭式临时私人空间，非特定人员不能在包厢出入，因此消费者临时占用的酒店包厢应不同于酒店其他公共场所，不应认定为公共场所③。

第三，网络空间不属于"公共场所"。尽管司法解释将公共场所拓展至网络空间，但从调查来看，司法实践的观点较为保守，未将直播性侵过程的行为认定为"在公共场所"当众性侵。例如，在"王某1、王某2、申某某强奸、强制猥亵案"中，三名行为人利用手机进行网络直播，分别对三名未成年受害人进行猥亵④。又如，"王某某、谢某某猥亵儿童案"中，行为人在组织未成年人进行淫秽色情直播期间，对未满14周岁的三名受害人实施猥亵行为，其间被告人王某某还会根据粉丝的指令对受害人实施相应的猥亵行为⑤。在这两个案件中，法院未将直播猥亵受害人的行为认定为在公共场所当众猥亵，仅以基本刑对行为人进行定罪量刑。

五、未成年人受欺骗的承诺的认定

当前案例中存在一定数量的犯罪人利用迷信性侵害未成年人的犯罪，在这些案件当中犯罪人以迷信的手段对受害人实施欺骗，在未成年受害人同意的情

---

① 参见河南省洛阳市偃师区人民法院(2020)豫0381刑初391号刑事判决书。
② 参见河北省石家庄市中级人民法院(2021)冀01刑终459号刑事裁定书。
③ 参见湖北省竹山县人民法院(2020)鄂0323刑初22号刑事判决书。
④ 参见汕头市潮阳区人民法院(2017)粤0513刑初372号刑事判决书。
⑤ 参见黑龙江省集贤县人民法院(2019)黑0521刑初212号刑事判决书。

况下实施性行为。这种受欺骗的承诺是否无效容易产生争议。例如,在"徐某某强奸案"中,受害人康某(已满14周岁但未满18周岁)在母亲和姐姐的陪同下来找被告人徐某某算命,徐某某以要单独给康某算命为由支开受害人的母亲和姐姐,之后,徐某某以帮康某排毒为借口与康某发生了性关系①。一审和二审法院均判定被告人徐某某构成强奸罪。在此类案件中,若受害人是不满14周岁的幼女,由于受害人缺乏性同意能力,受害人承诺无效,因此犯罪人构成犯罪。但是,若受害人是年满14周岁但未满18周岁的女性,利用迷信实施的性侵行为是否构成犯罪在理论上存在一定的争议,争议的焦点在于受害人基于动机错误而作出的承诺是否有效。

在这个问题上,理论上主要存在着法益关系错误说和全面无效说的对立。全面无效说主张,应当在具体个案中考察受害人的承诺是否因重大意思瑕疵偏离了其内心的真实意思②。而法益关系错误说认为,只有对于与法益侵害的种类、方式等有关的错误,才能肯定其错误的重要性,认定受害人对于自己正在处分法益这一点并无正确认识,其意思表示无效,从而否定受害人承诺的效力。关于法益关系错误的外延,一般来说,欺骗行为使受害人对于法益的有无、性质、价值、范围与危险程度产生错误而做出承诺的,该承诺无效③。而我国司法实践的观点倾向于全面无效说。1984年最高人民法院、最高人民检察院、公安部联合发布的《关于当前办理强奸案件中具体应用法律的若干问题的解答》曾规定,利用迷信进行欺骗属于胁迫的手段。该解答虽已失效,但是其中的很多内容被刑法吸收,因此仍具有一定的参考价值。从该份文件可以看出,在利用迷信进行性侵的问题上,司法实践所持的观点是全面无效说。同时,通过对典型案例的调查发现,司法判决所呈现的观点也认为已满14周岁的未成年受害人基于欺骗而做出的承诺无效,犯罪人利用迷信性侵的行为构成犯罪。考虑到受害人尚未成年,根据未成年人防范意识偏弱等特点,未成年女性的承诺能力弱于成年女性,因此从保护未成年人健康的角度来看,利用迷信性侵未成年人的行为应构成犯罪。

六、传染性病后果的认定

在司法实践当中,经常会发生犯罪人通过性侵行为将严重性病传染给未成

---

① 参见四川省宜宾市中级人民法院(2016)川15刑终443号刑事裁定书。
② 参见周光权:《刑法总论》(第三版),中国人民大学出版社2016年版,第220页。
③ 参见张明楷:《刑法学(上)》(第六版),法律出版社2021年版,第299页。

年人,而性病不易治疗并且会使未成年人背负污名,在生理和心理上给未成年人带来双重伤害。性病依据严重程度可以分为两类,一类是艾滋病,另一类是梅毒、淋病等其他性病。对于致使未成年人感染艾滋病毒的认定,司法裁判较为统一,通常将此情形认定为强奸罪加重后果中的"致使被害人重伤",并适用10年以上有期徒刑的加重刑。而对于致使未成年人感染梅毒、淋病等性病的认定,司法机关的观点存在分歧,一种观点认为该后果属于强奸罪加重后果中的"造成其他严重后果"并适用加重刑①,另一种观点认为该后果仅属于酌情从重情节适用基本刑并从重处罚即可②。最高人民法院和最高人民检察院于2023年发布的《性侵未成年人案件解释》统一了性侵未成年人犯罪中致使未成年人感染梅毒、淋病等性病的认定规则。该解释依据年龄的不同,分别规定了两种认定规则:其一,依据该解释第一条第二款的规定,若强奸的是已满14周岁的未成年女性,致被害人患梅毒、淋病等严重性病的属于从重处罚情节,即在3年以上10年以下有期徒刑的基本刑内从重处罚;其二,依据该解释第三条第二款的规定,若奸淫的是未满14周岁的女性,致被害人患梅毒、淋病等严重性病的属于加重处罚情节,适用10年以上有期徒刑、无期徒刑或死刑。该司法解释区分年龄分别规定认定规则的做法在特定意义上降低了对已满14周岁的未成年受害人的保护力度,14周岁以上的未成年人的身心依然没有成熟,感染性病对不满14周岁的未成年人和14周岁以上的未成年人所造成的危害同样非常严重。鉴于大多性病具有潜伏期,且治愈的难度较高,而未成年人的身心发育尚未完全,感染性病将严重侵害未成年人的身体和心理,因此从保护未成年人健康和打击犯罪的角度来看,更宜将致使未成年人感染较严重性病的后果统一认定为加重情节,可以认定为刑法第二百三十六条第三款第一项规定的"强奸妇女、奸淫幼女情节恶劣",而不以年龄作出量刑上的从重或加重区分。

七、怀孕后果的认定

根据《刑法》第二百三十六条规定,"致使受害人重伤、死亡或者造成其他严重后果的"属于强奸罪的加重情节,但是由于缺乏明确的规定,实践中对"其他严重后果"的内涵存在不同的理解。特别是在处理受害人怀孕的后果上,司法实践

---

① 参见湖南省郴州市中级人民法院(2017)湘10刑终370号刑事裁定书。
② 参见山西省晋中市中级人民法院(2020)晋07刑终52号刑事裁定书。

中的分歧严重。一些法院对怀孕的后果"法定从重"处罚。例如，在"黄某强奸案"中，法院认为，被告人黄某与幼女发生性关系并致其怀孕，"依法从严惩处"，最终对被告人判处有期徒刑4年[①]。一些法院对怀孕的后果"酌情从重"处罚。又如，在"黎某强奸案"中，被告人多次进入精神智力发育迟滞的未成年受害人住处奸淫受害人，并致受害人怀孕，"酌情从重处罚"，最终判处被告人有期徒刑8年；同时法院考虑到了对受害人经济损失的赔偿，判处被告人赔偿受害人因引产而造成的经济损失 6 197.56 元[②]。另外一些法院将受害人怀孕认定为"其他严重后果"，对犯罪人判处10年以上的加重刑罚。例如，在"尉某某强奸案"中，法院认为，被告人尉某某作为与王某关系密切的亲属，为满足个人淫欲，明知受害人年龄且存在智能障碍，自受害人不满14周岁开始长期、多次与受害人发生性关系并造成怀孕的"严重后果"，最终对被告人判处有期徒刑12年[③]。怀孕后果的认定是从重处罚与加重处罚之间的分歧。《性侵未成年人案件解释》第二条规定，"奸淫精神发育迟滞的被害人致使怀孕的"属于强奸罪加重处罚的情形之一，而对于致使精神正常的被害人怀孕该解释则未作出规定。由于未成年人尚未经济独立，无法承担起抚养幼儿责任，因此怀孕的大多数未成年人都会选择流产，这将给其带来身心伤害，并在长时间内产生心理阴影。同时，一些地区的立法明确致使怀孕属于加重情节，例如我国的澳门特别行政区在刑法中明确将怀孕设置为强奸罪的加重情节。因此出于对未成年人的特殊保护同时参考其他地方的立法，性侵致使未成年人怀孕应作为加重处罚的情节。

以《刑法修正案（十一）》对性侵未成年人的修正问题为参照，可见只有深入分析未成年受害人独特的刑事政策需求，才能实现对性侵害未成年人犯罪的合理规范。未成年人作为身心尚在发育之中从而需要特殊保护的对象，在刑法中应进一步明确其与成年受害人的法益保护需求差别，特别不能忽视性健康成长权这一体现未成年人保护特殊性的专门法益根据。刑法对性侵害未成年人犯罪规制时，应将性健康成长的特殊法益与性自主决定的一般法益结合起来明确双重保护需求，并在此基础上形成性侵害未成年人犯罪的专门规制体系，才能为刑法修正生效后根本解决性侵害未成年人犯罪适用问题提供完善对策。

---

① 参见江苏省苏州市相城区人民法院(2020)苏0507刑初524号刑事判决书。
② 参见广西壮族自治区浦北县人民法院(2020)桂0722刑初194号刑事附带民事判决书。
③ 参见北京市顺义区人民法院(2018)京0113刑初1001号刑事判决书。

第五节　基于双向保护刑事政策的罪错
##　　　　未成年人教育矫治的完善

在实施性侵害未成年人罪行的加害人也是未成年人的情形下,一方面需要对未成年受害人进行专门倾斜性保护,另一方面对实施性侵行为的未成年犯罪人或未达刑事责任年龄的恶行未成年人也需要进行教育矫治保护,此时刑事政策上就要求实现双向保护的原则,这是性侵害未成年人刑事政策的特殊情形,在性侵罪行实施人也是未成年人的情形下,就需要以双向保护的做法取代严惩犯罪的做法,对实施性侵行为的罪错未成年人进行适当惩治与有效教育矫治,实现教育为主、惩罚为辅的罪错未成年人教育保护目标。而就对罪错未成年人的教育矫治而言,刑法的修正却体现出了两种逻辑不同的做法:一方面《刑法修正案(十一)》对因不满16周岁不予刑事处罚的未成年人采取的必要处遇措施作出重大修正,实施长达38年[①]的收容教养制度被专门教育矫治制度所正式取代;同时同期修改的《中华人民共和国预防未成年人犯罪法》(简称《预防未成年人犯罪法》)对专门教育矫治制度如何实施还进一步作出了配套规定,规定了专门教育矫治不仅对不满16周岁不予刑事处罚的未成年人必要时实施,对犯罪低龄未成年人还可以一般性实施。这体现出对罪错未成年人进一步强调教育矫治的逻辑。另一方面,《刑法修正案(十一)》及时回应社会对刑事责任年龄的关注,新增规定已满12周岁不满14周岁的人可以承担刑事责任,对旧有的14周岁刑事责任年龄下限适当下调;同时对已满12周岁不满14周岁的人承担刑事责任附加了极为狭窄的罪行情节条件及司法审批程序,规定只有在"犯故意杀人、故意伤害罪,致人死亡或者以特别残忍手段致人重伤造成严重残疾,情节恶劣,经最高人民检察院核准追诉的,应当负刑事责任"[②],由此形成了实体有限条件与弹性程序审批相结合的审慎规定。这体现出对罪错未成年人进一步加强惩治的逻辑。《刑法》修正后的规定体现出的教育矫治与加强惩治两种不同甚至要求相悖

---

① 1982年3月23日公安部出台了《关于少年犯管教所收押、收容范围的通知》,第一次明确规定了对因年龄问题不负刑事责任的未成年人的收容教养制度。

② 《刑法修正案(十一)》第一条第三款。

的罪错未成年人处遇思路体现出对包括实施性侵害行为在内的罪错未成年人教育矫治上存在的双重问题：一是从收容教养到专门教育矫治的转变体现出的对罪错未成年人教育矫治保护的合理方式问题，二是降低刑事责任年龄体现出的对罪错未成年人惩治威慑保护的合理边界问题，这也是实现双向保护的刑事政策、实现对性侵害未成年人有效保护所需要解决的两大实体法问题。

一、罪错未成年人矫治教育的保护方式完善

（一）传统罪错未成年人教养型教育的形成路径

我国罪错未成年人矫治教育的理念虽然在形式上强调尊重未成年人的独特性，但是在理论基础上并未形成与成年人的显著差异，都是随着对特殊预防的刑罚原理之强调而逐渐形成以人身危险性矫治和个别处遇为主导的教养型教育范式，传统的报应惩罚论被置于次要的地位。[①] 教养型教育论认为刑罚的目的在于通过教育培养身心的过程来矫治犯罪者，通过对未成年矫治对象进行针对性的教养型教育措施，可以减少甚至消除其人身危险性，改恶向善，使其不致再犯罪危害社会。教养型教育论的立论前提是刑事实证学派提出的"一般决定论"，即人的意志并非自由，而是由生物属性和社会属性所决定，罪犯或未达到刑事责任年龄的类罪犯就是由外在环境因素造成的病态人格者，诚如李斯特所言："犯罪是由实施犯罪行为当时行为者的特性，加上周围环境的影响所产生的"[②]。正是由于犯罪并非由罪犯（或类罪犯）自身的意志使然，而是自然因素与社会因素单独或结合而导致的一种病态人格反映，所以社会有义务对这种病态人格者进行治疗、教育和改造，使之得以以正常的人格复归社会。而占据现代刑罚原理支配地位的特殊预防论强调对包括未成年人在内的矫治对象的再犯可能性进行针对性防范，这就与前述教养型教育理念所持的恢复未成年矫治对象人格的运行逻辑全面契合。可以说教养型教育是保证特殊预防意义上的再犯防范、实现社会防卫的核心机制，是长远实现再犯预防的必要手段；未成年矫治对象也只有经过了教养型教育恢复了正常人格，才能最终复归社会，从根本上消除再犯可能性。

正是由于上述理论发展渊源，受特殊预防论在刑事处遇领域的权威性影响，教养型教育论几乎主导了现代未成年人矫治教育领域的主要发展方向，成为未

---

① 参见张绍彦：《社区矫正在中国——基础分析、前景与困境》，《环球法律评论》2006年第3期。
② 甘雨沛、何鹏：《外国刑法学（上册）》，北京大学出版社1984年版，第119页。

成年人矫治教育理念的权威话语。① 不仅被监禁的未成年犯罪人矫治教育开始以教养式教育改造为基础运行机制,而且未成年人矫治教育领域进一步在克服监禁刑的教育改造缺陷之意义上大力发展了相对可以接触社会与更重视教育培养身心的劳动教养制度。以劳动教养为代表的教养型教育制度首先个别性地考察具体未成年矫治对象之人身危险性,再对不致再危害社会的未成年矫治对象从轻处遇、直接在劳教机构中接受教育矫治,从而改善未成年矫治对象处遇之效果和复归社会能力。②

(二) 罪错未成年人的教养型教育理念的应用困境

毋庸置疑,教养型教育作为未成年人矫治教育理念确实为防范再犯的特殊预防理论目标起到了核心保障作用。然而自20世纪70年代以来,以教养型教育为理念核心的未成年人矫治教育机制在世界范围内都出现了一定的运行难题,体现出教养型教育一元论的视野局限和逻辑难题:

首先,矫正未成年人矫治教育中的罪错未成年人承受了相当的社会排斥和融入困难问题,导致教养型教育效果难以满足特殊预防的再犯防范期待。虽然未成年人矫治教育实践从对未成年矫治对象保护的去标签化意义上淡化了未成年矫治对象的"有罪之身"的身份标志,力求未成年矫治对象更好地复归融入社会,但是实践中由于未成年人矫治教育主要强调对未成年矫治对象的改造而对受害人与社区常常忽视,导致受害人与社区对未成年人矫治教育改造不满,未成年矫治对象在接受矫治后仍然受到了受害人及其社区的有意区隔和排斥,甚至出现了难以归化社会的现象。③ 这在某种程度上直接影响了对未成年矫治对象的教养型教育效果,使得未成年矫治对象因为无法回归正常社会角色而很可能选择再犯,特殊预防的效果自然大打折扣。

其次,社会公众对未成年人矫治教育效果充斥着不安全感和信任危机,教养型教育措施常常得不到刑事政策上的公众支持。因为教养型教育的理念过于强调对未成年矫治对象的教育改造,而将未成年人矫治教育着眼点集中于未成年矫治对象自身,忽视了未成年人矫治教育过程中与社会整体特别是受害人与社区的互动关系。由于教育改造的安全成效基于未成年矫治对象人身危险性的逐

---

① 参见康树华:《社区矫正的历史、现状与重大理论价值》,《法学杂志》2003年第24卷第5期。
② 参见尹泠然:《欧洲涉罪未成年人参与诉讼考察及其启示》,《中国刑事法杂志》2020年第5期。
③ 参见刘强:《社区矫正制度研究》,法律出版社2007年版,第110页。

步改善从而效果缓慢,因此对包括受害人及社区在内的公众的当下安全期待并没有明显满足,从而公众对教养型教育的不安全感逐渐产生。① 特别是在以教养型教育为核心的未成年人矫治教育效果并未有较大改善或效果在较长时间后才能出现的情形下,对未成年人矫治教育的信任危机则进一步加剧。

最后,更为严重的问题是,教养型教育式未成年人矫治教育不考虑被犯罪所破坏的社会关系的修复问题,导致社会撕裂的风险持续加大。即便未成年人矫治教育中未成年矫治对象通过教养型教育消除了人身危险性而复归社会,但是其犯罪已经损害的社会关系并不会因此得到修复,因此公众特别是受害人或社区所经历的治安风险并未得到改善,报复主义或社区分化等社会撕裂表征仍然持续累积,从而导致社会撕裂风险进一步增大,未成年矫治对象回归社会后的处境持续恶化。

(三)罪错未成年人教养型教育的理论局限

以上三方面问题体现出教养型教育作为未成年人矫治教育理念存在着根本性逻辑缺失,这是忽视了未成年人身心正在发育、受社会情境整体决定性影响较大的特殊性所造成的:未成年人矫治教育与成年人根本不同就在于其身心的脆弱性与受环境决定的可塑性,如果不从社会情境视角出发,就无法发现对未成年人教育矫治相对于成年人的特殊社会修复内涵,进而造成未成年人再犯预防的失效。教养型教育过于绝对的矫治对象中心主义和绝对个别化处遇机制实质上缺乏对未成年人来说特殊的社会保护的视野与社会修复的逻辑进路,因此不仅教养型教育的再犯预防效果大打折扣,更严重的是,无法消除社会撕裂风险以及满足受害人或社区的权利保护需求,从而出现未成年人矫治教育的根本性机能缺陷:

从修复型教育的角度出发,受害人与社区在未成年人矫治教育过程中的地位和作用需要在实施未成年人矫治教育措施时加以必要考量。一方面是受害人与社区作为犯罪行为的受害方,从受害保护立场上应该对未成年矫治对象的矫治教育方案有一定的参与决策程序性权利,提出适当的对矫正方案的看法。保障这一权利有利于受害方对未成年矫正对象回归社会的接纳。另一方面是受害人与社区应该有获得一定的定向补偿的权利。未成年人矫治教育部门应该考虑

---

① 参见李川:《修复、矫治与分控:社区矫正机能三重性辩证及其展开》,《中国法学》2015年第5期。

到未成年矫治对象对受害人与社区的损害,在设置教育矫治措施时特别采取面向受害人与社区的定向服务或定向赔偿等补偿性服务措施,通过劳动补偿等活动使得未成年矫治对象更好地实现对受害人与社区的利益补偿。这一做法有利于未成年矫正对象形成责任承担意识,实现更好的人格矫治效果。当未成年人矫治教育未能考虑上述修复型教育要求,也未将受害人与社区作为修复对象予以考量时,上述面向受害人与社区的有效保护措施都无法实现从而失去了受害人与社区得到保护的机会,从而也就失去了未成年矫治对象更好地矫治人格、复归社会并被社会接纳的机会。

进一步言之,修复型教育的缺位导致了未成年人矫治教育不考虑犯罪破坏的社会关系的恢复问题,不仅从矫治意义上不利于未成年矫治对象复归社会,也会导致严重的社会撕裂风险。未成年人矫治教育中受害人与社区的决策参与和权利补偿措施不仅可以保护受害人与社区的权益,更进一步有利于达成未成年矫治对象与受害人或社区代表之间的谅解,修复社会关系,这可以通过未成年人矫治教育中邀请受害人或社区代表参加矫正圆桌会议或协商会议实现。[1] 而从恢复性司法和社会风险管控的角度而言,这种社会关系的修复减少了社会进一步撕裂可能,防范了受害人报复和挫折攻击等可能社会危险行为以及未成年矫治对象被社会排斥的再犯风险,从风险管控的意义上来说也是必要的未成年人矫治教育措施。[2] 然而修复型教育理念的缺位导致未成年人矫治教育运行中较少考量这一社会关系修复的目标,从而也较少采取恢复社会关系、降低社会撕裂可能的措施,从风险管控的意义上来讲也就无法控制社会撕裂的风险,不仅未成年矫治对象难以有效复归社会,还进一步加剧了社会分裂、产生新的犯罪的可能性。

综言之,如果期望达成未成年人矫治教育的社会安全保障和犯罪防范的基础目标,现有以教养型教育为核心的未成年人矫治教育理念就必须实现面向社会保护及修复进行视野扩展和范式转型:从违法犯罪是对社会秩序的破坏以及未成年人矫治教育是对犯罪的应然回应的意义上,这种转型就必须要考虑未成年人矫治教育所面对的修复型教育的多元化实践需求,实现向修复型教育范式

---

[1] 参见武玉红:《在社区矫正中犯罪被害人的参与和权利保护》,《上海公安高等专科学校学报》2009年第2期。

[2] 参见李川:《三次被害理论视野下我国被害人研究之反思》,《华东政法大学学报》2011年第4期。

的递嬗演进。

（四）罪错未成年人修复型教育理念的理论来源

修复型教育理念充分考虑了未成年人相较于成年人的人格成长性与环境可塑特性，相对教养型教育是更为科学合理的未成年人教育矫治理念。而就发生学基础与发展理论谱系而言，修复型教育绝非教养型教育自然发展更新的产物，而是有更为丰富的刑事司法时代背景与哲理基础。因此，只有深入检视修复型教育的发生原理，才能准确理解修复型教育的内涵机理，防止重蹈教养型教育逻辑覆辙。

修复型教育的产生植根于作为现代未成年人矫治教育制度基础的司法理论与刑罚原理之中①，是近代司法社会化和刑罚矫治化思潮的综合产物，其产生不仅外在受到市民社会的发展与社会主体权利勃兴的决定，而且内在受到矫治正义观转型和未成年人矫治教育人道化与社会化思潮的推动，是国家司法向社会司法延伸的必然产物。

一方面，就外在因素层面而言，与近代国家体系相对应，市民社会所要求的社会连带逻辑和主体权利保护需求进一步勃兴，从而要求对受害主体和社会秩序在国家追诉犯罪之外另行进行延伸性的保护，由此决定了修复型教育理念的必要性。市民社会的发展改变了传统国家垄断的社会治理模式，为公共治理带来社会运行视角和社会连带逻辑。从社会动态运行的视角和连带的逻辑出发，公共治理必须注重社会发展需求，运用社会自身发展规律实现这一目标，超越国家本位和手段的单一性。② 受此决定，未成年人矫治教育作为公共治理的关键环节之一不仅需考虑国家本位下的报复正义目标，还必须考虑到社会的修复违法犯罪损害的要求，运用社会自身的互动机制更好地实现修复型教育这一目的。③

另一方面在内在因素层面，在体现人道化和社会化需求的未成年人矫治教育理念的强势影响下，近代未成年人矫治教育实现了从报应正义向修复正义的转型，自然体现出对修复型教育理念的要求。人道化需求要求对未成年人消减甚至取消惩罚性内涵，对已然之违法犯罪行为的惩罚性报应不再是刑事处遇的

---

① 参见季晓军：《刑罚根据论的界定》，《法学论坛》2006年第21卷第2期。
② 参见郁建兴、吕明再：《治理：国家与市民社会关系理论的再出发》，《求是学刊》2003年第30卷第4期。
③ 参见康亚林、陈先书：《社区自治：城市社会基层民主的复归与张扬》，《学术界》2003年第6期。

关键内涵;而社会化需求强调对未成年矫治对象有效矫正修复和对受害人与社区的补偿恢复,这两个内涵成为未成年人矫治正义的新内容。受此决定,未成年人矫治教育目标的重心逐渐从着眼过去的报应向着眼未来的修复转移,修复型教育自然成为未成年人矫治教育的核心要求。① 因此,20 世纪逐渐兴起的未成年人矫治教育人道化与社会化思潮强调尽可能地运用社会自身的机制和规律更有效地实现对未成年人的矫治教育,以增强未成年矫治对象矫治教育的效果、促进未成年矫治对象尽早成功回归社会。② 这就决定了未成年人矫治教育需采用最有利于人道化和社会化的修复型教育理论。

(五)罪错未成年人修复型教育的具体内涵

除了在发生学意义上受到了外在的市民社会和权利保障背景以及内在的未成年人矫治教育人道化和社会化需求所决定,修复型教育的理论发展还体现了刑事司法两大新兴理论即恢复性司法与被害人保护的支配性影响,修复型教育在具体机制层面上受到了恢复性司法和被害人保护的交叉形塑。

1. 恢复性司法提供修复型教育的架构维度

恢复性司法本身作为一种刑事司法理念与以往关注国家追诉犯罪需要和刑法权威实现③的着眼点不同,重点关注受害人、社区以及矫治对象的具体需求,因此与传统刑事司法运作中忽视社会关系撕裂与被害权利补偿之问题形成鲜明对比,是一种以修复型教育和尊重受害方地位为核心的新兴司法进路。④ 这一进路希望通过未成年矫治对象与受害人或社区等受影响主体协商交流的方式在刑事司法中实现各方需求共赢的局面:在共同协议和责任承担的基础上未成年矫治对象可以接受教育,诚心悔罪,取得受害人谅解从而减轻所受刑事制裁和回归社会的排斥⑤;受害人可以主动提出补偿需求和积极参与刑事司法活动从而突出体现独立的参与地位和更好实现自我权利的主动保障;而社区或社会代表可以修补受到伤害的社区秩序和社会关系,不必为矫治对象回归社会的风险而

---

① 参见[意]恩里科·菲利:《实证派犯罪学》,郭建安译,中国人民公安大学出版社 2004 年版,第 178 页。
② 参见[英]戈登·休斯:《解读犯罪预防——社会控制、风险与后现代》,刘晓梅、刘志松译,中国人民公安大学出版社 2009 年版,第 58-59 页。
③ 参见刘军:《该当与危险:新型刑罚目的对量刑的影响》,《中国法学》2014 年第 2 期。
④ 参见刘艳红、李川:《江苏省预防未成年人犯罪地方法的实证分析——以 A 市未成年人犯罪成因和预防现状为调研对象》,《法学论坛》2015 年第 2 期。
⑤ 参见黎宏:《刑事和解:一种新的刑罚改革理念》,《法学论坛》2006 年第 4 期。

担忧。① 因此恢复性司法体现了社会本位、修复优先、受害保护及和谐主义的价值理念,为传统未成年人教育矫治增加了全新的修复式矫治教育框架与维度,从风险管控视角而言就是通过这种修复满足了受害人正义需求和保障了未成年矫治对象复归顺利,从而降低了社会撕裂风险。②

虽然恢复性司法由于补充性的全新机能视野,一经实践就迅速得到推广和发展,甚至成为世界刑事司法流行的制度理念,但其在未成年人司法中的着眼重点却始终放在判决作出之前,而在判决后的未成年人矫治教育阶段之地位和作用常常得不到重视,导致具备恢复性司法意涵的很多下位成熟实践机制如刑事和解、认罪协商等都发生在判决前的诉讼流程之中。③ 然而值得关注的是,恰恰在未成年人矫治教育过程中,未成年矫治对象的社会复归和融入问题、受害人的谅解问题以及社会关系的恢复问题随着未成年矫治对象回归社会的进程变得愈加需要考量和解决,社会安全风险最可能增大的阶段不是判决前进程,而是判决后执行未成年人矫治教育阶段。④ 所以就对恢复性司法的实践需求而言,未成年人矫治教育阶段更应秉持恢复性司法的精神,设置相应的司法修复措施,并将其与未成年人的教育措施结合起来。

2. 受害人保护提供修复型教育的路径机制

受害人保护是二战以来兴起的受害人学理论的基本目标和出发点,是随着受害人权利意识的觉醒与注重、在反思刑事司法过于强调刑事追诉和维护刑法权威的背景下兴起的刑事司法领域另一重要思潮。传统国家垄断刑事追诉权的特征下,受害人逐渐沦为证人和一般参与人的诉讼角色,曾经长期成为刑事司法忽视的对象。然而在权利平等保护的观念影响下,受害人逐渐受到了刑事司法理念和实践的重视,更在受害人学理论兴起和发展的带动下,形成受害人保护的权威理念,并为修复式矫治教育的实现提供了更为具体的路径机制,如多国实践中诞生的受害人赔偿法律明确了政府、社会与违法犯罪者的救济责任,刑事追诉和审判中将受害人地位提升和权利完善,通过刑事和解和协商增强受害人对矫治对象的主动权等都极大增强了刑事司法中受害人保护的力度,促进了受害人

---

① 参见李川:《基于风险管控的社区矫正制度研究》,东南大学出版社 2017 年版,第 93 页。
② 参见[英]格里·约翰斯通:《恢复性司法:理念、价值与争议》,郝方昉译,中国人民公安大学出版社 2011 年版,第 4 页。
③ 参见吴立志:《恢复性司法基本理念研究》,中国政法大学出版社 2012 年版,第 106 页。
④ 参见姚建龙:《论〈预防未成年人犯罪法〉的修订》,《法学评论》2014 年第 5 期。

在矫治教育中的参与地位和具体机能。①

一方面,未成年矫治对象能有效融入回归社会的重要条件是社会关系的和谐,其中最重要的就是受害人及其所在的社区环境的接纳与认可。通过被害人保护机制在未成年矫治教育中针对这一目标给予受害人一定的保护和关注,参与表达、获得补偿的受害人自然容易形成对未成年矫治对象的谅解,受其影响受害人所在的环境也容易放弃对未成年矫治对象的排斥,导致其相对顺利复归社会,实现修复型教育的目标。② 但当前未成年人矫治教育中受害人或社区无法进一步对未成年矫治对象形成接受和谅解,造成未成年矫治对象回归社会时受到受害人及受害社区环境的排斥,未成年矫治对象难以顺利复归社会。另一方面,通过被害人保护机制中的受害人建议以及未成年矫治对象—受害人交流沟通机制可以实现对未成年人教育矫治的良好机能,使得未成年矫治对象能够更快更深刻地接受受害人的被害信息从而有利于悔过修复,加快教育矫治进程、提高修复型教育的效果和效率。但实践中在未成年人教育矫治阶段的未成年矫治对象—受害人交流沟通还较为缺乏,被害人保护机制难以发挥修复机能。

恢复性司法与受害人保护逻辑上都强调了社会保护与受害人参与的重要性,在未成年人矫治教育中可以实现对修复型教育的统一形塑,许多修复型教育功能突出的机制如未成年矫治对象—受害人协商制度往往具有双重内涵,既是恢复性司法理念的体现,也服务于受害人保护需求。

(六)修复型教育范式下未成年人矫治教育的机制扩展

修复型教育相对于传统教养型教育的最大特点就是着眼于整体社会秩序的修补恢复对未成年人矫治教育的特殊满足机能。就修复型教育的基础哲理认知而言,犯罪或类犯罪违法行为不仅是单纯具体的法益侵害,并进一步超越具体侵害结果带来社会多层面的连锁破坏风险,只有修复了这些多层面风险才能最终实现刑事矫治教育的机能。未成年人作为受到社会决定性影响的特殊主体,这种多层次的风险修复对其矫治教育尤为关键。因此对未成年人的修复型教育范式核心就是通过恢复性司法与被害人保护的具体理论逻辑,引入社会保护视野与社会修复机制,通过对社会风险的修复,多层次、全方位实现对未成年人的科

---

① 参见何挺:《附条件不起诉扩大适用于成年人案件的新思考》,《中国刑事法杂志》2019年第4期。
② See Sebba L. Third Parties, Victims and the Criminal Justice System. Ohio State University Press, 1996:45-50.

学教育矫治,长远防范再犯可能性。①

修复型教育的必要优势就在于明确了要实现对未成年教育矫治的有效目标,就必须考量对违法犯罪行为所带来的社会秩序的损害进行修复;根据受到违法犯罪行为的社会破坏风险提示的修复需求,未成年人教育矫治制度应体现为对社会规范、受害人与社区、未成年矫治对象自身三个层面上破坏的修复,最终形成对未成年人的修复型教育,使得未成年人能够顺利复归社会,防范长远再犯。所以对未成年矫治对象的修复型教育也区分为对规范的效力恢复的规范修复机制、对受害人与社区的补偿恢复的受害修复机制、对未成年矫治对象的社会回归恢复的矫治对象修复机制。未来《刑法》以及《预防未成年人犯罪法》中规定的专门矫治教育制度的实践展开应按照修复型教育的层次要求,实现有别于教养型教育的机制扩展。

1. 规范修复机制及其机制扩展

未成年人修复型教育在直接对象意义上是指对规范权威和效力的恢复。社会通过包括法律、道德在内的各种形式的规范维护主体权利以及社会整体安全秩序。违法犯罪首先直接损害法律规范及其体现的道德、伦理等其他规范,破坏了规范的权威性和有效性。因此秩序恢复的直接目标就是实现对规范权威和效力的修复。② 这一恢复过程主要依靠消极预防和积极预防相结合的双面预防机制实现。这一机制包括两方面的内容:一是消极预防,即通过未成年人矫治教育的威慑机能使未成年矫治对象认识到规范的权威和效力,形成对规范的尊重。二是积极预防,即通过未成年人矫治教育中的规范教育,包括法治教育和道德价值观教育等使得未成年矫治对象内心形成对规范的自觉认可和接受,具备道德与法治信仰和意识。③

而要保障这一机制的完成,未成年人矫治教育就必须采用规范价值修复的方式。这一方式一方面是指注重对未成年矫治对象进行规范教育,如通过专门学校内专设的法治教育、道德教育、纪律教育等方式,使得未成年矫治对象认知

---

① 参见李川:《从特殊预防到风险管控:社区矫正之理论嬗变与进路选择》,《法律科学(西北政法大学学报)》2012年第3期。

② 参见孙海波:《在"规范拘束"与"个案正义"之间——论法教义学视野下的价值判断》,《法学论坛》2014年第1期。

③ See Hagg E V. Punishing Criminals: Concerning a Very Old and Painful Question. University Press of America, Inc., 1991: 67.

法律、道德等社会规范的重要意义和价值,不仅认识到社会规范的约束力和法律的强制力、重新树立对法律和道德等社会规范的尊重,而且通过对社会规范的学习,认识到社会规范的价值和功能、形成遵守规范的自觉意识和自愿行动,使得尊重社会规范成为未成年矫治对象的自觉价值观念。另一方面,在未成年人矫治教育中通过未成年矫治对象—受害人的交流机制使得受害人与社区认识到未成年矫治对象对违反规范价值的悔过态度和不再犯保证,从而意识到规范地位得到了维系和保障,可以重塑其内心因为受到侵害而被破坏的规范价值,修复规范意识。

2. 受害修复机制及其机制扩展

未成年人修复型教育在具体对象的意义上是指对受害人与社区进行的补偿恢复。有的违法犯罪行为有明确的受害人,包括个人和单位,其受损的往往是具体的人身或财产权利。有的违法犯罪行为损害的是社会法益或国家法益,虽然没有具体的受害人,但损害的对象仍然可以表征为社区或国家的具体利益。无论是受害人还是社区的权利或利益,都需要加以补偿恢复,社区甚至国家可以选派代表,行使与受害人相同的受偿权益。传统司法虽然有民事诉讼救济,但常常无法落实,且对无受害人犯罪更没有具体的对受害社区的补偿恢复措施[①],导致受害人与社区的补偿恢复需求落空。未成年人矫治教育从具体对象层次上应该以对受害人与社区的补偿恢复为具体目标,进而通过受害补偿实现对未成年矫治对象更好的教育与社会复归效果。

一是受害人与社区应该在未成年人矫治教育过程中享有知情权与建议权,可以通过未成年人矫治教育机关了解到未成年矫治对象的服刑情况,并提出相应的未成年人矫治教育意见和建议,未成年人矫治教育机关应当酌情考量。二是受害人应该在未成年人矫治教育过程中享有受补偿的权利,未成年人矫治教育机关应当安排未成年矫治对象尽可能采取对受害人与社区的倾斜性补偿措施,如补偿性劳动等。三是受害人应该在未成年人矫治教育过程中享有交流咨商权。未成年人矫治教育机关应当采取未成年矫治对象—受害人圆桌会议、咨商小组和定期会见制度等形式促进未成年矫治对象向受害人赔偿道歉和交流悔

---

① 如对环境犯罪破坏的整体生态利益,最近还在探索由检察机关或团体代表国家或社区主张救济的机制,传统民事诉讼救济无力解决。

过,取得受害人与社区的谅解。①

3. 矫治对象修复机制及其机制扩展

未成年人修复型教育在本源意义上是指实现未成年矫治对象的社会回归恢复。未成年矫治对象一方面是造成社会损害的主体,另一方面其自身也是人格被扭曲和损害的对象。因此未成年人矫治教育修复的深层目标就是矫正改造未成年矫治对象,使其恢复正常人格、无害复归融入社会。由此不仅未成年矫治对象自身的人格得到了修复,也使得未成年矫治对象成为社会正常生活的一分子,长远意义上不再构成对社会的损害。对未成年矫治对象的改造复归社会通过人格矫治和复归社会两种机制配合实现。

一方面,未成年人人格矫治机制可以矫正未成年矫治对象的扭曲人格和反社会特征,使得未成年矫治对象恢复正常人格状态,消除其对社会损害的风险,自然就修复了可能造成的社会秩序破坏②;另一方面,未成年人复归社会机制与人格矫治在逻辑上紧密相关,体现为以有效复归社会、巩固人格矫治长期效果为目的的社会接纳和社会融入具体措施,如专门学校的职业技能培训和社区协商交流机制,通过这些措施从长效机制的意义上消除了未成年矫治对象对社会秩序的破坏可能性,使得被未成年矫治对象破坏和挑战的社会秩序得到最终恢复。未成年人复归社会机制的核心主要体现为修复协商机制。修复协商机制是指通过未成年矫治对象与受害人及社区的交流协商,未成年矫治对象通过真诚悔罪取得受害人与社区的接纳谅解,从而极大减少未成年矫治对象回归社会的阻力,使得未成年矫治对象可以顺利地融入社会,消除再犯可能性,恢复社会秩序。③

在修复型教育的未成年人矫治教育全新范式下,受害人与社区的参与在罪错未成年人教育保护中具有不可替代的核心地位,其并非作为辅助改造未成年矫治对象的次要机制出现,而是作为区别于教养型教育的、体现更全面的社会保护和修复的未成年人矫治教育目标的关键机制而存在的,同时能够充分表达规范修复、受害修复和未成年矫治对象的复合内涵。④ 受此机制决定,未成年人矫治教育实践中必须形成以受害方知情权和建议权保障机制、未成年矫治对象与

---

① 参见于改之、吴玉萍:《多元化视角下恢复性司法的理论基础》,《山东大学学报(哲学社会科学版)》2007年第4期。
② 参见房保国:《被害人的刑事程序保护》,法律出版社2007年版,第112页。
③ 参见刘艳红:《我国应该停止犯罪化的刑事立法》,《法学》2011年第11期。
④ 参见郑列、马方飞:《社区矫正的新发展——恢复性司法的运用》,《犯罪研究》2007年第4期。

受害人交流谘商机制、受害方定向服务补偿机制、受害方参与评估机制为核心的系统性受害方参与制度体系,这是未来专门矫治教育制度必须重视的机能扩展方向。

二、罪错未成年人威慑保护的机制完善:基于刑事责任年龄的视角

近年来,大连 13 岁男孩杀人案①等未成年人性侵未成年人案件中,罪错未成年人因未达刑事责任年龄而不负刑事责任的案件屡被报道,罪错未成年人问题引发社会关注,甚至要求降低刑事责任年龄并予以严惩的下调说观点呼声甚高。② 同时亦有维系说观点认为我国《刑法修正案(十一)》生效前规定的 14 周岁的刑事责任年龄下限与不少国家相同或相当,也基本符合我国当前的未成年人刑责区分需求,不应因存在一些低龄未成年人恶行个案就轻易降低刑事责任年龄予以严惩③。还有个别例外说的观点认为可以借鉴国外恶意补足年龄的规定,允许个案中例外地对未达法定刑责年龄的恶行未成年人根据其刑事责任能力完整性来追究刑事责任④。

面对众说纷纭,究竟该如何评价降低刑事责任年龄在罪错未成年人保护上的具体意义?要想准确回答这一问题,就要明确刑事责任年龄在罪错未成年人处遇上的关键性质问题:刑事责任年龄对罪错未成年人处遇而言究竟是罪责决定因素还是刑罚决定因素、究竟是犯罪论层面上的有责性问题还是刑罚论层面上的刑罚必要性问题?这一根本定性决定了刑事责任年龄应该采取的设定依据与具体的适用思路,也是判别其是否有效实现罪错未成年人处遇保护的标准。

(一)刑事责任理念的根据:罪错未成年人治理保护的视野转换与根据补足

1. 刑事责任年龄观取决于刑事责任根据论

刑事责任年龄在刑法上是判断行为人刑事责任能力,进而决定其刑事责任的重要标准。"行为人不具备有责地实施行为的能力时,不能对其进行法的非

---

① 参见《判赔 128 万!大连 13 岁男孩杀人案宣判》,《现代快报》2020 年 8 月 11 日,第 16 版。
② 参见金泽刚、张涛:《调整绝对刑事责任年龄制度新思考》,《青少年犯罪问题》2020 年第 3 期。
③ 参见杨统旭:《现行刑事责任年龄规定的困境及出路》,《青少年犯罪问题》2018 年第 6 期。
④ 参见马松建、潘照东:《"恶意补足年龄"规则及其中国适用》,《南京师大学报(社会科学版)》2020 年第 4 期。

难,进行责任非难所要求的行为人的能力,就是责任能力。"①而当行为人达到特定年龄而具备认识与控制特定罪行的能力时,就具备了刑事责任能力。因此刑事责任年龄本质上是刑法对行为人施加非难、要求其承担刑事责任的前提。然而刑事责任根据本身是一个存在争议的问题,由此导致了对刑事责任年龄的本质看法也存在争议。一方面,在古典自由意志论基础上生发的犯罪有责论将刑事责任视为犯罪责任问题,因此刑事责任年龄就成为罪责的判断标准,以特定年龄对行为的认识与控制可能性为判断罪责能力,进而确立罪责成立的标志,刑事责任年龄就成为犯罪论层面判断有责性的标准。②刑事责任年龄上的下调说与个别例外说就都认为刑事责任年龄具备罪责属性,下调说和个别例外说是在罪责属性共识下就刑事责任年龄应该是推定的罪责标准还是允许例外的罪责判断进行的进一步争议,体现了罪责论下规范罪责论与心理罪责论的差别。另一方面,以刑罚目的与刑罚适应能力为基础的刑罚责任论将刑事责任年龄视为刑罚责任的判断问题,刑事责任年龄决定了刑罚必要性的有无以及应受刑罚的轻重③,因此将特定年龄作为是否具备刑罚适应能力的标志,刑事责任年龄就成为刑罚论层面判断刑罚责任的标准。前述维系说就是基于刑罚责任观而展开理由的,维系说是在刑罚论层面上认为14周岁以下的未成年人没有刑罚必要性,也因为没有刑罚适应能力难以对刑罚处罚产生效果。因此可见,对刑事责任年龄的观点差异其实体现了刑事责任年龄所依据的刑事责任根据的不同,只有明确了刑事责任的根据才能做出对诸种观点争论的合理评价。

2. 刑事责任年龄罪责论的发展与局限

如前所述,刑事责任年龄本质问题在某种程度上取决于对刑事责任根据的看法。而由于罪责论是刑事责任理论中一个相对主流的观点,在其影响下刑事责任年龄被认为主要是解决罪责能力有无的罪责论问题。④刑事责任的罪责论将责任作为犯罪成立的要件,即"罪责是犯罪的概念特征,无罪责即无刑罚,是一个很长的且目前没有结束的发展的结果。犯罪概念只是慢慢地吸收罪责特征于

---

① 张明楷:《刑法学(上)》(第六版),法律出版社2021年版,第302页。
② 参见冯军:《刑事责任论》,法律出版社1996年版,第26-27页。
③ 参见张寒玉、王英:《应对未成年人犯罪低龄化问题之制度建构与完善》,《青少年犯罪问题》2016年第1期。
④ 参见张明楷:《刑法学(上)》(第六版),法律出版社2021年版,第304页。

自身的"①。罪责论进一步将刑事责任定位于构成要件的符合性、违法性、有责性层次体系中的有责性阶层,与包括构成要件符合性与违法性在内的不法相对应,用于判断责任的故意或过失、责任能力、期待可能性等问题,自然包括了用于判断罪责能力的刑事责任年龄问题。② 刑事责任年龄通过对有责性成立与否的影响最终也可以决定犯罪成立与否,未达刑事责任年龄的未成年人即便实施了符合刑法规定的构成要件行为,仍然基于责任能力的阙如阻却犯罪成立。

包括下调说与个别例外说在内的关于刑事责任年龄的主要观点在刑法意义上都以刑事责任年龄的罪责观为基础,即都认为刑事责任年龄是决定犯罪有责性的因素,并由此影响了犯罪成立与否的认定。只是下调说认为应通过统一下调刑事责任年龄普遍性地对实施不法行为的特定低龄未成年人施加刑事责任、规范性地扩大入罪范围;而个别例外说认为应针对个案情形,例外地认定实施不法行为的未达责任年龄未成年人的责任能力状况,只有结合具体案情已具备完全责任能力的未成年人才个别地认定犯罪成立。而二者扩张低龄未成年人罪责思路的差别,也正体现了罪责论内部根据上的心理责任论与规范责任论的差别。通过这种罪责论根据上的回溯可以在教义学上更准确地评价这两种观点的具体价值。

(1) 心理责任论基础上个别罪责年龄观

刑事责任的罪责论的形成,最早可以追溯至刑事古典学派的自由意志论。自由意志论认为,人可以根据自己的意志自由行为,因此人有选择实施或不实施犯罪行为的自由。所以当行为人有意选择实施犯罪行为时就应当对自己的行为承担罪责。③ 因此为了有效认定罪责,就必须首先判断行为人是否有意实施行为,即行为人是否具有认知与控制行为的实际心理意思。由此就衍生出认为"罪责存在于行为人对于行为的主观心理关系"④的心理责任论。

根据心理责任论,所谓达到特定的刑事责任年龄就具备认识与控制自己行为的自由能力的判断,应当是一种基于科学的人类身心成长规律的实存判断。心理责任论作为一种传统而朴素的实在论观念,认为"一般说来,一个正常人生

---

① [德]李斯特:《德国刑法教科书》,徐久生译,法律出版社2006年版,第250页。
② 参见刘艳红:《入出罪走向出罪:刑法犯罪概念的功能转换》,《政法论坛》2017年第35卷第5期。
③ 参见[德]汉斯·海因里希·耶塞克、托马斯·魏根特:《德国刑法教科书(总论)》,徐久生译,中国法制出版社2001年版,第490页。
④ 林钰雄:《新刑法总则》,中国人民大学出版社2009年版,第224页。

理上的成熟,是达到一定时期时,自己的大脑对自己的行为和外界事物就具有一定的认识能力和支配自己行为的能力,也就是说,自己的行为代表了自己的意志,并且是受自己的意志所支配的"①。因此,根据心理责任论来划分刑事责任年龄,必须依据事实上未成年人的认识与控制自己行为能力之成熟年龄作为依据:一方面,可以根据科学归纳的未成年人身心成长规律一般性地确立某特定认知与控制能力的成熟年龄为罪责年龄;另一方面,从实在论逻辑出发,又不得不承认实然存在的统一心理成熟年龄存在例外情形,由此必然形成一种允许个案判断的个别化的罪责年龄观②,这正是前述关于刑事责任年龄的个别例外说的理论来源。

然而纯粹的心理责任论是目前罪责论体系中已经难以主张的过时责任论,其根本缺陷在于过于强调事实判断就无法完成刑法规范评价的任务,也难以解释对罪责的刑法规范非难评价。这一缺陷表现在刑事责任年龄问题上,就是个别化的罪责年龄观过于强调具体的、例外的事实判断,从而无法维护刑法规范统一的刑事责任年龄的评价一致性,破坏了法秩序的引导与评价机能,人们也无法通过刑事责任年龄的法律规定直接进行无条件的罪责评价与行为预测。这同样也说明了前述刑事责任年龄的个别例外说的局限。如果刑法修正直接允许在刑事责任年龄下限之下由司法进行个案的刑事责任能力判断作为罪责评价根据,则刑事责任年龄的下限规定就很可能被例外事实判断架空,导致刑事责任年龄的下限规定难以起到规范评价与引导的作用。也正是基于这一理由,近年来,强调个案例外判断的英美法系"恶意补足年龄"规则渐趋式微,英国与美国大部分州实际上已经取消了这一规则而改为统一刑事责任年龄的规范模式。③

（2）规范责任论基础上的法定罪责年龄观

在反思上述心理责任论不足的基础之上,罪责论领域又进一步发展出了规范责任论的通说观点,认为规范义务期待而非事实心理状态应成为罪责的来源,从而强调了对规范义务的可认知性与可行性作为刑事责任能力判断的根据,由此罪责成为一种基于规范的非难评价,只能施加于有实施合法行为期待可能性

---

① 史言:《刑事责任年龄》,《法学》1957年第1期。
② 参见俞元恺:《英美法系"恶意补足刑事责任年龄"的本质与借鉴可能——关于当前降低刑事责任年龄争议的回应》,《预防青少年犯罪研究》2020年第1期。
③ See Bennion F. Mens Rea and Defendants below the Age of Discretion. Criminal Law Review, 2009(11):763.

的不法行为人。① 规范责任论并未完全否认心理责任论的观点,而是将心理责任论中对行为人心理状态的事实判断转换为对行为人主观认识的规范期待,这种规范期待应是建立在对事实责任能力状态进行科学归纳的基础之上。②

罪责论发展到规范责任论阶段,出于对规范责任的强调,就必然将预设的规范作为确认罪责的前提,因此在确定罪责年龄的问题上,就必然要求对刑事责任年龄应通过规范推定的模式进行预先设置,以能够规范地判断特定年龄的行为人对罪责的可承担性与可谴责性。由此在规范责任论的基础上,罪责年龄就应该通过刑法统一规定的规范推定方式实现法定化。对罪责年龄采用规范推定的法定化模式虽然与心理责任论的事实判断的逻辑不同,但并非完全脱离事实判断而为任意的规范拟制。正如规范责任论是建立在心理责任论的基础之上,对罪责年龄的规范推定应建立在科学归纳实存的未成年人辨认与控制行为能力的成熟年龄的基础之上,从而是一种基于罪责年龄的事实经验判断的规范认定。但这种基于规范推定的法定罪责年龄观与前述心理责任论基础上的个别罪责年龄观不同,一旦规范推定成立就具有了确定罪责的规范渊源意义,可以从罪责年龄规范中无例外地产生规范期待义务,用来作为罪责非难评价的基础,从而与事实的心理状态判断拉开差距。低于法定罪责年龄下限的行为人,无论其事实上的辨认与控制不法行为的能力如何,因无基于刑法规定的规范期待适法可能性,即便实施了不法行为也不能形成罪责;而对符合法定罪责年龄的行为人因规范期待的适法可能性具备,在满足不法要件的前提下就能够直接归责。如果要调整扩张对更低年龄的不法行为未成年人的罪责,依据规范责任的前提就必须对法定罪责年龄进行整体下调,这正是前述刑事责任年龄的下调说的理论来源。当然基于规范责任论与心理责任论的关系,对法定罪责年龄的整体下调并非随心所欲,应建立在不法行为能力的形成年龄普遍下降的事实基础之上。

(3) 刑事责任年龄罪责论的根本局限

法定罪责年龄观建立在更加合理通行的规范责任论基础之上,因此相对于基于传统心理责任论的个别罪责年龄观更具有教义学的合理性。但是法定罪责年龄观与个别罪责年龄观共同的理论不足在于二者都建立在单一的刑事责任罪

---

① 参见[德]克劳斯·罗克辛:《德国刑法学(总论)》(第1卷),王世洲译,法律出版社2005年版,第568页。

② 参见[德]乌尔斯·金德霍伊泽尔:《刑法总论教科书》(第六版),蔡桂生译,北京大学出版社2015年版,第209-211页。

责论的前提之上。而刑事责任罪责论将刑事责任相对简单地等同于罪责或有责性的判断，其实存在以偏概全的偏差。如果单纯以罪责作为刑事责任的全部，就忽视了刑事责任在刑罚责任论意义上的广义内涵①，从而也在刑事责任年龄问题上必然出现忽视了刑罚责任年龄判断的认识局限。因此必须根据刑事责任的应有内涵全面理解刑事责任年龄的根据，跳脱出单纯的罪责论的范围，进一步从较容易被忽视的刑罚责任论的根据上全面认识刑事责任年龄的本质。

（二）双向保护视野下刑事责任年龄刑罚责任论的内涵与价值

1. 刑罚责任论是刑事责任年龄的应有根据

刑事责任年龄的本质与定位不可避免受到刑事责任的性质与定位的决定，而我国刑法中的刑事责任是难以直接与他国刑法中的罪责与责任直接对应的独特概念。对刑事责任的性质与定位在我国刑法理论上也形成了义务论、后果论等诸多不同的看法。② 虽然对刑事责任的性质尚未形成绝对一致的见解，但刑事责任的诸种看法也都承认刑事责任绝非单纯的罪责概念，而是同时紧密联系犯罪与刑罚的双向概念，是在罪责论之外同时也是对刑罚的有无与大小都具有决定机能的刑罚责任因素。

刑罚责任是刑事责任在罪责根据之外的独立层次，是在刑罚论意义上确定刑罚必要性的责任根据，从而本质上形成对是否刑罚以及如何刑罚起决定作用的独特内涵。由此刑事责任年龄也绝非仅仅起到确定罪责的功能，其还典型地代表着对刑罚适应能力与应罚必要性的刑罚责任判断依据，是刑法应该对未成年人采取何种刑罚或非刑罚处遇措施的决定标准。

2. 机能责任论与刑罚责任年龄观

刑事责任的根据理论在心理责任论与规范责任论之后发展出了机能责任论的观点，认为刑事责任乃是确定对行为人实施刑罚或非刑罚处遇手段的一种机能性责任认定，这个机能是为实现惩罚或预防的刑罚目的而言的。机能责任论是刑罚责任论的产生根据。依据机能责任论，应依照刑罚目的设定刑事责任的标准，刑事责任应体现为刑罚责任，刑罚责任的有无与大小取决于惩罚与预防的并合刑罚目的能否实现。③ 由此，刑事责任年龄除了罪责论意义上确定有责性

---

① 参见黎宏：《刑法学总论》（第二版），法律出版社2016年版，第165页。
② 参见高铭暄、马克昌主编：《刑法学》，北京大学出版社、高等教育出版社2016年版，第201页。
③ 参见冯军：《刑法中的责任原则》，《中外法学》2012年第1期。

之有无之外，还须在刑罚责任论意义上起到明确标志刑罚目的有无及大小的机能，即体现为刑罚责任年龄。而考虑到行为人接受刑罚的必要性与有效性取决于其刑罚适应能力，即能够通过接受刑罚体会到刑罚目的并产生一定刑罚预防效果的能力，包括能够接受惩罚实现报应机能的能力，能够受到有效威慑体现一般预防机能的能力，能够受到有效矫治体现特殊预防机能的能力，所以刑罚责任年龄也是直接对刑罚适应能力的界定。

由于责任年龄的对象是未成年人，刑罚责任年龄的设定是受到未成年人刑罚责任的特殊性决定的：特定年龄以下的未成年人没有刑罚适应能力，根本无法认识到刑罚的惩罚与预防的重要意义，对其只能根据其身心特点量身定制专门的保护处分措施，而保护处分措施的实施对象就是通过刑事责任年龄的界分而与刑罚对象相区别的。① 刑罚只能施加于达到刑罚责任年龄从而具备刑罚适应能力的主体，机能上保证对刑罚目的的有效实现。如果对根本无法体会到刑罚意义的、无刑罚适应能力的低龄未成年人强行施加了刑事责任并进行刑罚，就会导致无法达到报应、威慑与矫治的效果，无法实现刑事责任在刑罚层面的机能，刑罚责任层次的需求就无法满足。

前述刑事责任年龄维系说主要是从刑罚责任论的角度阐述其理由的，认为未达刑事责任年龄的未成年人仍然尚不具备刑罚适应能力，因此处罚未达刑事责任年龄的未成年人的刑罚目的仍然无法实现。虽然有少量的未达刑事责任年龄的未成年人恶性案件，但是这些案件的恶性程度即便能说明未成年人罪责年龄的可能降低，但也无法一般性地说明刑罚责任年龄就必然降低，对处罚更低年龄的未成年人的刑罚必要性尚缺乏证据，因此应维系已有的刑事责任年龄。刑事责任年龄维系说虽然认识到了刑罚责任论的立场价值与必要机能，但其并未深入结合刑罚责任论的刑罚目的与刑罚适应能力的内涵深入论证维系刑法修正前的刑事责任年龄下限的理由，而仅仅是站在刑罚责任论的立场提示出了下调说与个别例外说单纯罪责立场的认识局限，因此其论证充分性较为有限。综言之，《刑法修正案（十一）》对刑事责任年龄的适度降低仍然是体现了下调说与个别例外说的观点及其罪责论立场，对刑事责任年龄的修正仍然缺乏刑罚责任论视野下的理论审视与机能论证。

---

① 参见姚建龙：《犯罪后的第三种法律后果：保护处分》，《法学论坛》2006年第1期。

3. 刑罚责任论是刑事责任年龄的补足根据

以上论述表明,对刑事责任年龄的看法必须回到刑事责任本质根据来理解,应在罪责和刑责相结合的基础上,将刑事责任年龄不仅理解为有责性意义上的罪责判断标准,更要视为基于刑罚目的与刑罚适应能力的刑罚责任判断标准。从刑事责任的根据审视,以上关于刑事责任年龄的争论其实是对刑事责任年龄在刑事责任体系内的性质与定位的争论,是基于刑事责任根据的差别而产生的观点差异①,所谓下调说与个别例外说之间的争论其实反映了罪责论内部心理罪责论与规范罪责论之间的争论,而下调说与维系说之间的争论其实是基于刑事责任年龄究竟是罪责因素还是刑责因素、究竟是有责性问题还是刑罚适应能力问题产生的观点差别。

传统刑事责任年龄的观点诸如下调说与个别例外说过分注重刑事责任年龄的罪责内涵,甚至单纯以罪责论作为立论基础,导致了对刑事责任年龄问题的根本认识局限。在罪责论已经充分探讨的背景下,应将刑事责任年龄的分析视野转换到长期被忽视的刑罚责任领域内,将刑罚责任论作为刑事责任年龄的必要根据,将刑事责任年龄作为实现刑罚目的的刑罚机能指标来审视,方能保证刑事责任年龄的理论合理性与设置科学性。

(三) 基于双向保护的刑事责任年龄修正合理性

1. 罪责论视野下的刑事责任年龄修正根据

刑事责任年龄的罪责论是长期以来刑事责任年龄设置与判断的基本原理与主要逻辑②,当前对刑法修正刑事责任年龄的论证理由也主要遵循了罪责论的逻辑。《刑法修正案(十一)》对刑事责任年龄的适当降低体现了前述刑事责任年龄下调说与个别例外说的思路,而由于下调说与个别例外说都是基于刑事责任年龄罪责论而形成的主流观点,所以目前对刑事责任年龄的修正的论证通常也都是从罪责论的立场出发,认为适当降低刑事责任年龄符合了罪责低龄化的趋势与罪责范围扩张的需求。

进言之,《刑法修正案(十一)》对刑事责任年龄的审慎下调从罪责论的角度而言主要存在两方面的依据:一方面是基于下调说的观点,如果之前完全罪责能力的年龄下限出现了具有一定普遍性的降低,那么从罪责追究的角度就可以

---

① 参见刘艳红主编:《刑法学(上)》(第二版),北京大学出版社 2016 年版,第 134 页。
② 参见张颖鸿、李振林:《恶意补足年龄规则本土化适用论》,《中国青年研究》2018 年第 10 期。

规范性地降低刑事责任年龄的下限。① 本次刑法修正将犯故意杀人、故意伤害罪的特定严重罪行与情节的刑事责任年龄下限从14周岁降至12周岁，在规范罪责论的意义上就是认为在罪行低龄化的态势下，已满12周岁的未成年人已经具备了实施这些严重罪行的罪责能力，应当予以规范非难评价。另一方面，基于个别例外说的观点，从心理责任论的事实判断逻辑出发，在规范性地规定刑事责任年龄时可能会出现不同于规范推定的责任能力事实上的例外，因此应留下个案判断的空间。②《刑法修正案（十一）》在规定对已满12周岁不满14周岁人追究刑事责任时除了一般性地规定了故意杀人、故意伤害罪等明确罪行条件外，也规定了必须先经最高人民检察院核准追诉的程序条件。这一司法审批的程序性条件从心理责任论的立场而言，就是为司法机关留下了个案判断事实上责任能力状况的裁量空间，如果个案中已满12周岁不满14周岁人事实上尚未对该款规定的严重不法罪行形成辨认与控制能力，从而也就不具备事实罪责能力，可以通过最高检核准追诉的程序例外地不追究罪责。

2. 刑事责任年龄罪责论的局限与刑罚责任论的必要价值

尽管下调说与个别例外说在罪责论的立场上为刑法修正刑事责任年龄提供了具体依据，但受限于罪责论对刑事责任认识的立场局限性，这些依据也必然存在着理论合理性的疑问。如前所述，我国刑事责任概念与德日犯罪论体系下的责任概念显著不同，不限于犯罪构成有责性意义上的罪责问题，还包括刑事责任论层面上的犯罪适应能力与刑罚有效性问题。③ 因此，就我国刑事责任的罪责与刑责双重属性而言，以刑事责任论为根据的刑事责任年龄也必然具备罪责论与刑罚责任论的双重意义。而下调说与个别例外说主要都是从罪责意义上理解刑事责任年龄的根据，罪责论视野下的刑事责任年龄的设定主要以年龄对罪责能力与罪责范围的影响为标准。所以，单纯从下调说与个别例外说所秉持的罪责论立场来论证刑事责任年龄的最新修正，就必然在刑事责任根据上欠缺了刑罚责任论的评价角度与论证立场，由此导致了需要刑罚责任论补充的机能缺陷：

一方面单纯以罪责论审视未成年人刑事责任年龄，不可避免地带有罪责论

---

① 参见张文秀：《刑事责任年龄下限问题研究——兼论将"强制教养"纳入刑事诉讼法特别程序》，《社会科学论坛》，2016年第5期。

② 参见韩康、蔡栩：《刑事责任年龄制度弹性立法模式之提倡——以法律推定准确性为标准展开的论证》，《犯罪研究》2020年第5期。

③ 参见王晨：《刑事责任的一般理论》，武汉大学出版社1998年版，第118-121页。

固有的忽视未成年人易受环境决定的认识局限问题,这是由罪责论的自由意志论来源所决定的。由于作为罪责论渊源的古典自由意志论是建立在一般理性假设的基础之上的,其对未成年人的罪责能力的判断通常也认为可以通过特定的年龄推定无条件地实现,只需适当地允许例外判断,就可以规范推定刑事责任年龄。然而,这种自由意志论所依据的一般理性假说随着新派决定论观点的冲击早已动摇[1],特别是未成年人相对于成年人更容易受到周围环境的决定性影响,因此其意志表现更显著地符合环境(社会)决定论的原理[2],由此就对罪责论不考虑其他因素、直接通过年龄推定罪责的逻辑形成冲击。如果说罪责能力的有无尚可以根据未成年人身心规律进行基于年龄的推定,那么罪责能力强弱的判断就必须结合年龄之外的罪行情节、人格等受环境影响的要素进行综合评估判断,刑事责任年龄的规定对此应留出必要的规范空间。但由于刑事责任年龄的罪责论受其逻辑限制只关注基于法定年龄推定的罪责能力的有无,其必然无法为考虑受环境影响的人格要素等弹性责任能力判断提供必要的根据。因此《刑法修正案(十一)》新修订的对已满12周岁未满14周岁未成年人追究刑事责任时附加的"情节恶劣""经最高人民检察院核准追诉"等弹性规定,仅考虑罪责论就难以明确其实质标准,所谓基于有责任论的个别例外说只是允许了这种弹性规定的存在,但也并未为弹性规定的判断提供具体标准,而是留白于自由裁量。这就有待于能够考量决定论的人格特征与责任能力强弱的刑罚责任论的实质补充。

另一方面,罪责论也无法将罪错未成年人的有效处遇问题纳入刑事责任年龄的判断考量,从而不能起到预防减少未成年人犯罪的机能,无法完成刑事责任年龄本应承担的刑法规范目的。刑法不仅是禁止规范也是行为规范,其必然应该起到预防与减少犯罪的规范目的。刑事责任作为刑法体系的核心要素,不仅通过罪责判断实现追究犯罪的机能,还应通过有效处遇起到预防与减少犯罪的目的和机能。而刑事责任年龄作为对罪错未成年人刑事责任的分流认定与处遇机制,就必然在确定未成年人有罪与否的罪责机能外,应承担对罪错未成年人设置刑罚或非刑罚的措施的合理处遇的机能。而考虑到未成年人身心能力尚在发展中的特殊之处,未成年人与成年人之间在刑法上并非单纯只有对罪责认识与

---

[1] 参见[意]菲利:《实证派犯罪学》,郭建安译,中国人民公安大学出版社2004年版,第132页。
[2] 参见姚建龙:《超越刑事司法——美国少年司法史纲》,法律出版社2009年版,第189页。

控制能力的差别,更重要的是为了施加适当处遇的目的,应考虑二者对刑罚适应能力与承受结果的差别。刑事责任年龄的罪责论使得刑事责任年龄的判断只限于确定罪责有无而忽视了刑罚适应能力的考察,不可避免导向无差别处罚成年人与未成年人的重刑惩戒的倾向,导致本来就因为刑罚适应能力不足难以体现刑法预防后果的未成年人被迫承受与成年人一样的刑罚施加,而忽视了针对特定年龄未成年人身心特殊性应采取专门的保护处分措施的必要性①。特别是在我国对罪错未成年人保护处分体系尚未有效建构的情形下,刑事责任年龄的判断如果不能纳入罪责论之外的刑罚适应能力与刑罚目的的刑罚责任论考量,就必然导致犯罪标签、社会排斥②等未成年人不当受刑的典型困境后果进一步放大,反而导致加重未成年人再犯等违背刑法规范目的的反向后果。《刑法修正案(十一)》新修订的对已满12周岁未满14周岁未成年人追究刑事责任的规定具备认定上的弹性,为更好地实现未成年人犯罪的减少与预防目的提供了必要的空间,在弹性判断空间内也必然需要为实现刑事责任的规范目的而考量刑罚责任评价问题,单纯罪责论判断并无法完成这一任务。如判断"经最高人民检察院核准追诉"的标准时就不仅需要考量罪责合理性问题,还需考量核准追诉是否更有利于罪错未成年人的教育矫治与再犯预防,这就需要结合刑罚适应能力与刑罚目的的刑罚责任年龄论确立合理的判断标准。

(四)刑事责任年龄修正的刑罚责任论根据

我国刑法修正最新规定的对已满12周岁不满14周岁的人的刑事责任年龄的降低,采取的是有条件的弹性下调的模式:并非刑事责任年龄下限直接降低到12周岁,而是新增规定已满12周岁不满14周岁的人只有在犯故意杀人、故意伤害罪,致人死亡或者以特别残忍手段致人重伤造成严重残疾,情节恶劣的条件下,经最高人民检察院核准追诉的,才会相对弹性地认定应当负刑事责任。如前所述,就这一弹性规定模式,除了应该明确其罪责论的根据之外,还应从刑罚目的与刑罚适应能力的意义上明确其刑罚责任论根据。

根据刑事责任年龄刑罚责任论的原理,刑事责任年龄在刑罚责任层面上的意义包括:首先,刑事责任年龄的设定应起到有效实现刑罚目的的机能,这是由

---

① 参见尤丽娜:《从日本的保护处分制度看我国的少年教养制度》,《青少年犯罪问题》2006年第2期。
② 参见李育兵:《浅议最低刑事责任年龄是否应该降低》,《预防青少年犯罪研究》2016年第4期。

刑事责任的刑罚论意义所决定的。我国刑法中的刑事责任是确定刑罚的必要前提,对刑罚结果有直接的决定性影响①;刑事责任的设置必然需要考虑刑罚的目的才能保障刑罚的合理性与有效性。因此刑事责任年龄作为刑事责任的决定因素就在刑罚层面上需要考虑对刑罚目的的满足。其次,刑事责任年龄的设定应符合未成年人的刑罚适应能力,这是有效实现刑罚目的的必然要求。未成年人由于身心尚在成长发展过程中,因此与成年人对刑罚的完全适应能力不同,其刑罚适应能力是随着年龄成长而逐步完善形成的。② 而为了有效实现刑罚目的,在决定是否以及如何对未成年人施加刑罚时,就要考虑未成年人基于年龄而生的刑罚适应能力的差别。刑事责任年龄的设定也就需要跟刑罚的适应能力相符合。最后,刑事责任年龄还应结合刑罚目的与刑罚适应能力来具体判断特定年龄对刑罚必要性的意义。未成年人的刑罚必要性不仅与刑罚适应能力有关,也受刑事体系、刑事政策、社会背景等诸多因素影响,因此是需要结合刑事责任年龄综合判断衡量的责任要素。基于教育刑与预防刑的刑罚个别化需求,刑事责任年龄的设定应为刑罚必要性的判断留下一定的弹性判断空间,确保刑罚必要性得到具体检视和有效保障。

(1) 刑事责任年龄修正应符合教育为主、惩罚为辅的双向保护目的

基于刑罚责任论的要求,刑事责任年龄的设定应符合刑罚目的,有利于刑罚目的的实现。目前刑罚目的理论主要采取并合主义的观点,将报应、预防目的折中作为刑罚要实现的目标:一方面刑罚作为对犯罪的回应,应实现与罪行相适应的刑罚报应结果,满足社会正义需求;另一方面刑罚应实现一般预防与特殊预防相结合的预防刑目的,分别通过对刑罚威慑与教育改造的追求实现对犯罪的有效预防。③

由于刑事责任年龄的设置对象是未成年人,所以可以明确刑事责任年龄的设定应符合未成年人犯罪的刑罚目的。在前述刑罚并合主义目的论的基础上,结合未成年人的身心特点并依据最有利于未成年人的原则④,我国长期以来将未成年人犯罪的特殊刑罚目的归纳为"教育为主、惩罚为辅",这也是我国长期确

---

① 参见张明楷:《刑事责任论》,中国政法大学出版社1992年版,第5页。
② 参见莫洪宪:《论我国刑法中未成年人的刑事责任》,《法学论坛》2002年第4期。
③ 参见[法]雅克·马里旦:《自然法:理论与实践的反思》,鞠成伟译,中国法制出版社2009年版,第17—18页。
④ 参见刘艳红:《人性民法与物性刑法的融合发展》,《中国社会科学》2020年第4期。

立的针对未成年犯罪人的刑事政策①：一方面,"教育为主"就是指未成年人刑罚目的体系中应以实现特殊预防目的为主,因为特殊预防在刑罚逻辑上是通过对犯罪人的教育改造而实现②,对未成年人教育改造的特殊预防效果要远远大于惩戒的一般预防效果;另一方面,"惩罚为辅"就是指未成年人刑罚目的体系中应以报应与一般预防为次要目的,因为报应与一般预防在刑罚理论上都是通过惩罚机能实现,报应体现为惩罚与犯罪的相适应,而一般预防体现为通过惩罚而表达的对社会的一般威慑。对未成年人应该非必要不惩罚,尽量限制惩罚适用以最大程度地实现对未成年人的权益保护。结合这一刑罚目的要求来理解刑事责任年龄,就要求刑事责任年龄设定要优先、主要地实现对未成年犯罪人教育改造与特殊预防的刑罚目的,并次要地兼顾通过惩罚体现出来的对未成年犯罪人的报应与一般威慑目的。

《刑法修正案(十一)》在新设已满12周岁不满14周岁的人的刑事责任年龄规定时附加了严格的严重罪行与"情节恶劣"等条件限制,符合"教育为主、惩罚为辅"的刑罚目的要求：一方面继续原则性地贯彻了对未成年人"教育、感化、挽救"的教育为主方针,对未成年人除非达到"犯故意杀人、故意伤害罪,致人死亡或者以特别残忍手段致人重伤造成严重残疾"的极少严重罪行的情形,否则并不降低原有14周岁责任年龄认定增加对未成年人的惩罚,对未达刑事责任年龄未成年人继续强调矫治教育;但另一方面对极少量罪行极其严重,从而在特殊预防之外具备了报应③与一般预防之刑罚目的需求的情形也通过降低刑事责任年龄进行针对性的惩罚,体现了对"惩罚为辅"目的的兼顾。

(2) 刑事责任年龄修正应符合未成年人的刑罚适应能力状况

刑罚适应能力是指"行为人对自己的犯罪行为应当接受刑罚处罚有理解能力"④,即行为人能够认识刑罚处罚的性质机能并顺应实现刑罚效果的能力。由于刑事责任年龄在性质上就是体现刑事责任能力的区分标准,而刑罚适应能力与罪责能力同属于刑事责任能力的必要部分,因此刑事责任年龄也必然应该成

---

① 参见姚建龙:《长大成人:少年司法制度的建构》,中国人民公安大学出版社2003年版,第33页。
② 参见陈伟:《教育刑与刑罚的教育功能》,《法学研究》2011年第6期。
③ 部分低龄未成年人实施严重恶行的案件引发社会强烈反应呼声,要求降低刑事责任年龄对这部分未成年人施加刑罚,从而达到刑罚实现报应正义的目标。《刑法修正案(十一)》对刑事责任年龄的有条件降低部分体现了对这种报应需求的回应。
④ 周钰:《责任能力与刑罚适应能力的关系》,《人民司法》1993年第10期。

为体现刑罚适应能力的标志,刑事责任年龄的设定应符合未成年人刑罚适应能力的实然状况。根据刑罚责任论的原理,刑罚适应能力对刑罚目的的实现非常重要,如果对不具备刑罚适应能力的行为人强行施加刑罚,就会因为行为人不能理解刑罚的性质导致刑罚机能的失效,刑罚目的也就不可能实现。对身心尚在成长中的未成年人而言,由于其认识能力是随着年龄逐步成长完善的,因此其刑罚适应能力也存在一个渐趋发展与完善的过程。这就需要在认识刑罚适应能力的形成规律的基础上通过刑事责任年龄科学区分刑罚适应能力的有无。

未成年人刑罚适应能力的判断核心是对刑罚惩罚机能的认识能力,即未成年人对刑罚可能通过惩罚带来的应报痛苦与威慑效果的理解能力。[①] 虽然教育改造也是刑罚的重要机能,但由于教育改造机能并非刑罚所专有且性质上较容易理解,且实践中对不良行为未成年人与不负刑事责任的触犯法律的未成年人也同样施加非刑罚的教育改造措施,未成年人可以良好地认识并接受[②],所以未成年人对教育改造机能的理解能力并非刑罚所专有,未成年人刑罚适应能力在教育改造措施的理解能力方面并无相对于非刑措施的独特之处,因此对刑罚的惩罚机能的认识能力就成为体现未成年人刑罚适应能力独特性的标志。刑事责任年龄的设定也应该符合对刑罚惩罚的理解能力的发展状况,从而满足未成年人刑罚适应能力的要求。

《刑法修正案(十一)》在新设已满12周岁不满14周岁的人的刑事责任年龄规定时所设置的严重罪名、后果及"情节恶劣"等严重罪行条件是对未成年人罪责能力要求的体现而非刑罚适应能力要求的体现,但"经最高人民检察院核准追诉"的弹性规定作为一种追求实质合理性立法技术[③],则对刑罚适应能力的符合性给予了一定的判断空间。司法机关在核准追诉时可以根据刑罚适应能力的要求具体考察已满12周岁不满14周岁的行为人是否具备对刑罚惩罚机能的理解能力,从而进一步确认其是否具备刑罚适应能力来明确其刑事责任。

(3) 刑事责任年龄修正应具体符合刑罚必要性要求

从刑罚责任论的立场审视,刑事责任最终体现为对行为人具有刑罚的必要性;但即便刑事责任年龄的设定如前所述符合了刑罚目的与刑罚适应能力要求,

---

① See Stearns A W. The Evolution of Punishment. Journal of Criminal Law and Criminology, 1936(2): 219.
② 参见陈艳:《刑事责任年龄弹性规定之我见》,《青少年犯罪问题》2000年第2期。
③ 参见周佑勇:《行政法原论》(第三版),北京大学出版社2018年版,第25页。

也并不必然就符合刑罚必要性的要求。诚然,刑罚必要性首先需要根据刑罚目的与刑罚适应能力进行判断,但刑罚必要性也受到诸如刑事政策目标、非刑罚措施与刑罚衔接状态等刑事制度现实因素的影响。因此刑事责任年龄在设定时还需要结合刑事制度的发展状况、刑事政策的需求、非刑罚措施的影响等因素进一步判断是否符合了刑罚必要性的要求。

在本次刑法修正刑事责任年龄之前,14周岁的刑事责任年龄下限就因为非刑罚措施的问题造成了不能满足刑罚必要性的要求,这也是促成本次刑法修正刑事责任年龄的动力之一。按照修正前刑事责任年龄的规定,对未满14周岁的未成年人绝对的刑事免责,并针对因年龄不负刑事责任的未成年人规定了一般管教及必要时的收容教养措施。但由于收容教养争议较大且适用极度萎缩,而一般管教也缺乏监管而实行不力①,对刑事免责的未成年人就出现了放而不教的问题,从而产生了对少量严重恶行的低龄未成年人纳入刑罚进行教育预防的必要性。本次刑法修正适当下调刑事责任年龄,将少量实施极其严重罪行的未成年人纳入刑罚的范围的原因之一,就是为了满足这种刑罚必要性的要求。

尽管《刑法修正案(十一)》在调整刑事责任年龄的同时也针对收容教养制度的弊端同步将收容教养改为专门矫治教育,但仍未解决严重恶性的不负刑事责任的未成年人缺乏有效的非刑教育矫治的问题,可以说相应的刑罚必要性仍然延续存在。其原因在于虽然刑法设置了较为先进的专门矫治教育措施,但当下专门矫治教育制度实践中尚未成型,《预防未成年人犯罪法》规定的配套机制亦不完善,要实现专门矫治教育的有效化还需要一个长期的过程。② 从现实情况来看,一般情况下只是责令其监护人多加管教,只有在必要之时,才会动用专门矫治教育,在专门矫治教育尚未发挥效用的当下,难以实现犯罪预防的目的。这本质上体现了我国对罪错未成年人尚缺乏针对性的保护处分措施,甚至保护处分措施的教育有效性还未达到刑罚中对未成年犯罪人进行教育矫治的有效性程度。这一现状决定了对有较高特殊预防需要的未成年人仍然不得不通过降低刑事责任年龄纳入刑罚中进行教育改造,以实现有效的教育矫治。《刑法修正案(十一)》本次有限度降低刑事责任年龄正符合了上述刑罚必要性的迫切要求。

---

① 参见刘艳红、李川:《江苏省预防未成年人犯罪地方立法的实证分析——以A市未成年人犯罪成因和预防现状为调研对象》,《法学论坛》2015年第2期。

② 参见刘艳红、阮晨欣:《新法视角下罪错未成年人司法保护理念的确立与展开》,《云南社会科学》2021年第1期。

当然,当未来非刑罚的专门矫治教育制度完备成熟之后,也并不排除会大大降低对低龄未成年人的刑罚必要性,彼时亦可以在其他条件同时满足时针对性地升高刑事责任年龄。

因过于强调罪责意义,刑事责任年龄一度简化成了一个判定未成年人有罪与无罪的指标。部分舆论也倾向于通过降低刑事责任年龄而对低龄恶行未成年人一"罪"解千愁。由此造成的后果是,不考虑罪错未成年人实际的刑罚适应能力与刑罚必要性而盲目以刑代教,反而更容易引发交叉感染、有罪标签、复归排斥等不当刑罚的负面效应,加剧罪错未成年人的再犯问题。造成这一困局的原因就在于未能认识到刑事责任年龄不仅是罪责判断的标准也是刑罚责任的判断依据,对罪错未成年人的有效保护起到重要的具体作用。刑事责任年龄的调整不仅应考虑罪责的适当性,更重要的是结合未成年人特殊的刑罚目的与刑罚适应能力,考量刑罚上的必要价值。《刑法修正案(十一)》对刑事责任年龄的弹性审慎下调不仅有加强罪责的意义,更体现了针对性满足未成年人特殊刑罚目的、为未成年人刑罚必要性判断提供合理裁量空间的刑罚责任论价值。因此结合刑罚责任的需求明确这一刑事责任年龄修正规定的适用标准,可以防范刑事责任年龄修正下调后,对低龄罪错未成年人重定罪轻处遇、重处罚轻教育的不良唯罪责主义做法,实现对罪错未成年人的有效惩治与保护,最终实现双向保护的刑事政策目标。

第五章

性侵害未成年人犯罪刑事政策体系的程序法展开

性侵害未成年人犯罪刑事政策在程序法中的展开主要体现为在刑事诉讼程序中对未成年人倾斜性的、优先性的保护，这就需要在刑事诉讼中根据被性侵的未成年受害人的身心特点定制相对于一般成年受害人的专门的、特殊的规范措施，建构形成基于未成年受害人保护的性侵害未成年人犯罪专门程序体系。而根据前述刑事政策的被害人保护原理，二次被害是刑事司法程序中需要对被性侵未成年受害人进行专门保护的基础理论，也是建构性侵害未成年人犯罪专门程序的基础。未成年受害人的生理、心理具有特殊性，在刑事诉讼中遭受二次伤害的问题尤为突出。因此需要根据二次被害原理审视并关照保护受到性侵害的未成年人的特殊权益，深入分析司法领域未成年受害人二次被害的特殊性和突出性特点，以及未成年受害人二次被害带来的性侵害未成年人犯罪刑事诉讼的当前问题，并通过程序设计减少或者消除未成年受害人二次被害问题，以期最大程度在程序法中贯彻性侵害未成年人犯罪刑事政策。

第一节 刑事政策视野下性侵害未成年人犯罪程序运行的问题

一、刑事政策视野下性侵害未成年人犯罪刑事诉讼中二次被害的特殊性

未成年受害人在生理、心理上的特殊性，使未成年受害人二次被害呈现出独有的特征。生理上，未成年受害人个体生理还处于成长发育阶段，体能弱，大脑的结构和功能也尚未发育完全;心理上,未成年受害人缺乏足够的社会经历和生活体验,心理承受能力低,情绪认知和控制能力差。一旦未成年人遭受犯罪侵害,往往产生明显的被害体验和被害感受。① 未成年受害人将产生强烈的恐惧、自卑、自我厌恶的感受,甚至掩埋被害复仇的愤怒,进而造成更加严重的损害后果。② 同时,未成年受害人身心康复过程更为漫长,并且很难自行调整,容易造成心理扭曲,形成心理阴影。

上述未成年人身心的特殊性使得相对更为敏感脆弱的未成年受害人进入刑事司法程序更容易遭受二次伤害,甚至造成严重的精神性损害。一是未成年受害人在被犯罪伤害后又需要经历复杂的刑事诉讼过程,很容易承受巨大的心理压力,可能陷入长期性恐慌,甚至因刑事诉讼中的反复被侵害经历再述造成重复体验被害经历,加深犯罪已经造成的精神创伤。二是受害后处于高度警觉状态的未成年受害人,对刑事诉讼中的询问取证等过程特别敏感,通常对成年人不会造成伤害的情形如现场辨认等都可能造成未成年受害人二次被害。如果刑事诉讼程序中未能关注并保护这种未成年受害人的特殊需求,或者未成年受害人在司法程序中遭受不当心理伤害,将产生新的严重精神创伤。三是二次伤害加深或造成的心理伤害可能长期存在,精神创伤相对难以恢复,如不能加以及时关注救助,精神创伤将可能恶化并逐渐加深,甚至形成长期或终身人格障碍。慢性精神创伤将对未成年受害人大脑的情绪系统、注意系统、记忆系统、执行功能造成严重损伤,导致其记忆衰退、注意力下降、情绪失控,进而影响正常的生活和学习,甚至错失良好的人生发展。

此外,被性侵的未成年受害人的二次被害还可能带来严重的社会危害性。被害人学中的被害人向犯罪人转化论认为,犯罪人和被害人相对立,犯罪行为将两者连接起来,在某些情况下存在被害人向犯罪人转化的可能。③ 未成年受害人"恶逆变"向犯罪人转化的现象在遭受二次伤害后的发生比率比其他情形下要高。未成年受害人本身身心较为脆弱,当遭受犯罪侵害后依靠自身很难有效排解,如果刑事司法无法对其及时救助帮扶,缓解其心理压力与精神创伤,那么未成年受害人有可能以报复等方式寻求出口、向加害人转

---

① 参见莫洪宪:《刑事被害救济理论与实务》,武汉大学出版社2004年版,第81页。
② 参见房保国:《被害人的刑事程序保护》,法律出版社2007年版,第76页。
③ 参见魏红:《一切以未成年人优先:性侵害未成年人犯罪刑事政策研究》,社会科学文献出版社2021年版,第249页。

化。未成年受害人二次被害"恶逆变"犯罪具有长期性、潜在性和复杂性，增加了社会风险，对社会安全构成一定威胁。在侵害未成年人犯罪数量高发的情况下，减少与防止二次被害，有助于防范未成年受害人转化为犯罪人的风险。

二、刑事政策视野下未成年受害人二次被害的具体表现

传统刑事司法进程是未成年受害人遭受反复伤害的"重灾区"，当本来就相对更为脆弱和易受伤害的未成年受害人进入司法程序后，可能面临司法二次被害。导致被害人二次被害的司法因素，包括刑事诉讼的司法活动特性和未考虑被性侵未成年人特殊保护需求等因素，对未成年受害人造成的二次伤害相较于成年人要更加严重。

首先，未成年受害人进入司法程序就不可避免地在被询问或质证过程中重温被害经历，容易加深其精神痛苦，遭受二次心理伤害。刑事侦查与公诉阶段，公安机关和检察机关接受控告或者报案，承办案件人员必然向未成年受害人了解案件事实、询问被害经过及犯罪细节等，未成年受害人受限于认知与表达能力的有限可能不得不反复重述以便于办案人员确认其被害过程，相对于成年受害人可能导致的心理伤害更加严重；刑事审理阶段，心理承受能力较低的未成年受害人在法庭审理过程中，不仅可能需要再次回忆被害细节，并接受辩护人的质证询问，承受巨大的心理压力，极可能遭受更加严重的精神性损害。

其次，刑事诉讼中司法工作人员未考虑被害人是未成年人的特殊性进而实施的特定行为可能致使未成年受害人人格尊严受损，造成二次伤害。比如未能考虑到未成年受害人相对于成年受害人更需要救助保护的特点，对未成年受害人的救助措施不力或迟缓，可能导致未成年人因犯罪造成的身心伤害进一步加深。此外，由于对隐私权的保护不足，案件信息在刑事诉讼程序过程中被周围人知晓而造成名誉损失等问题也可能存在，未成年受害人因为尚在成长中，更容易受到社会影响，其受性侵的隐私一旦泄露，对其造成的不良社会影响可能更加长期深远，甚至可能形成新的心理或精神创伤。

最后，对被害人进行二次伤害的主体并不限于刑事诉讼中的主体，未成年受害人周围亲属朋友无意识的不当对待，以及媒体对被害过程的渲染性公开再现等都可能对被害人的隐私权、名誉权和精神等造成进一步的伤害。

三、刑事政策视野下对未成年受害人二次被害的关注与防范不足问题

对性侵害未成年人案件的刑事诉讼过程中可能出现的被害人二次被害问题，当前刑事司法已经予以了关注与重视，在落实了专门人员或专门部门办理机制的基础之上，司法机关还出台了一系列的规范性文件或司法解释对性侵害未成年人案件办理中防范二次被害、根据未成年受害人身心特点进行特别保护进行了诸多具体规定。特别是2013年《性侵意见》以及之后对其承继取代的2023年《办理性侵案件意见》都专门对防范被性侵的未成年受害人的二次被害进行了较为全面、集中的规定，在案件办理、证据收集与认定、被害人保护与救助等多个方面规定了具体的专门的未成年受害人保护措施。然而即便当前已经形成了一些防范二次被害的未成年受害人保护司法规范，但从基于二次被害原理的被性侵未成年人保护的刑事政策整体视角审视，当前的刑事程序法与刑事司法领域仍然存在着对未成年受害人的二次被害关注与防范不足的问题。对被害人的保护应该是一个涵盖刑事诉讼中多方参与的专门刑事司法体系：从被害修复意义上需要完善刑事被害人的支持赔偿制度；从减少再次伤害的意义上需要专门特殊地保护未成年受害人的诉讼权利；从跟踪保护的意义上需要提供长期的心理救助和物质援助。[①] 因为减少被害化的性质和阶段都有不同的要求，对完善的未成年受害人救助体系来说，这三方面相辅相成，共同构成被害人保护的全方位系统。而当前刑事司法从防范二次被害的意识、规范、措施等多个层面尚未达到防范二次被害的专门体系性要求。

（一）司法领域对未成年受害人二次被害的防范意识不够重视

在现行有效的司法规范性文件中，防范二次被害的理念虽然有多次提及，但是尚未正式确立为未成年受害人保护的基本原则，在刑事诉讼以犯罪追诉为核心任务的前提下，刑事司法将有效追诉作为性侵害未成年人犯罪的核心意识，而对防范二次被害意识则相对不够重视。由此刑事诉讼过程中对未成年受害人二次被害的防范实施通常仅限于司法规范明确规定了具体举措的领域，而在未明确规范的领域，在刑事追诉的核心任务影响下，很难自觉地专门将防范二次被害的意识全程贯彻于刑事诉讼过程中，自觉实施针对性的未成年受害人保护措施。

---

① See Karmen A. Crime Victims: An Introduction to Victimology. Cengage Learning，2009：34.

2014年《最高人民检察院关于进一步加强未成年人刑事检察工作的通知》最早提出"二次伤害"这一概念,2015年《检察机关加强未成年人司法保护八项措施》的"努力保护救助未成年被害人"中也明确提出防范"二次伤害",但较为原则,之后防范"二次伤害"再次出现在2018年《最高人民检察院关于全面加强未成年人国家司法救助工作的意见》这一专门文件中。此外,2020年修正的《公安机关办理刑事案件程序规定》等也提出询问未成年受害人应当尽量减少询问频次以避免造成"二次伤害"。尽管防范"二次伤害"被司法规范性文件与部分司法解释反复提及,但在防范"二次被害"意识上因为司法规范的非重点强调而较为淡薄,难以在缺乏具体规定时直接转化为对未成年受害人保护的指导原则与行动指引。

(二) 立法上缺乏防范未成年受害人二次被害的体系性规定

我国现有的关于未成年人的法律中只有对未成年受害人相对不成体系的零散规定,缺乏具体而有效的未成年受害人体系性保护条款,关于预防未成年受害人二次被害的条款更是屈指可数。关于未成年人的法律包括《未成年人保护法》《预防未成年人犯罪法》《中华人民共和国义务教育法》等,其中有关未成年受害人保护的法律规定数量不足、内容薄弱。在2020年新修订的《未成年人保护法》中,仅有少量直接涉及未成年受害人保护的法律条文,相对比较分散。其中第一百一十条规定,询问未成年受害人应当通知合适成年人到场,保障其名誉权、隐私权等合法权益,实行未成年受害人出庭保护;第一百一十一条规定,对遭受性侵害或者暴力伤害的未成年受害人及其家庭实施必要的心理干预、经济救助、法律援助、转学安置等保护措施;第一百一十二条规定,在性侵害或者暴力伤害案件中,询问未成年受害人应当采取同步录音录像等措施,并以一次询问为原则,未成年受害人是女性的,由女性工作人员询问。在2020年新修订的《预防未成年人犯罪法》中,不仅没有直接关注未成年受害人转化犯罪,更未明确提出未成年受害人保护措施。我国《刑事诉讼法》虽然专章规定了"未成年人刑事案件诉讼程序",但是直接涉及未成年受害人司法保护的仅有诸如询问未成年受害人时,应当通知法定代理人到场等少量内容,关注重点也在于未成年犯罪嫌疑人、被告人而非被害人。

此外,未成年受害人的相关司法解释与司法规范性文件虽然有陆续出台,但是相对于罪错未成年人司法保护的内容而言在数量上仍然较少而且非常原则,缺乏具体实际的操作规范,具体到对防范被性侵的未成年受害人"二次伤害"的规定就更少,即便在集中规定被性侵的未成年受害人保护的2013年《性侵意见》以及之后对其承继取代的2023年《办理性侵案件意见》中,也没有提到防范二次被害,对防范二次被害的规定也仅有相对分散的规定,未能真正形成专门预防未成年受害人二次被害的规范体系。

(三) 司法运行时对未成年受害人二次被害的防范措施尚不成体系

随着少年司法理念的不断深入,当前司法机关设立专门的未成年人案件办理部门与办理人员,将涉及未成年受害人的案件纳入专门办理的范围,因此对未成年受害人的专门保护也日益重视,将未成年受害人与其他成年被害人分别开来而予以专门措施保护,未成年受害人司法保护取得显著成绩。在现行有效的关于防范二次被害的具体实践做法中,关于防范二次被害的未成年受害人专门保护措施通常包括询问未成年受害人时采取和缓的方式、一站式询问与一次询问、合适成年人到场、专门名誉与隐私保护、原则上不出庭及出庭特殊保护、专门法律援助与司法救助等。但总体而言,防范二次被害的操作规范数量和涵盖领域还远远不足。特别是当相对零散、不体系的防范二次被害的司法规范没有明确规定时,该如何在司法运行中有意识地专门防范未成年受害人的二次被害,尚缺乏一套成熟且全面的运行机制。虽然司法实践中当前部分地方司法机关开展未成年受害人保护机制探索,部分地方有防范二次被害体系性措施的局部试点经验,但这些经验机制的不足在于通常仅限于某种具体机制的做法探索,基本未形成体系性的、可以推广的防范性侵未成年受害人二次被害的完善体系性机制。当然地方试点的这些经验可以为以后形成防范二次被害的有效体系提供有益借鉴,但是如果想要在司法实践中形成防范二次被害的有效运行机制体系,就需要有防范二次被害的体系性思维与整体意识,从遵循二次被害的基本理论原理的意义上整体设计刑事司法中防范性侵未成年受害人的运行机制,方能实现未成年受害人保护的刑事政策目标。

(四) 忽视不同诉讼阶段未成年受害人二次被害防范的不同需求

刑事诉讼审前阶段、审理阶段、执行阶段,未成年受害人将面临不同类型和不同程度的二次伤害,因而不同诉讼阶段未成年受害人二次被害对防范机制存在不同需求。审前阶段有效防范未成年受害人二次被害要求采取预防型司法对策,而审理阶段和执行阶段则更多的倾向于救济型和修复型的专门对策。被性侵未成年受害人二次被害防范的不同需求决定了不同诉讼阶段将构建专门的司法保护机制,同时贯穿刑事诉讼全过程的司法保护制度在不同诉讼阶段也有其不同的功能侧重。比如未成年受害人隐私权保护在审前阶段主要要求参与侦查起诉的司法工作人员与相关人员履行严格的案件信息保密义务，而审理阶段未成年受害人隐私权保护则强调庭审过程与诉讼文书中对未成年受害人隐私信息的特殊处理。然而，相关立法与司法规范性文件对防范未成年受害人二次被害的规定都是不区分不同诉讼阶段需求的笼统的单一性规定，这就影响了防范二次被害的科学性与有效性。因此要落实性侵害未成年人保护的刑事政策，就要根据不同诉讼阶段未成年受害人二次被害防范的不同需求，针对性地、体系性地探索防范二次被害的具体机制。

第二节　刑事政策视野下审前阶段未成年受害人特殊保护的完善

刑事诉讼审前阶段包括立案侦查与审查起诉阶段，性侵害未成年人犯罪的特殊性与未成年人身心独特性对这一阶段的未成年受害人保护提出了特殊的要求。性侵害未成年人犯罪具有很强的隐蔽性，犯罪行为常出现在一对一场合，因而在后续的侦查与审查起诉过程中，办案机关很大程度上依靠被害人的陈述来了解案件发生的过程，在询问未成年受害人的过程中，如果办案人员不够了解未成年人的身心特点，专业化程度不高，或因为审前诉讼程序运行未能充分考虑到未成年受害人的易受伤害性，就可能会给性犯罪未成年受害人造成二次伤害，给其留下更为严重的长期心理创伤。目前我国的《刑事诉讼法》并没有对不同类型的被害人进行针对性保护的审前程序规定，性犯罪未成年受害人与其他类型被害人一样，仅具有一般性权利。易言之，针对性犯罪未成年受害人的规定往往偏倡导性、原则性，缺少一些具体的、可操作性的专门性规定，对其的特殊保护难以实现。虽然《办理性侵案件意见》等司法解释与司法规范性文件有一些分散的防范二次被害要求，但仍然需要体系性地根据二次被害原理考虑审前阶段的特点来完善针对性的未成年受害人保护机制。

一、刑事政策下审前阶段未成年受害人的预防型对策需求

（一）审前阶段未成年受害人二次被害的可避免性特征

审前阶段是未成年受害人进入刑事诉讼的必经程序，对未成年受害人侦查

取证、鉴定检查过程中的不当侦查行为可能对未成年受害人人格尊严构成侵犯，加深未成年受害人精神痛苦，造成未成年受害人二次被害。审前阶段是未成年受害人进入刑事诉讼的初始时期，可能遭受的二次精神伤害可能尚未实际发生或刚刚开始，因此完善的预防性措施可以避免二次精神伤害的发生，具有二次伤害可避免性特征。审前阶段采取未成年受害人二次被害的预防型对策，能够有效防范司法调查可能对未成年受害人造成的二次伤害，甚至可以帮助未成年受害人恢复首次被害带来的伤害。审前阶段未成年受害人二次被害的预防型专门对策是构建未成年受害人司法保护专门机制的重要组成部分。

（二）基于审前阶段特点的未成年受害人预防型对策需求

审前阶段未成年受害人二次被害风险因素可控、损害结果可避免的特征，要求采取预防型司法保护对策。审前阶段不当侦查行为造成的未成年受害人二次被害，主要表现为未成年受害人人格尊严与心理受损。对侦查人员和审查起诉人员的询问行为根据未成年人的身心特点进行有效规范，是审前阶段预防未成年受害人二次被害的关键。强调侦查人员遵守对未成年人身心脆弱性的特殊注意义务，防范不当询问方法、防范隐私不当泄露等，以实现未成年受害人二次被害的可避免性。其中审前阶段对未成年受害人的不当侦查询问行为，可以通过完善办案机制和提高承办人员的被害人学与未成年人身心保护规律的认识水平、形成防范二次伤害意识，将其控制在最小范围内，从而避免在司法调查过程中造成未成年受害人自尊心受损，导致二次伤害。通过建构审前阶段未成年受害人二次被害预防型司法保护体系，完善办理侵害未成年人案件的专门机制，提高侦查询问人员办理未成年受害人案件的专业素养，能够从源头上消除导致二次伤害的侦查行为，甚至帮助未成年受害人恢复因犯罪侵害造成的心理创伤。未成年受害人遭受犯罪侵害后进入司法调查阶段，采取事前保护措施，能够最大程度地降低或者消除未成年受害人二次被害风险。

二、完善审前阶段未成年受害人询问取证的专门模式

询问未成年受害人是最可能造成被性侵的未成年受害人二次被害的高风险环节。未成年受害人已经因为被性侵而遭受了严重的身心伤害，不当询问行为方式可能导致身心脆弱的未成年受害人人格尊严贬损，精神痛苦加剧。尽管当前法律规范和司法实践已经初步建立未成年受害人询问工作规范，但是仍需进一步加以体系性完善。

（一）询问取证应考虑未成年受害人保护的专门性

1. 限制取证、询问的次数

首先，性犯罪是一种特殊的侵害，侦查人员需要通过检查被害人身体来收集证据，而性犯罪的未成年受害人是极其敏感的，多次取证对于性犯罪未成年受害人来说是极为痛苦的，因而，针对性犯罪未成年受害人的取证应原则上以一次为限。其次，在性侵害未成年案件进入司法程序后，办案人员势必会向被害人了解案件经过，而办案人员的每一次询问其实都是让被害人回忆被性侵害的过程，倘若对询问的次数不加以限制，每多一次询问就会加深被害人痛苦的记忆，这些记忆或许并不会随着时间的流逝而变淡，反而会加深未成年受害人的恐惧①，严格来说，性侵害给被害人造成的心理伤害比生理伤害更大，未成年人的心理变化也会影响其今后的成长。所以，应将《办理性侵案件意见》确立的一次询问原则贯彻实施，要求一个问题只询问一次，及时地进行录音录像，保存好证据，避免出现重复性询问被害人的情况。

2. 设置询问前未成年受害人心理测评机制

公安机关接到侵害未成年人的报案或举报后，为及时、全面收集固定证据，将第一时间进行侦查取证。为防止未成年受害人记忆模糊，也将尽快询问未成年受害人以查清事实②。但是，在犯罪侵害发生后的一段时间内，未成年受害人都处于巨大的精神痛苦状态，立即开展询问工作，势必加深未成年受害人的心理创伤。基于防范二次被害原理，有必要建立询问前心理测评前置机制。③

在接到侵害未成年人案件后，尤其是性侵害或者暴力伤害未成年人案件，应当先通知心理专家或具备心理学专业知识的人对未成年受害人进行心理测评，评估是否可以立即开展询问。如果未成年受害人本身对询问工作表现出极大的排斥、抗拒或者厌恶、痛苦的反应，或者心理测评结果显示未成年受害人目前的状态不适合开展询问工作，为避免造成未成年受害人二次被害，应当暂缓对未成年受害人的侦查取证工作。同时，心理专家应当立即进行心理疏导，帮助未成年受害人调整情绪，尽可能恢复未成年受害人首次被害的心理创伤。更为关键的

---

① 参见王春风、李凯、赵晓敏：《我国未成年被害人询问工作机制构建》，《人民检察》2016 年第 5 期。

② 参见何静：《侦查取证环节询问被害人的程序规制——基于新〈刑事诉讼法〉文本的解读》，《河南师范大学学报（哲学社会科学版）》2012 年第 5 期。

③ 参见樊荣庆、钟颖、姚倩男、吴海云、徐衍：《论性侵害案件未成年被害人"一站式"保护体系构建——以上海实践探索为例》，《青少年犯罪问题》2017 年第 2 期。

是,审前阶段应当以心理测评结果为基础,开展未成年受害人侦查询问工作。侦查人员应当根据未成年受害人的人格特征、思维记忆、心理状况和敏感事项等心理测评结果,采取防范未成年受害人二次被害的针对性询问方法。

3. 设置询问未成年受害人专门场所与专门机制

目前,未成年受害人"一站式"询问救助场所作为专门对未成年受害人开展询问取证、鉴定检查、心理疏导等救助工作的工作场所,可以有效防范二次被害的产生。而询问场所方面也要严格遵循《办理性侵案件意见》等相关规范的规定并形成防范二次被害的询问办案机制,例如要选择未成年人住所或者其他让未成年人心理上感到安全的场所进行,并通知其法定代理人到场;到未成年受害人的学校或未成年人的监护人或相关证人的工作、生活场所调查时,应穿便服,避免开警车。在取证方面,应规定取证应由专业人员进行,且若被害人为女性时,应要求女性工作人员进行取证;设置定点医院对性犯罪被害人进行身体检查,取证的地点应选择在医院内较为隐蔽的保护隐私的地方;医护人员验伤取证前应重视未成年人的意见,只有经过同意之后才能进行,针对未满14周岁的未成年人应经过其监护人或法定代理人同意。实践中,各地未成年受害人"一站式"询问救助中心设立地点不尽相同,包括公安机关、检察院、人民医院、妇幼保健院,甚至位置明显的独立楼房。如果在比较明显的场所设置"一站式"询问救助中心,就在一定程度上背离了防范未成年受害人二次被害的初衷,甚至如果将未成年受害人当作"工作成果"予以展示的话,就非常容易对未成年受害人人格尊严、心理及隐私造成伤害。

相对比而言,我国香港地区一站式调查取证制度在细节上处处考虑未成年受害人需求,切实体现出对未成年受害人二次被害的防范,值得学习借鉴。香港警方办理侵害未成年人案件时,为减少对未成年受害人造成二次伤害而采取的一站式调查取证,以儿童福利和健康为基本前提,尤为强调办理未成年受害人案件各方面的保密性。香港警方选用普通的民用住房作为调查询问地点,隐蔽录音录像设备,使未成年受害人在家居环境中缓解精神忧虑,同时地址对外完全保密。[①] 询问未成年受害人专门场所关键在于消除未成年受害人的紧张感,使其感到安全、舒适,同时保护未成年受害人隐私权。将未成年受害人一站式询问办

---

① 参见马忠红:《香港警方办理未成年人遭受性侵害案件的做法及启示》,《中国青年研究》2006年第9期。

案机制加以有机完善,可以有效避免对未成年受害人造成二次伤害。

(二) 未成年受害人保护性一次询问原则的实施

1. 制定防范未成年受害人二次被害的询问提纲

以一次询问为原则确实能够有效防范未成年受害人二次被害,但是一次询问原则也意味着接下来司法机关办理未成年受害人案件基本上以第一次询问为依据,因此应当尽可能保证第一次询问就全面、准确地掌握刑事诉讼所需要的全部信息。通过提高侦查人员专业素养、积累办案经验、总结类案规律以及事先充分准备和注重询问技巧等,能够有效实现一次询问即查明案件情况。其中前期准备是影响一次询问能否达到证据要求的关键。在进行正式询问前,承办案件的公安人员应当结合检察官的意见,在掌握基本案情、了解未成年受害人社会情况的基础上,制定符合未成年受害人身心特点的专门询问提纲,并形成询问预案。询问提纲应当尽量避免可能造成未成年受害人二次伤害的敏感事项,遵循循序渐进的规律,考虑未成年受害人的可接受度,采取心理帮助与问询交替进行的设计方案。未成年受害人询问预案应由案件情况、询问目的、询问时间和地点、侦查员和记录人、合适成年人等到场人员名单、询问主要内容和主要流程,以及注意事项和应急处理等部分组成,最大程度地考虑防范未成年受害人二次被害。

2. 采取符合未成年受害人身心规律的专门询问方式

单刀直入的格式化询问方式极易对心理脆弱、精神痛苦的未成年受害人造成二次伤害。办理侵害未成年人案件应当基于未成年受害人身心规律,采取区别于询问成年被害人的专门询问方式,禁止询问与案件无关的内容如性经历等,避免出现不当询问。①

首先,告知未成年受害人享有的权利和义务。即使未成年受害人智力与心理发育水平有限,无法完全理解法律规范,专办人员也应当在正式开展询问前对未成年受害人享有的权利义务予以释明,确保在场的法定代理人在实质意义上知悉并理解未成年受害人的权利义务。权利义务特别告知,体现了对未成年受害人的尊重,同时保障对询问行为的监督。实际上,向未成年受害人告知权利义务和释明侦查询问流程,也是询问程序的事前准备阶段。专办人员和缓地讲明

---

① 参见樊荣庆、钟颖、姚倩男、吴海云、徐衍:《论性侵害案件未成年被害人"一站式"保护体系构建——以上海实践探索为例》,《青少年犯罪问题》2017 年 2 期。

未成年受害人的权利义务,帮助未成年受害人了解询问目的、流程。以未成年人相对能够理解的语言告知,能够让未成年受害人缓解紧张情绪、消除心理戒备,防范未成年受害人二次被害;另一方面通过沟通交流,专办人员能够了解未成年受害人的语言表达和大致性格,利于后续询问工作的顺利开展。

其次,仅仅采用和缓的语气进行询问并不足以保护未成年受害人免受二次伤害,保护性询问未成年受害人,应当尤为注重运用询问技巧以全面准确地查明案件事实。一是避免直接生硬的提问,封闭性和开放性问题结合使用。侦查人员应当根据未成年受害人的思维水平,选择适合未成年人身心发展水平的、合适的问题类型与询问语言,循序渐进地引导未成年受害人的回忆,促进谈话进行,避免造成二次伤害。二是将确认关键事实和细节信息的提问后置,根据未成年人身心情况循序渐进地推进询问进程。询问未成年受害人不宜一开始就提出让未成年受害人产生巨大心理压力的问题,否则未成年受害人在焦虑、痛苦状态下,势必影响后续询问,甚至导致未成年受害人情绪崩溃,直接造成二次伤害。三是注意词语选择。① 尽量避免使用敏感词语致使未成年受害人自尊心贬损,造成二次伤害。采用未成年受害人理解范围内的词语替换,或者通过道具、图画和书面问答等多种能够减轻心理压力、形成有效沟通的形式交流。

3. 特殊未成年受害人案件专家询问制度

对于复杂、特殊的案情,检察机关可以提前介入,共同参与、监督指导未成年受害人询问等侦查取证工作。② 对于遭受重大犯罪侵害等特殊未成年受害人案件可以直接实行专家询问制度。未成年受害人遭受重大犯罪侵害后,可能带有系列创伤后应激反应,承受着巨大的心理痛苦。同时,未成年受害人记忆水平和语言表达尚未发育充分,可能根本无法完整准确地回忆事实经过,或者只能用幼稚的逻辑和语言进行描述。如果不能根据未成年受害人被害程度、心理状况、年龄特征和特殊表达采取科学的询问方法,那么就难以实现一次询问目标,甚至可能直接造成未成年受害人二次被害。因此,对于特殊未成年受害人案件,可以采取专家询问模式,通过科学有效的专家询问在防范未成年受害人二次被害的基础上确保未成年受害人陈述的真实、合法的证明力。相对比之下,挪威等国办理

---

① 参见王春风、李凯、赵晓敏:《我国未成年被害人询问工作机制构建》,《人民检察》2016年第5期。
② 参见樊荣庆、钟颖、姚倩男、吴海云、徐衍:《论性侵害案件未成年受害人"一站式"保护体系构建——以上海实践探索为例》,《青少年犯罪问题》2017年第2期。

侵害儿童案件的专家询问制度具有借鉴意义,由有关专家在了解案件大致情况下进行询问,避免进一步加深未成年受害人精神损害,能够有效恢复未成年受害人心理健康,同时最大限度地保证未成年受害人陈述的证据效力。如果由警察询问儿童,那么警察也应当接受专门训练,避免造成未成年受害人二次被害。

(三) 根据二次被害规律制定询问未成年受害人负面清单

1. 询问未成年受害人二次被害负面清单的科学性

考虑到询问未成年受害人的复杂性,设立询问未成年受害人负面清单可以让司法机关为防范未成年受害人二次被害,自发地约束规范询问活动,将询问办案行为限制在保护未成年受害人权益的范围内,防范对未成年受害人造成二次被害。询问未成年受害人负面清单作为规范办案人员询问未成年受害人活动的行为的指导方案,能够最大程度地消除不当询问行为,防范无意识的二次被害做法。构建负面清单还可以作为监督侦查人员询问活动的依据和标准。

询问未成年受害人负面清单应当具有科学性和可操作性,将询问未成年受害人的否定性事项以表单的形式予以呈现。公安机关、检察院和法院应当召开联席会议,并邀请儿童心理专家出席,共同制定询问未成年受害人的否定性清单,保证负面清单的科学性。未成年受害人具有个体特殊性,侦查人员在司法实践中应当注意积累细化询问经验,更新、固定类案询问注意事项,并及时进行经验分享,以最大程度地防范未成年受害人二次被害。同时,对于性侵害、暴力伤害未成年人案件,重点总结类案经验,将特殊的否定性事项在负面清单中予以体现。

2. 询问未成年受害人二次被害负面清单细则

对于侵害未成年人案件,应当按照最有利于未成年受害人身心的方式进行,避免不当询问行为。负面清单可以包括:一是询问未成年受害人不得使用敏感词语或者过于直白的用语,损伤未成年受害人人格尊严与心理健康。二是询问未成年受害人不得使用或尽量避免使用"到底""究竟"等带有斥责语义的词语,以及反问句等责难性句式,增添未成年受害人的心理负担。三是询问未成年受害人不得使用紧追式简单问答模式,增加未成年受害人的紧张感。四是询问未成年受害人应当避免侦查人员的态度过于强硬或者过于卑柔,引起未成年受害人心理压力。五是负面清单除了明确询问未成年受害人否定性事项,询问边界也应当成为负面清单的内容。除非确系查明案件事实所必需,不得对涉及未成年受害人的个人隐私提问。六是考虑到未成年人身心特点,询问未成年受害人不得超过合适的时间范围。

三、完善合适成年人在场制度

"合适成年人在场制度"源自英国,具体意思是指刑事司法机关在询问未成年人时,合适成年人应该到场。① 其目的是帮助处于相对弱势地位的未成年人维护其在诉讼程序中的地位和权利,以防公权力机关不当的办案方式侵犯到未成年当事人。合适成年人在场有利于司法机关与未成年人之间的交流沟通,也有利于缓解被害人一个人孤零零地面对诸多办案人员的恐慌感,缓解他们的紧张感,增加安全感,从而有效防范二次被害。② 首先,恰恰是因为性侵害未成年人的案件更应该强调合适成年人在场的必要性,因为被性侵的未成年人比其他被害人遭受的侵害更为特殊,心理上更为脆弱。其次,由于深受我国传统思想的影响,办案人员可能会对性犯罪未成年受害人产生歧视,所以更需要合适成年人的监督。最后,合适成年人在场制度里到场的成年人通常是未成年受害人的监护人、亲属或所在学校、社区或未成年保护组织的代表,这些成年人或是未成年受害人"信任的人",或是保护未成年"专业的人",理论上不会增加未成年受害人的紧张不适感,也不会存在泄露性犯罪未成年受害人隐私的情况。

我国《刑事诉讼法》第二百八十一条明确规定询问未成年受害人、证人同样适用合适成年人在场制度,也就是在我国询问性犯罪未成年受害人当然地适用合适成年人在场制度,《办理性侵案件意见》对此也做了明确。然而,就这一制度在询问犯罪未成年受害人时的具体适用上,仍需进一步完善。

(一) 强化合适成年人在场制度在性侵害未成年案件中的地位

目前,我国《刑事诉讼法》针对合适成年人在场的规定是:在询问未成年受害人时应当通知未成年的法定代理人到场,在无法通知、法定代理人无法到场或是共犯的情况下可以通知未成年受害人的其他成年亲属等到场。③ 此规定给司法机关设定了通知未成年法定代理人到场的义务,然而司法机关"应当通知"

---

① 参见华玛欣:《英格兰和威尔士少年司法制度的发展》,《中国刑事法杂志》2014 第 5 期。
② 参见谢登科:《合适成年人在场制度的实践困境与出路——基于典型案例的实证分析》,《大连理工大学学报(社会科学版)》2015 年 3 期。
③ 参见《刑事诉讼法》第二百八十一条规定:对于未成年人刑事案件,在讯问和审判的时候,应当通知未成年犯罪嫌疑人、被告人的法定代理人到场。无法通知、法定代理人不能到场或者法定代理人是共犯的,也可以通知未成年犯罪嫌疑人、被告人的其他成年亲属,所在学校、单位、居住地基层组织或者未成年人保护组织的代表到场,并将有关情况记录在案。询问未成年受害人、证人,适用该规定。

不等于合适成年人"应当到场"。按照刑事诉讼法的规定,法定代理人作为合适成年人到场有天然的优先性,只要法定代理人没有法律规定的排除情形,后序位的合适成年人就无法到场,这意味着,法定代理人不愿或者不能维护涉案未成年人的合法权益时,只要其能够被通知、能够到场、不是共犯,就不能调整更合适的后序位合适成年人到场,也就是可能在询问、庭审时出现没有合适成年人陪同未成年受害人的情况,此时倘若未成年受害人在刑事诉讼程序中遇到不当或非法行为就无法获得合适成年人的帮助。之所以确立合适成年人介入未成年被害案件正是因为考虑了未成年受害人在面对公权力机关时生理和心理方面的脆弱,然而,当合适成年人没有到场时,这样的立法目的是无法实现的。

综上,在性侵害未成年人的案件中,强化合适成年人在场制度的地位,出于特别保护性犯罪未成年受害人的目的,建议将性侵害案件与其他侵害未成年人的案件区分开,特别强调合适成年人到场的义务,将合适成年人"可以到场"改为"应该到场",强化对性犯罪未成年受害人的帮助和对刑事审判人员的监督,体现刑事诉讼的人性关怀。

(二)理顺合适成年人之间的位阶关系

《刑事诉讼法》规定了三类人员可以充当未成年受害人的合适成年人,第一类是未成年人的法定代理人,第二类是未成年人的其他成年亲属,第三类是未成年人所在学校、单位、居住地基层组织或者未成年人保护组织的代表,且明文规定在第一类合适成年人即法定代理人无法被通知、不能到场或为共犯时,才能通知其他两类合适成年人,但并没有明确其他两类合适成年人到场的位阶顺序,立法上的模糊性使得司法机关在遇到法定代理人有法定排除情形时有较大的裁量权,可能会出现随意选择第二类、第三类合适成年人进行通知,这有悖于合适成年人在场制度的立法目的,不利于保护未成年受害人。同时,在司法实践中,法定代理人无法、不能甚至拒绝到场的情形很多,比如在性侵害案件中,留守儿童成为被害人的案件很多,其法定代理人在外工作难以联系到,或因为害怕丢面子而不愿意出庭充当性犯罪被害人的法定代理人,或因离异不愿出庭,由此可见,需要第二类、第三类合适成年人到场的性侵害未成年人的案件很多。

基于上述两点原因,立法上应该将第二类、第三类合适成年人的到场顺序规定清楚,以便在法定代理人出现法定排除情形时有合适的人充当合适成年人到场。具体而言，其他成年亲属相对于其他成年人更了解未成年受害人的需求，同时因为血缘关系他们也更愿意、更负责、更主动地在诉讼中充当好一个合适成年人，故而，其他成年亲属相较于其他成年人具有优先性；然后是未成年受害人所在学校的老师，尽量选择与被害人熟悉的老师如被害人的班主任等；再就是未成年人保护组织的代表，他们处于相对中立的位置，且具有保护未成年人的专业知识和经验；处于最后顺位的是未成年人所在单位、居住地基层组织的代表。

（三）确立违反未成年受害人合适成年人在场制度的罚则规定

司法实践中，如若侦查机关在讯问未成年犯罪嫌疑人时没有通知合适成年人到场，往往通过非法证据排除的方式或通过发送《纠正违法通知书》的方式来实现监督，保证在讯问、审理未成年犯罪嫌疑人时合适成年人在场制度的切实有效。然而，我国不论是在法律规定上，还是司法实践中都缺少针对违反未成年受害人合适成年人在场制度的罚则规定，这会使得此制度刚性不足，最终沦为一纸空文。因而，针对违反未成年受害人合适成年人在场制度，确有必要制定罚则规定，如最高人民法院和最高人民检察院可以通过司法解释或出台政策性文件明确规定司法机关违反在场制度时的惩罚措施。

四、完善审前阶段未成年受害人保护的办案机制

审前阶段负责办理侵害未成年人案件的司法工作人员，如果不具备未成年受害人保护所需要了解的被害人学、未成年人身心规律等专业知识素养，就可能在办案中致使被性侵的未成年受害人二次被害风险加剧。有必要完善审前阶段未成年受害人案件的办案机制，夯实制度基础，以制度建设提高审前阶段防范未成年受害人二次被害的治理效能。

（一）提高接触未成年受害人的办案人员专业素养

1. 设置接触未成年受害人的办案人员专业资格要求

提高接触未成年受害人的刑事侦查取证人员的专业素养，是审前阶段避免被性侵的未成年受害人二次被害的关键和根本。许多国家和地区都针对未成年受害人案件，尤其是性侵害未成年人案件，配备专门的办案人员。英国《被害人宪章》规定性犯罪未成年受害人案件的调查由经过特殊训练的警察进行；美国部分警察部门组建经过专门训练的性侵害未成年人案件工作队，防范不当侦查行

为造成未成年受害人二次被害①;韩国要求成立专门的调查小组,在监护人陪同情况下由女性检察官对未成年受害人进行检查,以将未成年受害人在调查过程中可能受到的二次伤害降至最低②。我国司法实践中基于相对宽松和自由的少年司法制度,未成年人案件承办人拥有较大的裁量权和处置权,其专业素养在一定程度上对未成年受害人产生巨大影响。接触未成年受害人的办案人员应当进行专业知识和专业技能培训,获得相应资格认证,同时建立长效培训机制,定期开展专业学习和研讨班等。专门办理侵害未成年人刑事案件的侦查取证人员,不仅要具备法律专业基础和职业基本素养,还要掌握犯罪学、社会学、心理学、教育学等相关知识,才能在办案过程中根据未成年受害人身心特点采取防范未成年受害人二次被害的针对性保护措施。

2. 培训专门的办案人员

我国已有专门办理未成年案件的办案人员,办案人员也专门学习与具备了未成年人案件办理的相关知识。但具体到详细的符合未成年人身心规律的询问办案技巧与避免二次伤害做法,就需要办案人员掌握被害人学中二次被害的深入原理与未成年人身心规律的专业知识。在对未成年受害人询问指引尚未完全细致化的情形下,如果不具备对深入的相关原理与知识的了解,可能即便知道应注意防范被害人二次被害,仍然会在无意识之中造成询问上的伤害,比如运用过于严肃或专业的询问方式、连续追问的询问方式询问未成年受害人,造成未成年人的恐慌感等问题。③ 因此对办案人员进行相关被害人学、未成年人身心规律等专业知识素养与具体避免二次被害对策的专门培训十分重要:

第一,考虑到性侵害犯罪的特殊性,应针对这部分办案人员进行专门培训,提高其专业性,帮助其了解未成年人的特殊性和性犯罪的特殊性;第二,组织学习相关犯罪学与心理学课程,使其具备相应的心理学知识和办理性侵害未成年案件的处理技巧,让处理性侵犯未成年受害人案件的办案人员更加专业化;第三,强化办案人员对于性犯罪的未成年受害人的保护意识,办案人员不能仅仅将被害人当作破案的工具,应该考虑到特殊被害人的心理状况,理解被害人的情绪

---

① 参见樊荣庆、钟颖、姚倩男、吴海云、徐衍:《论性侵害案件未成年被害人"一站式"保护体系构建——以上海实践探索为例》,《青少年犯罪问题》2017年第2期。
② 参见刘娥:《论性侵害犯罪中受害儿童的权益保护》,《中国青年政治学院学报》2010年第3期。
③ 参见浙江省嘉兴市人民检察院课题组:《性侵未成年人案件办理实务问题研究》,《中国检察官》2016年第22期。

和肢体动作,给予足够的支持、尊重和鼓励,同时具备犯罪学、心理学、教育学等专业知识和一定的办案经验。

3. 建立未成年受害人案件专办人员的考核体系

避免审前阶段未成年受害人二次被害,不能仅依靠刑事侦查人员的专业素养和自我规范,还应当建立规范的未成年受害人案件专办人员考核指标体系。将未成年受害人二次被害纳入公安机关和检察机关未成年受害人案件的考核指标范围,通过奖罚机制警醒专办人员的认知并激励其工作积极性,能够最大程度地减少或防范二次被害的发生,保障未成年受害人的权益。

(二) 明确审前阶段未成年受害人二次被害主体责任

有效防范未成年受害人二次被害,应当明确刑事司法进程中加深未成年受害人被害化的加害主体,审前阶段尤为关键。公安人员和检察人员是刑事诉讼侦查阶段加深未成年受害人被害化的主要主体。有必要构建并完善未成年受害人二次被害主体责任制,遵循确定专办人员、统一案件标准和严格责任承担的路径,明确审前阶段未成年受害人二次被害责任主体及其法律责任。

1. 确立未成年受害人案件"一人一案"制度

未成年受害人案件由专门人员承办,并且侦查取证尽量全程由相同的公安人员和检察人员负责,同一案件的办案人员不得随意更换,避免因程序重复或其他工作人员不熟悉案情而造成未成年受害人二次伤害。有典型借鉴意义的是上海市某区检察院采取的"一人专办机制"。该检察院明确规定,对于性侵害案件全程由同一检察官负责案件的批捕、审查起诉、法律监督、犯罪预防等工作。① 未成年受害人询问笔录、辨认笔录等材料由承办人和记录人等相关人员签名。充分发挥刑事案件信息管理系统作用,及时更新上传未成年受害人案件信息。通过未成年受害人案件管理平台对未成年受害人案件诉讼过程进行全程监控和追溯监管,同时实时共享案件信息,保证其他办案人员熟悉案件规律和未成年受害人相关注意事项,以避免其他接触案件人员造成未成年受害人二次被害。

2. 明确未成年受害人案件办理标准和二次被害注意事项

明确审前阶段未成年受害人二次被害责任主体,并将主体责任落实到工作

---

① 参见上海市奉贤区人民检察院课题组、孙静:《性侵害未成年人犯罪案件的惩治、预防、救助机制研究——以S市D区人民检察院实践为例》,《犯罪研究》2016年第4期。

事项。将未成年受害人司法保护作为重点工作内容,制定阶段性侦查取证的工作流程,并明确详细的规范相关注意事项。工作流程对专办人员侦查取证起到指导作用,注意事项对专办人员侦查取证起到督促作用,以防范审前阶段未成年受害人二次被害。明确未成年受害人案件基本原则和办案标准,同时规定未成年受害人案件中违反这些原则标准的司法行为的责任后果①。

第三节 刑事政策视野下审理阶段未成年受害人特殊保护的完善

相较于审前阶段,被性侵的未成年受害人在刑事审理阶段面对庭审程序中的抗辩交锋,出庭作证与接受质证等程序无疑将使其面临更加直接的心理压力,可能遭受更加强烈的二次伤害。审理阶段未成年受害人保护的重点是面对抗辩交锋可能带来的二次被害不利后果时,采取减少与防范未成年受害人二次被害的救济型对策,能够最大程度地消除和恢复未成年受害人二次被害。审理阶段未成年受害人二次被害的救济型专门对策是构建防范未成年受害人二次被害刑事诉讼全流程司法保护的关键。

一、刑事政策视野下审理阶段未成年受害人的救济型对策需求

(一)审理阶段未成年受害人二次被害的高风险特征

审理阶段未成年受害人二次被害具有必然性,一旦进入法庭审判未成年受害人将不可避免地遭受二次伤害。刑事案件审判程序本身易使未成年受害人产生心理压力,审判程序中抗辩交锋对未成年受害人受害的质疑与否定、未成年受害人法庭作证与接受质证、再次面对加害人、可能的隐私泄露,都极易造成被性侵的未成年受害人的二次伤害。审理阶段被性侵的未成年受害人面临着遭受二次被害的极大风险,单纯的防范二次被害措施难以满足这一阶段未成年受害人的保护需求,因此应考虑根据审判阶段的特点采取尽量减少与制止二次被害的救济型专门保护对策,尽可能消减对未成年受害人的二次伤害。

---

① 参见刘建国、宋超、耿红等:《未成年人刑事案件程序性制裁机制研究》,《预防青少年犯罪研究》2015年第3期。

（二）基于审理阶段特点的未成年受害人的救济型需求

审理阶段未成年受害人二次被害的高风险特征，要求采取救济型司法保护对策。未成年受害人进入法庭审理阶段即面临遭受二次伤害的高风险，面对审判过程抗辩式特点带来的二次被害高风险，最有力的措施就是对未成年受害人权益的直接保护和当场救济。审理阶段应当尤其注重建立符合未成年受害人身心特点的救济型保护对策，减少出庭、缓解未成年受害人紧张情绪的远程作证、遏制不当质证手段与方式、增强未成年被害的法律援助、从庭审过程到文书的严格隐私保密等直接手段可以减少可能的二次被害，尽量遏制二次被害给未成年受害人带来的不利后果。此外，刑事附带民事诉讼执行难题也常常造成对未成年受害人的赔偿与救助力度不足，此时也有必要予以未成年受害人国家补偿的补充性救济举措。刑事审判过程中对未成年受害人及时进行救济性保护是消减未成年受害人二次被害的关键。

二、完善未成年受害人出庭作证专门保护机制

未成年受害人作为犯罪被害的亲历者，其有效的被害陈述是证明犯罪的重要证据。未成年受害人在法庭上进行陈述、接受质询极可能遭受二次伤害。有必要在未成年受害人出庭作证背景下，探寻未成年受害人出庭作证专门保护机制，以减少或者消除审理阶段未成年受害人二次被害。

（一）完善被性侵害未成年受害人不出庭原则

我国历来重视对未成年被告人的保护，害怕他们的权益因司法不公受到侵害，因此建立了未成年人刑事审判庭（即少年法庭）专门用来审判未成年罪犯，充分体现了对于未成年被告人的特殊保护。反观，我国并没有将未成年受害人与成年被害人区分开，仍将未成年被害的案件当作是普通刑事案件，正是将未成年受害人与成年被害人的区分模糊化，使得审判人员在审理未成年被害人案件时往往对区分未成年受害人与成年被害人不够关注，导致未成年受害人在激烈的抗辩中极易受到二次侵害。

考虑到未成年受害人出庭可能遭受到二次被害的高风险，应该尽量防止或减少未成年受害人的出庭，消除庭审中造成的二次被害风险。2023年《办理性侵案件意见》根据这一要求，明确规定了未成年受害人、证人一般不出庭作证。确有必要出庭的，应当根据案件情况采取不暴露外貌、真实声音等保护措施，或者采取视频等方式播放询问未成年人的录音录像，播放视频亦应当采取技术处

理等保护措施。这一规定无疑是减少对未成年受害人二次伤害的重要救济型措施。但是这一规定对什么是必要出庭的情形并未做明确的界定,容易造成未成年受害人是否出庭的标准模糊。未成年受害人在举证惩治性侵害犯罪人的压力下,可能冒着二次被害的风险出庭作证。因此未来应该进一步完善明确不出庭作证制度,明确必须出庭的具体情形,如穷尽所有其他证据无法达到事实清楚、证据确实充分的要求,或者未成年受害人陈述是关键证据环节且无其他证据印证而存有疑问等。

(二)完善缓解未成年受害人心理压力的出庭作证方式

1. 赋予未成年受害人出庭作证方式的选择权

司法实践中为优先保护未成年受害人身心,通常倾向于采取在庭外完成未成年受害人言词证据的收集,一般不提请未成年受害人出庭。[①] 未成年受害人陈述是为查清犯罪事实的一项重要证据,未成年受害人可能应公诉机关的要求或者法庭传唤出庭作证。未成年受害人接受辩护方的质疑性询问、质询,甚至可能再次面对加害者,此时极易导致未成年受害人二次被害的后果,造成未成年受害人严重的精神伤害。在未成年受害人确有必要出庭的情况下,有必要完善缓解未成年受害人心理压力的出庭作证方式,设置多样化的未成年受害人出庭作证方式,以最大程度地消减对其造成的二次伤害。如《办理性侵案件意见》规定了被性侵的未成年受害人出庭可以采取视音隐藏处理或视频播放的形式。同时,法院可以根据案件类型、未成年受害人情况、对证据效力的审查标准以及法庭条件和诉讼成本等因素,明确最有利于未成年受害人身心的出庭作证方式[②],或者在一定范围内赋予未成年受害人作证方式的选择权和申请权。此外,应当避免未成年受害人出庭作证特殊方式过程过于烦琐,防止过多的工作人员接触未成年受害人,或者允许未成年受害人申请排除、替换其不愿接触的人员,以最大程度地防范未成年受害人二次被害。

2. 未成年受害人出庭作证的救济机制

远程作证和隐蔽作证是保护未成年受害人出庭作证免受伤害的两种重要救

[①] 《最高人民法院关于适用〈中华人民共和国刑事诉讼法〉的解释》(简称《刑事诉讼法解释》)(2021)第五百五十八条:"开庭审理涉及未成年人的刑事案件,未成年受害人、证人一般不出庭作证;必须出庭的,应当采取保护其隐私的技术手段和心理干预等保护措施。"《人民检察院办理未成年人刑事案件的规定》(2013)第五十七条:"公诉人一般不提请未成年证人、被害人出庭作证。确有必要出庭作证的,应当建议人民法院采取相应的保护措施。"

[②] 参见孙伟峰、蓝碧裕:《未成年被害人作证制度的完善》,《人民检察》2018年第15期。

济方式。英国为保护儿童和青少年作证免受伤害,并提高证据效力而适用的保护措施值得我们借鉴。英国为"易受伤害或受到恐吓的被害人"提供了"增强的权利",主要通过采取特别措施帮助其在法庭作证过程中提供最佳证据。而对于未满18岁的未成年受害人,自动获得作为易受伤害的被害人享有增强权利的资格。英国《1999年青少年司法和刑事证据法》,规定儿童和青少年作证的特别保护措施,包括"允许证人在法庭外作证,提供现场视频链接""允许证人使用预先录制的视频口供作为起诉证据""在涉及性犯罪、人口贩运案件中,或者法院认为证人有遭受恐吓危险时,可以清除法庭公众席位"等。[1]

一方面,缓解未成年受害人心理压力可以采用隐蔽作证方式,这一方式得到了《办理性侵案件意见》的支持。利用科技手段和特定设备,在不暴露未成年受害人身份、容貌和声音,或者经过特殊处理的情况下,完成法庭作证,以消减未成年受害人心理伤害。隐蔽作证可以采取多样性的保护手段,法官可以综合案件情况和未成年受害人的身心状况,灵活决定相应层次的隐蔽程度[2],以最大程度地消减出庭作证给未成年受害人造成的二次被害。比如,未成年受害人在法院作证室内,通过摄像机和作证系统将视频传输到法庭显示屏上,并利用特殊技术进行相应图像隐蔽或变声处理,或者通过不可透视玻璃遮蔽等方式,避免未成年受害人直接面对犯罪人。

另一方面,除了《办理性侵案件意见》明确的隐蔽式作证或播放视频之外,还可以考虑设置缓解未成年受害人心理压力的远程作证方式以实现防范二次被害的有效救济。为减少未成年受害人亲临法庭的心理压力,利用声音、图像远程传输技术,以电话、视频等形式,使其在法庭指挥下进行陈述、接受询问和质证。远程作证方式为未成年受害人扩展了庭审空间,能够有效降低压抑的法庭环境和紧张的对抗式庭审对未成年受害人的直接冲击,从而消减未成年受害人二次被害。远程作证可以利用特殊技术手段选择最有利于保护未成年受害人的模式进行,以最大程度地减少未成年受害人的精神性损害。比如,未成年受害人通过网络实时与法庭连接进行陈述,对未成年人的声音与图像可以按照未成年人的要求进行遮蔽处理,同时面向未成年受害人的视频摄像也可以经要求处理成只能

---

[1] 参见赵龙:《英国:儿童及青少年刑事被害人权利保障》,《检察日报》2020年10月13日,第3版。

[2] 参见刘广三、李胥:《隐蔽作证程序的限度探析》,《安徽师范大学学报(人文社会科学版)》2019年第3期。

看到审判席,以缓解未成年受害人面对加害人和庭审众多人员的精神紧张与痛苦,减少未成年受害人二次被害。此外,远程作证应当加强网络信息安全,防止未成年受害人案件信息和个人信息泄露,造成二次伤害。

三、完善和落实未成年受害人法律援助制度

(一)扩大未成年受害人法律援助范围

我国《刑事诉讼法》明确规定了未成年犯罪嫌疑人、被告人没有委托辩护人的,相关机关应及时通知法律援助机构为其指派律师①,但对于未成年受害人并没有这样的规定。就一般被害人而言,可获得法律援助应同时具备两个条件:其一,被害人没有能力支付律师费用,其二,有理由证明被害人需要律师提供法律援助来保障权益。当前法律针对未成年受害人法律援助设有"经济困难"等限制性前提条件②,导致部分未成年受害人无法获得法律援助。未成年受害人辨别和表达能力较弱,通常在法庭中处于法律上的盲目和被动状态,未成年受害人法律援助缺位可能造成未成年受害人出庭作证得不到有效保护,进而遭受二次伤害。此外,未成年受害人与未成年被告人法律援助权利不对等,也可能造成未成年受害人二次被害。③ 以四川某性侵幼女案典型办理过程为例,该案件中检察官为未成年犯罪嫌疑人指定了法律援助律师。未成年受害人的父母都是外地打工人员,无法证明家庭经济困难,其法律援助申请没有得到批准,而不得不负担自行聘请律师的费用。被害人家庭最终发出"我的女儿是被害人,为什么犯罪的人可以得到法律援助,而受害方却得不到法律援助呢?"的沉重质疑。④ 从上述案例可以看出,我国现行法律针对未成年受害人可以申请法律援助的条件规

---

① 参见《刑事诉讼法》第二百七十八条规定:未成年犯罪嫌疑人、被告人没有委托辩护人的,人民法院、人民检察院、公安机关应当通知法律援助机构指派律师为其提供辩护。

② 《刑事诉讼法解释》第五百六十五条,未成年被害人及其法定代理人因经济困难或者其他原因没有委托诉讼代理人的,人民法院应当帮助其申请法律援助。

③ 未成年被告人法律援助没有前提门槛,《刑事诉讼法解释》第五百六十四条规定,审判时不满十八周岁的未成年被告人没有委托辩护人的,人民法院应当通知法律援助机构指派熟悉未成年人身心特点的律师为其提供辩护。赋予与未成年被告人相同的刑事诉讼当事人法律地位,却对未成年受害人设置申请法律援助的准入门槛,再反观我国目前经济发展水平和律师队伍发展,这种立法规定从侧面反映出我国未成年受害人保护理念的缺位。此外,未成年受害人和未成年被告人获得法律援助的权利不对等还体现在,刑事诉讼法规定了未成年犯罪嫌疑人、被告人法律援助,而未成年受害人法律援助的相关权利仅在刑事诉讼法司法解释中有所涉及。

④ 参见雷蕾:《帮未成年受害人迈过法律援助"门槛"》,《检察日报》2019年5月6日,第7版。

定得相对严苛,囿于法律援助制度的取向,受害人及其家庭虽遭受到身心、经济的巨大损失,却不能得到国家层面的平等保护与法律援助,这对于此特殊群体无疑是雪上加霜。性犯罪未成年受害人不仅仅具有未成年人的身份,同时具有性犯罪被害人的身份,更具特殊性,诉讼行为显然是其认识能力、行为能力、心理承受能力所不能支撑的,理应在其没有诉讼代理人时,为其聘请专业的诉讼代理人在诉讼程序中为他们提供法律上的援助。

鉴于此,应完善有关性犯罪未成年受害人法律援助方面的规定,首先,立法上应规定对遭受性侵害的未成年受害人实行"零门槛"法律援助制度,性犯罪未成年受害人仅需要满足"未委托诉讼代理人"这一个条件就可以申请法律援助,办案人员有义务告知被害人及其监护人其有申请法律援助的权利。其次,在面对性犯罪未成年受害人时更应强调法律援助的积极性,在性犯罪未成年受害人没有聘请诉讼代理人且案件中存在不公正处理可能侵害到被害人权益的情况下,法律援助机构应积极与被害人联系主动提供法律援助,为其委托有经验的诉讼代理人,不需要经过申请、受理、批准等程序。同时,可以建立法律援助专项基金,以保障性犯罪未成年受害人的诉讼权利可以充分实现,通过政府财政拨款和社会资金的引入为未成年受害人法律援助工作的开展提供经费保障。作为未成年受害人司法保护的一项微观制度,我国未成年受害人法律援助制度立法规定还需优化,取消未成年受害人获得法律援助的前置条件,实现未成年人刑事法律援助的全覆盖,以最大程度地消减对未成年受害人的二次被害。

(二)加强未成年受害人法律援助律师实质性参与

当前我国未成年受害人法律援助律师专业化水平不足,不熟悉未成年受害人身心特征和案件规律,甚至有的只是将承办案件当作完成工作指标,无法充分保护未成年受害人免受二次伤害。有必要加强未成年受害人代理律师实质性参与法庭审判程序[①],以最大程度地消减未成年受害人二次被害。2020年司法部颁布了《未成年人法律援助服务指引(试行)》,其中多处对性侵未成年受害人案件的法律援助规定了具体的律师行为规范,但是规定相对分散零星。作为被性侵未成年受害人保护制度的重要部分,法律援助律师制度应该体系性地以防范与减少二次被害的目标来最大程度实质参与保障未成年受害人的权益。首先,法援律师帮助消减法庭审理对未成年受害人造成二次伤害。未成年受害人出庭

---

① 参见陈瑞华:《律师刑事控告业务的发展趋势》,《中国律师》2018年第9期。

作证,将再次使其身心承受痛苦,未成年受害人可以通过代理律师转述意见。同时,法援律师可以就证据采信、事实认定、定罪量刑和法律适用等独立发表刑事代理意见,基于未成年受害人身心特点,采取最有利于未成年受害人的诉讼策略。其次,法援律师保障未成年受害人行使诉讼权利,充分维护未成年受害人合法权益。未成年受害人的控诉权和上诉权因公诉机关的介入而受到削弱。未成年受害人对裁判结果不服,可以通过代理律师向检察院提起抗诉,或者通过代理律师对刑事附带民事部分提起上诉,启动二审程序。未成年受害人法援律师应当与司法机关保持密切联系,尤其是与检察机关进行信息沟通[①],以防范未成年受害人二次被害。最后,法援律师在刑事附带民事诉讼中,帮助未成年受害人最大化争取损害赔偿。通过刑事附带民事诉讼或者单独提起民事诉讼,针对未成年受害人直接经济损失、人身损害赔偿和精神损害赔偿等数额,以及未成年受害人监护和抚养等问题,帮助未成年受害人作出最有利的选择,以最大程度地防范未成年受害人二次被害。

四、建立未成年受害人出庭陪护和专家临场制度

(一)未成年受害人出庭的合适成年人到场机制

未成年受害人遭受侵害后往往感到焦虑、羞耻、缺乏安全感等,出庭作证无疑将再次放大这种紧张情绪。人民法院开庭审理侵害未成年受害人案件时,应当通知未成年受害人法定代理人或合适成年人陪同出庭。合适成年人到场作为法定代理人无法到场的兜底性未成年人诉讼权利保障制度,具有保护未成年受害人合法权益、监督案件办理、救助帮扶未成年受害人的重要意义,法庭审理阶段合适成年人到场能够对未成年受害人起到心理抚慰的作用,缓解未成年受害人出庭作证的心理压力,有效防范未成年受害人二次被害。因此,未成年受害人信任和依赖的合适成年人具有优先性,以最大程度地调适、慰藉未成年受害人出庭作证的不安情绪。陪同未成年受害人出庭的法定代理人等合适成年人有向法庭陈述意见的机会。此外,尽管合适成年人在刑事诉讼各阶段的功能定位侧重点有所区别,但是审前阶段和审理阶段应当尽量保持选任合适成年人的同一性,以避免不同阶段不同合适成年人陪同造成未成年受害人二次被害。

---

① 参见马丽亚:《原理与路径:未成年人刑事法律援助制度分析》,《青少年犯罪问题》2016年第1期。

(二) 未成年受害人出庭的专家临场支持机制

开庭审理侵害未成年人案件,必要时法庭可以聘请儿童心理专家临场,在陪护和指导下最大程度地降低未成年受害人二次被害的风险。有效的沟通和倾诉有助于未成年受害人释放痛苦情绪、消解受害心理。[①] 儿童心理专家在场指导能在一定程度上有效规范法庭工作人员的不当司法行为,甚至能够在未成年受害人出庭作证的参与过程中,起到疗愈未成年受害人心理创伤的作用。在整个法庭审理过程中儿童心理专家陪伴未成年受害人出庭作证,对质询过程中可能对未成年受害人造成二次伤害的问题和行为,儿童心理专家应当提示法官注意,法官根据其反映的情况予以提醒。针对特殊问题,儿童心理专家可以采用未成年受害人易于理解和接受的语言进行解释,避免造成未成年受害人二次被害。如果发生未成年受害人在出庭过程中情绪崩溃等突发状况,心理专家应当及时对未成年受害人予以救济,避免加深未成年受害人精神伤害。

五、强化审理阶段未成年受害人的隐私权保护机制

性犯罪被害人之所以特殊,其中一个重要的原因就是性犯罪被害人遭受的伤害应该予以隐私化,否则就可能造成二次伤害。性犯罪被害人的相关隐私倘若不小心被泄露,给被害人及其家庭带来的伤害都是不可估量的,尤其是未成年受害人不仅要承受性侵害带来的伤害,还要承受来自亲属、邻居、老师、同学的异样眼光,这对于心智本就不够成熟的未成年人来说更是一种巨大的考验。庭审的过程与诉讼文书都涉及未成年受害人的受害隐私,一不小心就可能造成隐私泄露,从而引发严重的二次伤害。因此,有必要针对审理阶段的特点加强未成年受害人隐私权保护。

(一) 完善未成年受害人案件不公开审理制度

侵害未成年人刑事案件公开审理将对未成年受害人造成二次伤害,有必要合理建构未成年受害人案件不公开审理制度。首先,未成年受害人案件公开审理的,应当采取不暴露容貌、声音等特殊保护措施。公开审理的未成年受害人案件,审判员有权命令无关旁听人员退出法庭,防止造成未成年受害人二次伤害。其次,涉及个人隐私的未成年受害人案件应当不公开审理,尤其应当加强性侵害

---

① 参见杜宇:《"犯罪人—被害人和解"的制度设计与司法践行》,《法律科学(西北政法学院学报)》2006年第5期。

未成年人案件中未成年受害人的隐私保护。最后,应当完善对未成年受害人不公开审理案件泄密而造成二次伤害的追责机制。对不当披露未成年受害人隐私信息的相关司法人员给予组织纪律处理,达到刑事追诉标准的应当追究责任人的刑事责任。

(二)审理阶段未成年受害人隐私的分层化保护机制

姓名、年龄、身份证号码、联系方式、亲属关系和主要社会关系、家庭住址、学校等个人身份信息以及具有人身识别性的案件信息与受侵害信息,一旦泄露,未成年受害人将面临社会压力,进而致使未成年受害人二次被害。庭审阶段性侵未成年人案件存在未成年受害人隐私信息泄露的二次伤害极高风险。当前采取了一系列严格的措施制止未成年受害人信息与受害信息泄露,如法律规定法院在裁判文书上网时,应当对未成年受害人及其法定代理人的姓名进行隐名处理,并且删除个人信息和涉及个人隐私的信息。《办理性侵案件意见》也对隐私保护作了严格规定,甚至保密义务的对象扩展至可能推断出身份信息或被害信息的其他案件信息。但现实中仍然有少量的审理阶段司法人员及其他法律工作者不当披露未成年受害人信息、未成年受害人案件庭审网络直播或者庭审视频未做技术处理、新闻媒体跨越边界报道未成年受害人案件等侵犯未成年受害人个人隐私的现象。

由此未成年受害人隐私信息必须予以全面严格保护以防范二次伤害,可以通过不同的分层化保护措施进行:首先,不公开审理是未成年受害人隐私集中保护的首要手段,具有最为直接的隐私保护效果。[①] 其次,除了不公开审理之外,诉讼文书也要特别注意未成年受害人身份与受侵害细节的不公开处理,甚至对可能推断出被害人身份与受侵害信息的内容也要加以保密。最后,所有参与庭审的人员或案件办理人员都负有案件信息的保密义务,对未成年受害人身份与受侵害细节都要负有不公开的责任。

此外,考虑到性侵未成年受害人的典型案件牵动社会,受到社会公众的关心和新闻媒体的报道,而过度社会关注反而会造成未成年受害人二次被害,因此,对于受到社会高度关注的侵害未成年人案件,应当构建不公开审理下司法过程

---

① 参见裴炜:《从审判不公开看未成年被害人的保护》,《北京航空航天大学学报(社会科学版)》2020年第33卷第4期。

公开机制[①],避免使未成年受害人始终处于舆论的漩涡之中,造成二次伤害。对不公开审理的侵害未成年人刑事案件,在保护未成年受害人个人隐私的前提下,可以及时、客观地选择性公布审判流程和庭审信息,以控制媒体肆意报道、降低社会关注度、增强公众接受度。

(三) 未成年受害人隐私信息特殊处理机制

对网络公开的司法裁判文书、庭审直播视频以及新闻媒体报道中涉及的未成年受害人信息进行特殊处理,是审理阶段保护未成年受害人隐私以避免二次伤害的关键。首先,未成年受害人隐名处理。刑事诉讼中当事人姓名原则上不属于个人隐私,但是姓名是自然人最基本的可识别性信息符号,结合案件信息,极易识别出未成年受害人的身份,进而形成负面影响,甚至就未成年受害人及其家属本身而言,未成年受害人的姓名就可以让其感到尴尬或悲伤。[②] 因此,有必要在公开裁判文书和新闻媒体报道中,对未成年受害人以及属于近亲属的合适成年人采取"隐名留姓"的方式进行匿名处理,并对庭审视频中涉及的未成年受害人姓名进行技术处理。其次,删除未成年受害人其他身份识别性信息和涉及个人隐私的信息。公开的裁判文书、庭审视频和新闻媒体报道等,应当删除未成年受害人的身份证号码、家庭住址、联系方式、健康状况等个人信息。再次,谨慎审查未成年受害人相关信息与刑事案件有密切联系的内容,并对涉及未成年受害人隐私的案件事实和敏感信息等内容进行模糊处理[③],避免对未成年受害人造成二次伤害。最后,对公开的未成年受害人信息进行跟踪处理。哪怕已经事先对裁判文书和庭审视频中涉及的未成年受害人信息进行特殊处理,也不能保证网络公开后不会对未成年受害人造成二次伤害。法院在裁判文书和庭审视频上网后,应当跟踪社会舆情,及时将对未成年受害人产生不良社会影响的信息隐匿或者删除,必要时直接撤回公开的文书和视频。

六、完善对未成年受害人的赔偿与补偿机制

被性侵的未成年受害人如果不能及时通过刑事司法程序获得有效的赔偿与补偿,则会造成其遭受的身心伤害难以得到及时医疗与恢复,身心健康可能遭受

---

① 参见张红显:《论不公开审理刑事案件的司法公开》,《山东社会科学》2020年第8期。
② 参见黄忠:《隐私权视野下的网上公开裁判文书之限》,《北方法学》2012年第6期。
③ 参见党德强、靳琳琳:《网络公开裁判文书与个人信息保护研究》,《山东行政学院学报》2020年第5期。

持续伤害,从而引发二次被害的加剧。因此对未成年受害人的赔偿机制及赔偿不力时的补偿机制是防范未成年受害人二次伤害的重要救济措施。

(一) 设置性犯罪未成年受害人提起精神损害赔偿诉讼机制

我国《刑事诉讼法》规定被害人因犯罪行为遭受物质损失有权提起附带民事诉讼,但在一些司法解释中一般性地排除了刑事附带民事诉讼中被害人提起精神损害赔偿诉讼的权利,这对于性犯罪未成年受害人来说是极其不合理的。如前所述,性犯罪未成年受害人在性侵害中所遭受的精神方面的伤害远远严重于身体伤害,如果否定了未成年受害人的精神损害诉讼权利,则造成更严重的精神伤害反而无法获得赔偿。当前少量案例①与规范性文件在这一方面力求突破,支持精神损害赔偿的做法已经出现,但尚未形成一般的通行机制。《性侵未成年人案件解释》仅仅规定了对于性侵害未成年受害人的赔偿可以包括精神心理治疗与康复的费用,然而,这里的精神康复治疗费用与精神损害赔偿金存在本质区别,易言之,现阶段性犯罪未成年受害人仍然不能一般地提起精神损害赔偿诉讼。② 而允许性犯罪未成年受害人对精神损害提起诉讼,使其精神上遭受的痛苦得到经济上的安抚,有利于其精神上、心理上的恢复。

赋予性犯罪未成年受害人精神损害赔偿请求权是符合国际立法潮流的。世界上许多国家都高度认可性犯罪被害人的精神损害赔偿请求权,美国法律规定性犯罪被害人在能够证明其身体受到有形伤害的情况下就可以向法院提起针对加害人的精神损害赔偿,法国刑事诉讼法明确规定了因犯罪造成的包括物质的、肉体的以及精神的全部在内的损失,均可以作为提起诉讼的对象。③

综上所述,我国理应允许性犯罪未成年受害人提起精神损害赔偿诉讼,将性犯罪未成年受害人因性侵害造成的精神痛苦纳入精神损害赔偿的范围内,并且最高人民法院应出台相关司法解释针对性犯罪未成年受害人提起的精神损害赔偿规定最低数额。

(二) 对刑事损害赔偿难案件设置国家补偿保障机制

未成年受害人无法有效获得损害赔偿,将使原本承受精神痛苦的未成年

---

① 参见《法院首次在刑事附带民事诉讼中支持精神损害赔偿,这是啥案子》,https://www.thepaper.cn/newsDetail_forward_13594694。
② 参见谢登科:《论性侵未成年人案件中被害人权利保障》,《学术交流》2014年第11期。
③ 参见张华、刘芸志、祝丽娟:《遭受性侵害未成年人可以主张精神损害赔偿》,《人民司法》2021年第29期。

受害人的被害感受更加强烈,导致未成年受害人二次被害,甚至发生"恶逆变"。因此,未成年受害人无法从犯罪人或者其他途径获得刑事损害赔偿时,有必要构建国家补偿制度,由国家按照法定程序对未成年受害人进行经济补偿以填补其损害。当然,国家补偿并不意味着犯罪人赔偿义务的转嫁,首先应当由犯罪人尽可能承担刑事损害赔偿义务。只有在损害赔偿无法实现或者实际赔偿金额与损害相差较大的情况下,国家补偿作为未成年受害人损害赔偿的补充才能被提起。

我国尚未建立起对被害人的专门国家补偿制度,而是主要通过概括的司法救助制度实现对被害人的补偿救助。国家补偿制度与我国现有的国家司法救助制度存在重叠性联系,但还是存在一定差别,国家司法救助制度更多地侧重于个案救济功能,补偿救助具有一定的弹性或不确定性,而国家补偿制度则能够常规性地为被害人提供更加全面的兜底保护。许多国家和地区都制定有被害人补偿的专门法律,比如新西兰的《刑事损害补偿法》、英国的《刑事被害损害补偿法》、日本的《犯罪被害人等给付金支给法》等。[1] 遭受犯罪侵害的被害人获得刑事损害赔偿的途径有限,且赔偿经常因加害者服刑而出现执行难的问题,有必要建立国家补偿制度。基于我国财政收入等现实国情,可以先行设立未成年受害人国家补偿基金,作为未成年受害人刑事损害赔偿的保障机制,同时完善未成年受害人社会保险救助机制,以最大程度地防范未成年受害人二次被害。

未成年受害人国家补偿金来源于中央和各级地方政府的财政拨款,还包括犯罪人被判处的罚金和被没收的财产,以及犯罪分子非法所得,还可以包括犯罪分子执行刑罚期间的劳动收益等,甚至法院收取的部分费用也可以纳入国家补偿基金。未成年受害人国家补偿金额以损害相当性为原则根据未成年受害人遭受侵害的严重程度予以确定,同时,依据未成年受害人的可归责事由对国家补偿进行排除和限制。国家补偿的排除和限制并不是绝对的,应当在未成年受害人可归责事由的基础上进行妥当与公平的综合性评估。未成年受害人国家补偿可以由人民法院赔偿委员会受理和决定,人民法院对未成年受害人的个人情况和案件情况掌握更为清楚,更能迅速、公正地处理国家补偿事宜。[2]

---

[1] 参见江小根、李红培:《多维理论视角下的我国刑事被害人补偿制度构建探析》,《江西科技师范大学学报》2015年第3期。

[2] 参见莫洪宪、邓小俊:《略论我国刑事被害人国家补偿制度之构建——以未成年刑事被害人为视角》,《青少年犯罪问题》2007年第5期。

(三)设置未成年受害人国家补偿身心专项救助机制

未成年受害人国家补偿基金应当设置未成年受害人身心专项救助组织,对遭受严重人身侵害且身心损失无法获得充足赔偿的未成年受害人进行专项补偿。未成年受害人遭受严重的生命健康权益损害和精神性损害,具有特殊紧急性,国家补偿应当对未成年受害人身心予以专项救助,以直接减轻或防范未成年受害人二次被害。未成年受害人国家补偿范围包括生命健康损失的医疗费、丧葬费等,还应当包括精神治疗与康复费用。未成年受害人遭受严重犯罪侵害后可能出现暂时性或者长期性的精神伤害,相较于未成年受害人遭受的物质损失,其精神创伤更加难以估量。未成年受害人精神伤害救助应当纳入国家补偿范围,以恢复未成年受害人精神创伤,防范未成年受害人"恶逆变"。国家补偿在赔偿难以实现的情形下兜底设置,未成年受害人精神损害救助的国家补偿数额应当以专业的医学鉴定为依据,结合未成年受害人精神损害康复费用予以具体确定。

未成年受害人身心专项救助的申请程序应当尽量简化、便捷,保证未成年受害人及时高效获得精神治疗与康复的补偿金,以避免因程序烦冗和时间拖延造成未成年受害人二次被害。同时,可以借鉴日本、韩国等做法,设立未成年受害人国家补偿"预付金",解决未成年受害人的紧急需要。① 此外,由于国家补偿并非对未成年受害人身心损害的全面补偿,可以借鉴国外经验设置未成年受害人国家补偿的最高补偿数额限制。② 此外,对于犯罪高发的地区或者案件发生率高的犯罪类型,可以借鉴国外经验,建立保障未成年受害人损害赔偿的社会保险。刑事未成年受害人社会保险,由政府主导,社会自愿参保,为未成年受害人的刑事损害赔偿提供补充性救济,保障未成年受害人成长需求。

(四)保障未成年受害人二次被害国家司法救助资金供给

刑事司法领域,国家司法救助是对遭受犯罪侵害无法通过诉讼获得有效赔偿,生活面临急迫困难的被害人采取的辅助性救济措施。③ 国家司法救助对未

---

① 参见张义健:《日本刑事被害人权利保护制度及其启示》,《刑法论丛》(2017年第1卷),法律出版社2017年版,第119页。

② 参见王波:《关于建立我国国家补偿被害人制度的若干思考》,《黑龙江省政法管理干部学院学报》2001年第4期。

③ 参见《人民检察院国家司法救助工作细则(试行)》(2016)第二条,人民检察院国家司法救助工作,是人民检察院在办理案件过程中,对遭受犯罪侵害或者民事侵权,无法通过诉讼获得有效赔偿,生活面临急迫困难的当事人采取的辅助性救济措施。

成年受害人发放救济金,能够在一定程度上防范未成年受害人从受害者向犯罪人转变,或者避免被害人死亡情况下的未成年近亲属再次遭受伤害。但是,司法实践中司法救助资金来源缺乏统一规定,导致司法救助金额短缺,司法救助工作成效有限,因此,为最大程度地消除未成年受害人二次被害,应当保障国家司法救助的资金供给。

1. 实现未成年受害人国家司法救助资金的法定化

2014年《关于建立完善国家司法救助制度的意见(试行)》(以下简称《意见》)将刑事被害人救助资金等专项资金,统一合并为国家司法救助资金,资金筹措采取"政府主导、社会广泛参与"的方式。[①]《意见》对未成年受害人司法救助更多地发挥政策性功能,但尚未上升为国家立法层面的基本司法制度。同时,尽管目前大部分地区出台了国家司法救助制度的实施办法,部分司法机关也制定了相应的工作细则,但是当前阶段我国国家司法救助缺乏统一立法,相关地方立法分散、区域性特点明显,且法律位阶低,甚至存在法律规范遗漏、冲突的情况,这不利于实现未成年受害人二次被害司法保护。我国应当将各地方的法律规范和政策文件整合,制定统一的国家司法救助或国家补偿的专门法律,提高国家司法救助在法律规范体系中的位阶。国家司法救助对消除未成年受害人二次被害具有关键作用,未成年受害人是国家司法救助的重要对象,国家司法救助统一立法中应当对未成年受害人国家司法救助资金予以专门规定。

2. 保障并扩展未成年受害人国家司法救助专项资金来源

尽管未成年受害人司法救助资金主要由政府财政资金支持,但实际上受限于地方财政状况,财政收入较少的地方纳入财政预算的救助资金就相对较少。因此司法实践中,就可能出现不同地区的相似案件与相似被害人在救助金额上的差别。美国、德国等国家未成年受害人司法救助资金由中央财政和地方财政按比例分担,实施统一的被害人救助补偿标准。美国各州承担大部分资金比例,联邦承担的相对较少;而德国的资金来源是按照联邦和各州约3∶2的比例分

[①] 《关于建立完善国家司法救助制度的意见(试行)》第五条第(一)款:国家司法救助资金的筹集。坚持政府主导、社会广泛参与的资金筹措方式。各地国家司法救助资金由地方各级政府财政部门列入预算,统筹安排,并建立动态调整机制。已经建立的刑事被害人救助资金、涉法涉诉信访救助资金等专项资金,统一合并为国家司法救助资金。中央财政通过政法转移支付,对地方所需国家司法救助资金予以适当补助。同时,各地要采取切实有效的政策措施,积极拓宽救助资金来源渠道,鼓励个人、企业和社会组织捐助国家司法救助资金。

担。① 可以借鉴相关做法,对被害人补偿救助设置全国统一标准,在资金来源上实现统筹筹措。

确保未成年受害人司法救助资金充裕是最大程度地消除未成年受害人二次被害的关键。在保证未成年受害人司法救助的财政资金来源的同时,可以接受个人、企业和社会的捐赠,通过社会化资金补充国家司法救助资金,最大程度实现对未成年受害人的救助。让未成年受害人二次被害问题得到社会关注,使得社会广泛认识到未成年受害人补偿救助的必要性,是拓宽未成年受害人救助资金筹措渠道的社会基础。② 此外,未成年受害人国家司法救助资金可以设立专门的基金类运作模式,建立地方财政主导、市场化运作、社会捐助等多元化筹资机制,并通过统一的标准进行专项资金专项使用,最大程度实现对未成年受害人的保护功效。

第四节 刑事政策视野下执行阶段未成年受害人特殊保护的完善

法院判决后进入执行阶段,对犯罪人进行有效的刑事处罚,在某种程度上能够缓解未成年受害人的心理创伤。但是,单纯的犯罪惩罚并不能彻底消除未成年受害人因犯罪行为造成的心理创伤。而且在审判程序之后,被害化的二次被害原理认为未成年受害人身心创伤还可能因为社会压力与救助乏力而进一步加剧,形成更严重的身心损害。相较于惩罚犯罪而言,在刑事执行阶段如果想要进一步防范二次被害以有效实现被性侵的未成年受害人的特殊保护,就应通过有效地执行长效保障机制修复未成年受害人已经受到的二次被害后果,实现未成年受害人保护的刑事政策目标。

一、刑事政策视野下执行阶段未成年受害人的修复型对策需求

执行阶段未成年受害人二次被害具有已然性特征。已然性特征要求未成年受害人案件进入执行阶段采取修复型对策,实现真正意义上地消除未成年受害

---

① 参见兰跃军:《刑事被害人救助立法主要问题及其评析》,《东方法学》2017年第2期。
② 参见方军:《刑事被害人救助:问题与前景》,《犯罪研究》2020年第4期。

人二次被害。

（一）执行阶段未成年受害人二次被害的已然性特征

经过刑事侦查、审查起诉和法庭审理等司法环节,公安机关、检察院和法院办理侵害未成年人案件过程已结束,刑事司法程序对未成年受害人造成的二次伤害具有不可逆性,进入执行阶段未成年受害人二次被害具有已然性特征。执行阶段,未成年受害人更需要的是修复历经首次被害与二次被害叠加所造成的身心损害。如果执行机关不注重未成年受害人在执行阶段的相关权益,甚至漠视刑事诉讼阶段未成年受害人遭受的二次被害,不仅无法修复未成年受害人的身心,反而将对未成年受害人造成更加严重的伤害。执行阶段未成年受害人二次被害的已然性特征,要求执行机关采取修复型专门对策以完全地消除未成年受害人的心理伤害。

（二）基于执行阶段特点的未成年受害人修复型对策需求

为了使被侵害的法律关系得到恢复,执行阶段修复型专门对策关注未成年受害人因犯罪侵害和司法程序所遭受的损害[1],更多地尊重未成年受害人的权利、考虑未成年受害人的需求,能够真正地消除未成年受害人二次被害,防范未成年受害人"恶逆变"。因此,刑罚执行除了惩罚犯罪,从被害人保护的意义上还有被害修复的内涵。未成年受害人在执行阶段的基本权利是修复型对策的基础。以未成年受害人权利保障为核心的保护理念要求在刑事执行程序中尊重未成年受害人的身心健康权、隐私权等,并注重保障未成年受害人对刑事处罚执行和变更的知情权、发表意见等程序性权利。对于未成年受害人所遭受的财产和身心损害,执行阶段尽可能地弥补未成年受害人经济损害,保证未成年受害人及时、足额获得刑事赔偿,以防范未成年受害人二次被害。同时,执行阶段对未成年受害人开展持续性、多样化的司法救助,建立长效保障机制更能达到守护未成年受害人健康成长的司法目的。未成年受害人进入刑事执行程序,基于执行阶段已然性特征而采取的修复型保护对策,能够更好地实现防范未成年受害人二次被害的效果。

二、切实保障未成年受害人执行阶段基本权利

执行程序未成年受害人缺位难以真正抚平其心理创伤和精神焦虑,尤其是

---

[1] 参见丹尼尔·W.凡奈思、王莉、温景雄:《全球视野下的恢复性司法》,《南京大学学报(哲学·人文科学·社会科学版)》2005年第4期。

刑罚执行变更可能使未成年受害人的正义期待落空，忽视未成年受害人执行阶段的参与权，极易造成未成年受害人二次被害的悲剧。未成年受害人的知情权和发表意见权等基本权利是执行阶段被害修复的基础。

（一）保障未成年受害人对刑罚执行情况的知情权

保障未成年受害人知情权是未成年受害人参与刑事执行程序的基础，知悉刑罚执行情况能够疏导未成年受害人情绪，修复被害创伤，防范未成年受害人二次被害。相较于成年被害人，执行刑罚种类、执行期限、起止时间，以及服刑人员的刑罚执行情况，尤其是减刑、假释或者暂予监外执行等刑罚变更情况等，对未成年受害人影响更甚，未成年受害人应有权知悉。

1. 扩展未成年受害人了解刑罚执行情况的途径

未成年受害人及其法定代理人有获得通知权，应当加强刑罚执行机关和执行变更机关的告知义务。刑事处罚的执行机关可以以保护未成年受害人身心健康的方式将执行情况定期通知未成年受害人或其法定代理人，及时让未成年受害人知晓服刑人员的刑罚执行和改造表现，从而在最大程度上安抚未成年受害人的心理创伤，消除未成年受害人二次被害。对于刑罚变更执行，尤其应当关注未成年受害人心理状态和权益保护，以更加和缓地向未成年受害人阐释变更的理由和依据。执行机关履行告知义务时，应当尽量采用高效、便捷的通知方式，除刑罚变更执行等通过文书送达外，可以采用电话、微信等方式，强化与未成年受害人的沟通交流，促进未成年受害人心理创伤疗愈。

未成年受害人有申请获取刑罚执行信息的权利，未成年受害人有权随时向执行机关了解刑罚执行和刑罚变更的具体情况。对于刑事诉讼程序的相关信息，许多国家都设立了儿童和青少年刑事被害人诉讼全程的信息获取权[①]。因此，有必要保护未成年受害人主动获取刑罚执行信息的权利。未成年受害人受其身心所限，可以由其父母或法定代理人代为申请获取刑罚执行信息，执行机关接到未成年受害人的法定代理人的申请，应当在合法范围内提供相关信息，尽可能抚慰未成年受害人的心理伤害。[②]

2. 执行阶段未成年受害人知情权实现的保障机制

执行阶段应当选取熟悉未成年受害人身心特点的相关工作人员作为专门联

---

① 参见赵龙：《英国：儿童及青少年刑事被害人权利保障》，《检察日报》2020年10月13日，第3版。
② 参见刘梅湘：《刑事被害人的知情权探析》，《现代法学》2006年第4期。

络人。通过执行阶段的专门联络人,告知未成年受害人或其法定代理人案件的执行情况,答复未成年受害人或其法定代理人对执行阶段提出获取信息的申请等。同时,执行阶段应尽量不再干扰未成年受害人,让其尽快回归正常的生活学习状态,执行情况相关信息的告知,可以优先与未成年受害人的法定代理人联系,避免再次引发未成年受害人精神痛苦。

(二)保障未成年受害人执行意见表达权

未成年受害人及其法定代理人希望犯罪人受到惩罚,以在一定程度上抚慰其身心创伤。死刑停止执行、死缓执行变更、暂予监外执行、减刑和假释等刑罚变更执行与未成年受害人的利益息息相关。如果刑罚变更没有满足未成年受害人的期待,甚至让未成年受害人感到不被尊重或不被公正对待,极易造成未成年受害人二次伤害。因此,在刑罚变更执行程序中,应尊重未成年受害人对执行情况的意见发表权。

1. 减刑、假释程序未成年受害人意见发表权的行使

一是通知未成年受害人参与刑罚变更执行程序。执行机关提出减刑、假释的书面建议,有权裁决的国家机关收到刑罚变更执行建议书时,进行初步审查后应当通知未成年受害人的法定代理人,以文书形式告知未成年受害人及其法定代理人刑罚变更执行开庭审理的时间、地点、相关权利和义务等。

二是保证刑罚变更执行程序未成年受害人及其法定代理人充分发表意见。人民法院应当允许未成年受害人及其法定代理人通过提交书面意见、电话、视频等方式表达意见。刑罚变更审理程序中,未成年受害人及其法定代理人有权就自己对犯罪事实、罪犯改造表现、刑罚执行情况、损害赔偿情况等发表个人意见,并提出刑罚变更的具体建议。

2. 暂予监外执行程序未成年受害人意见发表权的行使

暂予监外执行作为刑罚变更措施,主要适用于患有严重疾病、怀孕或者正在哺乳自己婴儿的妇女和生活不能自理的情形,带有人道主义关怀。但是司法实践中,暂予监外执行程序未成年受害人的缺位,却可能忽视未成年受害人的意见表达,造成未成年受害人二次被害加剧。因此,有必要构建暂予监外执行程序未成年受害人及其法定代理人参与制度[①],未成年受害人及其法定代理人有权实

---

① 参见杨正万:《被害人暂予监外执行的参与》,《贵州民族学院学报(哲学社会科学版)》2002年第4期。

质性地对可能决定的暂予监外执行独立地表达意见。未成年受害人参与暂予监外执行可以加强执行监督,也能够使未成年受害人获得精神抚慰,防范未成年受害人二次被害加剧。

三、建立未成年受害人身心修复的专门机制

(一)设置未成年受害人赔偿持续执行机制

司法实践中,未成年受害人的赔偿执行如果得不到重视,未成年人的身心健康就难以得到修复。[1] 刑事执行阶段对民事赔偿的持续执行是执行阶段未成年受害人获取赔偿的主要途径。未成年受害人民事赔偿优先执行。未成年受害人对因犯罪行为而遭受的经济损失,有权提起民事诉讼。犯罪分子同时被判处罚金或者没收财产的,未成年受害人的民事赔偿应当优先于对犯罪人的财产刑执行。[2] 未成年受害人民事赔偿优先于其他债权人的民事债务、罚金、没收的财产,还应当优先于法院收费等。未成年受害人民事赔偿应当包括财产返还、物质损失赔偿、人身损害赔偿的相关费用,以及恢复和康复的费用,还应当包括精神损害赔偿。值得关注的是,未成年受害人遭受犯罪侵害,将承受相较于成年人更大的心理痛苦和精神损伤,甚至影响其一生的成长,有必要将未成年受害人精神损害赔偿纳入刑事附带民事诉讼受理范围。对民事赔偿的持续执行可以让犯罪人形成支付压力而持续赔偿,从而满足未成年受害人身心修复的需求,降低未成年受害人二次被害。[3] 但是当前刑事附带民事还存在执行难的问题,未成年受害人往往难以实际上获得全部赔偿。因此应采取积极措施推动民事赔偿的具体执行,如将性侵未成年人案件的刑附民赔偿作为优先、重点执行案件,将犯罪人积极赔偿纳入减刑、假释表现考量等,以通过赔偿执行修复未成年受害人的身心伤害。

(二)设置预防未成年受害人再度被害机制

性侵害未成年人犯罪再犯率高,重复被害现象较为突出,这大大不利于未成

---

[1] 参见张峰、孙科浓:《刑事被害人财产权益保护的实证分析》,《法学》2012年第8期。
[2] 参见《刑法》第三十六条:由于犯罪行为而使被害人遭受经济损失的,对犯罪分子除依法给予刑事处罚外,并应根据情况判处赔偿经济损失。承担民事赔偿责任的犯罪分子,同时被判处罚金,其财产不足以全部支付的,或者被判处没收财产的,应当先承担对被害人的民事赔偿责任。
[3] 参见《最高人民法院关于适用〈中华人民共和国刑事诉讼法〉的解释》第一百七十六条:被告人非法占有、处置被害人财产的,应当依法予以追缴或者责令退赔。被害人提起附带民事诉讼的,人民法院不予受理。追缴、退赔的情况,可以作为量刑情节考虑。

年受害人的身心修复。因此,预防未成年受害人再度被害也应当作为修复未成年受害人身心健康的重要内容。可以通过设置专门刑事执行措施科学预防犯罪人再犯罪。域外预防性侵犯罪人再犯的举措具有借鉴意义。美国各州都通过了各自的"杰西卡法",设置了性侵害犯罪人,特别是性侵害儿童犯罪人的公开登记跟踪制度,保护儿童免遭犯罪侵害。这类法律规定性侵害儿童的犯罪人每到一个地方居住,应当立即到当地司法警察部门备案公开,对曾经犯案两次以上的,还必须每三个月接受一次警察讯问。同时,美国警方会提取犯罪人的指纹和DNA等资料,永久存档。甚至,有州法律规定对12周岁以下的儿童实施性侵的,犯罪人出狱后将终身佩戴电子定位追踪器,并有专门机构对犯罪人进行长期跟踪和评估。[①] 我国目前主要通过完善职业禁止制度,禁止有侵害未成年人违法犯罪前科的人员从事与未成年人密切接触的行业,防范未成年受害人遭受再度被害。但这样的制度预防效果有限,对不利用职业的性侵害未成年人罪犯就相对难以预防。因此可以借鉴对性侵害儿童犯罪人的登记跟踪制度,将这一制度纳入刑事执行的范围之内,以有效预防再犯的发生。

---

① 参见刘继雁、李贤华:《域外对性侵儿童犯罪的惩处与预防》,《人民法院报》2015年12月11日,第8版。

第六章

性侵害未成年人犯罪刑事政策体系的社会机制展开

性侵害未成年人犯罪的刑事政策除了体现在实体法上的严厉惩治与程序法上的未成年受害人保护之外,在社会机制上还具有对性侵害未成年人犯罪的社会预防与未成年受害人的社会救助内涵。如果脱离了社会机制的支持,仅依赖刑事法上的具体展开,就无法达成科学、有效的性侵害未成年人犯罪刑事政策,这是因为:一方面,对犯罪的社会预防与法律预防都是犯罪预防的关键机制,两者相互配合缺一不可,如果只考虑通过刑法严惩来一般预防性侵害未成年人犯罪,就会导致预防效果不彰的问题,无法解决因社会支持体系缺失导致的预防问题,从而无法实现刑事政策的预防犯罪功能;另一方面,受未成年人社会依附性所决定,未成年受害人的救助与保护无法脱离家校、社会组织等社会因素的支持,也无法在无社会支持机制辅助下而有效实现。因此必须将性侵害未成年人犯罪刑事政策的社会机制纳入该刑事政策体系,方能形成刑事政策的完整内涵。

第一节 性侵害未成年人犯罪刑事政策的社会机制问题

一、性侵害未成年人犯罪刑事政策的社会机制的价值

性侵害未成年人犯罪刑事政策的社会机制的展开对整个刑事政策体系来说具有非常重要的核心价值,是刑事政策体系不可或缺的组成部分:

首先,性侵害未成年人犯罪的社会预防与法律预防同等重要且必不可少,因此通过社会机制实现对性侵害未成年人犯罪的预防是性侵害未成年人犯罪刑事

政策的重要内涵。犯罪学的研究表明,犯罪的发生受到多元社会因素与多重社会机制的影响,因此必须通过社会机制才能实现对犯罪的有效预防,单纯的法律预防只能实现一般预防与特殊预防的部分效果,而且不能脱离社会预防的基础。预防性侵害未成年人犯罪的刑事政策必须在严厉惩治的司法机制之外通过针对社会因素的社会预防机制实现完整的刑事政策效果。

其次,被性侵的未成年受害人保护必须依赖社会机制才能完全实现,通过社会机制实现对被性侵的未成年受害人的社会保护同样也是性侵害未成年人犯罪刑事政策的重要组成部分,这是由未成年人相对于成年人的社会依附性所决定的。由于未成年人身心还在成长发育之中,其生活与学习的社会环境对其具有决定性的影响与形塑作用,因此对未成年受害人的保护不得不将这些对未成年人起决定作用的诸如家校等社会因素以及朋辈影响与社会福利等社会环境考虑其中,采用社会机制来实现对未成年受害人的充分保护。此外,前述三次被害原理也表明,刑事司法运行之外的社会压力与社会影响是造成未成年人三次被害的重要渊源。因此采用必要的社会机制减轻不当社会压力、提供有利于被性侵的未成年受害人恢复的社会环境就具有其必要性。

再次,对被性侵的未成年受害人的社会保护在二次被害修复的意义上是未成年受害人司法保护的自然发展,因此通过社会机制实现对被性侵的未成年受害人的社会保护是未成年受害人保护的应有之义。未成年受害人二次被害的身心修复是一个缓慢的渐进式复杂过程,创伤后应激障碍等被性侵害未成年人所受的精神伤害常常持续存在且需要在刑事司法程序结束后长期治疗。因此仅仅关注刑事司法领域的司法保护,对解决未成年受害人二次被害问题而言,远远不够。[①] 解决未成年受害人二次被害问题,更要考虑在刑事司法程序之后的社会机制,因此性侵害未成年人犯罪刑事政策的社会机制是刑事司法程序对未成年受害人保护的自然延伸。

最后,司法方面的惩治与保护不能完全满足性侵害未成年人犯罪刑事政策的全部需要,而基于社会机制的犯罪预防与被害保护可以衔接补充刑法和刑事程序保护的不足之处,可以说,补充衔接刑事司法是性侵害未成年人犯罪刑事政策的社会机制的重要功能。

---

① 参见李川:《三次被害理论视野下我国被害人研究之反思》,《华东政法大学学报》2011年第4期。

二、性侵害未成年人犯罪刑事政策的社会机制存在体系性缺失

目前实践中性侵害未成年人犯罪刑事政策在社会机制方面已经有所展开，无论是在被性侵的未成年受害人保护领域还是在性侵害未成年人犯罪预防领域都有一些具体社会做法机制的规定与措施，例如2013年教育部、公安部、共青团中央、全国妇联联合下发了《关于做好预防少年儿童遭受性侵工作的意见》，规定司法行政机关与家校等社会主体联合进行预防性侵害未成年人犯罪的原则与机制，2023年《办理性侵案件意见》规定了继续推动社会主体承担的性侵害未成年人犯罪强制报告制度，也规定了对父母或其他监护人的履职监督。

但总体而言，性侵害未成年人犯罪刑事政策的社会机制仍然相对比较零星分散，存在着体系性缺失：

一是作为保障社会机制系统化与科学化的基础，当前性侵害未成年人犯罪刑事政策的社会机制的基本原理仍然有待明确。当前性侵害未成年人犯罪刑事政策之所以在社会机制上相对比较分散，是因为对构建性侵防范与受害人保护的社会原理尚未得到明晰，不同的社会主体从各自不同的理解来分别实施各自的性侵害未成年人犯罪预防与受害人保护对策，由此就造成了预防与保护政策的重叠交叉与实施空白。例如对未成年受害人保护，司法保护与社会保护常常重叠交错并相互混淆，有时出现了司法过度承担了社会保护的职能或者一味将所有保护职能转委托给社会保护的问题，造成这一问题的原因就是未能明确司法保护原理与社会保护原理的区别。与司法保护原理主要来自刑事法学不同，对被性侵未成年受害人的社会保护原理则要根据被害人学中的社会保护原理而具体展开，不同原理决定下的保护逻辑与保护措施都不相同，因此如果要解决司法保护与社会保护交叉混淆的问题，就要分别根据不同的保护原理进行适度区分。此外，预防性侵害未成年人犯罪的社会机制的理论来源是犯罪社会学，这一学科研究社会因素与社会结构对犯罪形成的原因与机理，并在此基础上提出基于社会决定论的社会预防措施。只有明确了犯罪社会学的基本原理，才可能实现性侵害未成年人犯罪的体系性与科学性社会预防。

二是当前性侵害未成年人犯罪刑事政策的社会机制的实践主要依靠司法推动，从而出现了司法推动社会保护的现象，虽然这一现象有助于早期预防犯罪与被害保护的社会机制的展开，但也因为司法推动的特点导致了未成年人犯罪刑事政策的社会机制过于注重与司法刑事政策的衔接，从而忽视了预防犯罪与被

害保护的社会机制自身的独立意义与专门设置。例如家庭与学校在预防性侵害未成年人犯罪时经常是在司法机关的提示与推动下才被动地展开未成年人性侵防范教育,这就相对忽略了作为对未成年人健康成长最重要的两大社会因素的家校自身所应承担的主动防范性侵害未成年人犯罪的职责义务。当前无论是司法机关关于预防性侵害未成年人的监护监督、家庭教育监督还是对家庭与学校的司法建议等司法措施,都是通过外在施加压力的方式推动预防性侵害未成年人的社会机制的展开。而家庭、学校和未成年人保护的社会力量作为未成年人社会保护的核心因素,从独立的社会机制的意义上应该内驱式地承担起犯罪预防与被害保护的职责,形成相对体系化、常规化的性侵害未成年人犯罪刑事政策的社会机制。

三是性侵害未成年人犯罪刑事政策的社会机制主要由性侵害未成年人犯罪的预防与未成年受害人的保护两方面组成,然而相比较而言,现有的相关社会机制主要集中于未成年受害人保护领域,而在预防性侵害未成年人犯罪方面则相对较为薄弱,在社会机制上出现了重保护轻预防的问题。究其原因,一方面是因为预防性侵害未成年人犯罪的社会机制相对于未成年受害人保护的社会机制而言,其体系性与协同性的要求更高,要求形成相对来说衔接紧密、多重措施的预防体系,实施起来有一定的难度。另一方面是因为许多社会主体对未成年人保护的重点在于未成年人福利,而未成年受害人保护工作明显体现了未成年人福利色彩,在维护未成年人福利方面更容易取得成效,相对而言预防性侵害未成年人犯罪的外在成效不是十分明显。因此要解决性侵害未成年人犯罪刑事政策的社会机制上重保护轻预防的问题,就需要体系性地统筹预防犯罪与被害保护两方面的措施,改变社会机制存在的措施集中在特定领域且不均衡的问题。

第二节 性侵害未成年人犯罪刑事政策的被害人保护社会机制完善

一、体系性构建被性侵未成年受害人保护的社会支持机制

从社会学的角度分析,社会支持是指通过链接一定的社会网络,从物质资源

与精神支撑两方面对社会中的弱势群体进行无偿帮助的一种选择性社会行为。① 而被害人社会支持理论也在心理学、社会学等领域中得到普遍应用。通过构筑广泛的社会支持网络，能够对身处弱势地位的弱势群体进行及时的援护与救助，当弱势群体遭遇到自身无力应对的伤害或危机时，完善的社会支持网络能够在一定程度上帮助弱势群体减轻风险、应对冲击。而针对被性侵害未成年受害人的社会支持则是国家有关部门、家庭、学校、社会组织、社区给予未成年受害人在司法保护外的经济、医疗、心理、法律等方面的支持与帮助。②

对性侵害未成年人犯罪案件而言，立法规范和司法实务受其功能所限，对如何运用社会机制更好地维护被性侵的未成年受害人的合法权益以及恢复未成年受害人心理损伤等问题涉及较少。司法机关虽然始终在被害人保护问题上对社会力量参与持欢迎态度，但对参与的范围、程度及具体机制相对来说缺乏统一的认知。因此单纯依靠司法机关推动被性侵的未成年受害人保护的社会机制就显得捉襟见肘。为了更好地保护性侵害犯罪中的未成年受害人，就应当遵循未成年人利益最大化原则，认识到仅仅依靠司法机关的力量无法实现对未成年受害人的有效、完整保护，保护未成年受害人也并非司法机关的单方责任，构建被性侵未成年受害人保护的社会支持体系至关重要。这一社会支持体系的建立也受制于社会发展水平与社会认识程度，是一项长期性的动态工作，应以我国当前的社会力量与社会支持机制为基础，根据我国当前的现实情况与具体特点，来构建符合我国未成年受害人保护的特色机制。体系性构建未成年受害人保护的社会支持机制，链接有力的社会资源，有利于在性侵害未成年人犯罪案件中逐渐形成以未成年受害人保护为中心的社会支持目标，形成广阔的社会支持网络帮助被性侵的未成年受害人，为未成年受害人提供尽可能多的社会帮助资源与有力的社会支持，实现性侵害未成年人犯罪刑事政策的被害人保护目标。而要实现这一目标，应着力解决当前影响未成年受害人社会支持体系建构的几个重要问题，以下具体阐述。

（一）建立未成年受害人的司法救助与社会救助衔接机制

通常对于因遭受犯罪侵害而生活困难的未成年受害人及其家庭，司法机关在办理案件过程中将依职权主动进行司法救助，但是民政部门等具有社会救助职能的部门并不会将司法救助对象主动纳入其救助范围，仅依靠司法救助单一

---

① 参见顾玫帆：《构建未成年人保护社会支持体系》，《方圆》2021年第15期。
② 参见李伟：《犯罪被害人学教程》，北京大学出版社2014年版，第257页。

模式无法有效消除未成年受害人被害化。有必要将社会救助作为司法救助的并列机制并予以有效衔接,构建多重救助保护体系消除可能使未成年受害人遭受二次伤害的一切情形。

建立未成年受害人二次被害的司法救助和社会救助衔接机制,司法机关应当加强与社会救助相关部门的沟通联系,强化部门联动,共同开展未成年受害人救助工作。实际上,未成年受害人社会救助涉及教育局、民政部门、社保中心、人力资源部门、住房保障部门、慈善总会、残疾人联合会等不同机构的职能范围,司法机关难以依靠自身力量实现司法救助和社会救助的顺畅、高效对接。诸如美国等发达国家通过儿童福利运行机制统筹实施未成年受害人救助事务,解决政出多门、缺乏协调问题,如美国设置专门的儿童福利行政管理机构,负责提供专项资助、生活保障、医疗援助、技能培训和安置庇护等未成年受害人社会救助服务,并负责司法救助后向社会救助的转介,这个办法值得我们借鉴。[①]

我国可以通过将社会救助资源集约化的社会救助专门协调或统筹机构[②],形成未成年受害人司法救助转介机制,实现司法救助和社会救助的有效衔接,以避免未成年受害人及其监护人为获得救助奔走于司法机关与行政机关不同职能部门的问题。司法机关可以向专门的社会救助专门协调或统筹机构反映未成年受害人的困难情况,或者直接提出针对性转介救助的请求。社会救助专门协调或统筹机构和司法机关可以共同商讨,制定未成年受害人司法救助与社会救助的衔接保护方案,明确衔接时点与衔接条件。社会救助专门协调或统筹机构可以协调社会保障等相关职能部门对未成年受害人救助申请进行审核,根据未成年受害人不同情况,解决其长期性社会救助与支持需求,进而构建被性侵的未成年受害人的综合社会救助体系。

(二)对未成年受害人提供多元化救助方式

发放救助金的救助方式能在一定程度上缓解未成年受害人的生活困难,使其免受伤害加深或二次伤害。但是未成年受害人的保护需求是多层次的,除经济救助外,还包括心理救助、医疗救助、家庭救助、衍生生活困难救助等需求,单纯的经济救助难以解决未成年受害人的多种救助需求。政府部门、社会组织和

[①] 参见成彦:《美国儿童福利运行框架对中国儿童福利体系建构的启示》,《社会福利(理论版)》2013年第9期。

[②] 参见吴燕:《刑事诉讼程序中未成年人司法保护转介机制的构建——以上海未成年人司法保护实践为视角》,《青少年犯罪问题》2016年第3期。

公益机构等社会力量可以根据未成年受害人的实际需求提供更加丰富灵活的救助方式。

一方面,被性侵的未成年受害人相对于其他人身犯罪受害人的突出特点是容易形成较为严重的心理伤害,并在刑事司法中容易形成二次被害加重心理伤害,且未成年受害人被害恢复需要进行长期跟踪、持续心理咨询与治疗,否则容易形成长期甚至终身的精神伤害。因此对未成年受害人的心理救助的需求具有持续性,在刑事司法程序结束之后,持续的心理救助[1]就需要运用社会机制进行社会支持救助,社会的心理救助需要在救助过程中持续评估未成年受害人的心理需求,聘请专业的心理救助力量如心理专家或心理服务组织提供量身定制的救助支持。

另一方面,不同未成年受害人因为被害情形与个人状况的差别,会形成不同的救助需求。除了心理救助需求之外,有的被害人受到严重的身体伤害或产生慢性身体疾病而需要持续的医疗救助,有的被害人因为受侵害造成家人的心理创伤或家庭困难而需要家庭救助,有的因为受到身心侵害之后无法正常生活而产生衍生生活困境救助需求。这些需求都是简单的经济救助或补偿所无力解决的,需要根据未成年人的实际保护救助需求,调动相关的社会支持力量对其医疗需求、家庭需求、生活需求等给予针对性的救助。

(三)构建未成年受害人社会支持保护整合平台

当前未成年受害人的社会支持未能形成体系的一个核心原因是缺乏整合统筹的平台机制,针对未成年人保护方面的社会支持的各种资源并未得到有效整合,导致社会支持系统之间难以形成良性配合与互动,形成资源浪费或救助空白问题。不仅行政部门与社会力量之间在未成年受害人支持问题上需要进一步联络与配合,家校、社会组织、企业等各种社会力量之间同样缺乏有效的沟通配合机制,各行其是容易导致社会支持资源的被动浪费,影响对于未成年受害人的支持保护效果。

可见,如果没有建立起未成年受害人社会支持保护整合机制,不能使各种社会支持资源之间搭建有机的联系,就无法形成一个完整的针对未成年受害人的社会支持系统和网络。这样缺乏配合与协调的支持机制会影响社会支持作用的有效发挥,也就难以实际地帮助未成年受害人解决救助需求问题。因此,为了实

---

[1] 参见佟新:《恢复和重建未成年人社会支持网络》,《北京观察》2008年第7期。

现对未成年受害人的有效支持与引导，应当构建未成年受害人社会支持保护整合平台，通过建立一个高效的组织机构平台，使得司法机关与社会力量之间、行政部门与社会力量之间、各种社会力量之间都能贯通联合，畅通信息共享渠道，广泛链接社会资源，建立协同工作机制，形成被性侵的未成年受害人社会支持资源的有机网络，在统一的社会支持体系中形成良性配合与互动。

当下，考虑到体制、政策等多种因素的影响，在整个未成年受害人社会支持保护平台的构建中，可以以未成年人保护职责行政部门或共青团等相关组织为核心，链接各方面的社会支持资源，整合联络司法救助与社会救助，建立起一个有机联系和紧密配合的社会支持保护平台，避免对社会支持资源的浪费与支持效果的不足等问题。此外，还应当定期对未成年受害人社会支持保护整合平台的运行效果进行评估审议，及时纠正问题，保障机制长效运行。

二、建构未成年受害人心理支持与辅助治疗社会支持机制

在性侵害未成年人犯罪案件中，对未成年受害人的及时心理支持与疏导具有重要作用，能够帮助未成年受害人稳定过激情绪及克服恐惧心理，并且在案件发生后逐渐淡化心理创伤。我国目前在未成年受害人受害后的心理救助制度设置方面存在一定的缺陷，性侵害未成年人案件发生后，往往需要在案件被移送至司法机关后才会开始评估被害人是否需要接受心理干预，存在错过或延后最佳心理诊疗与干预时期的问题。此外，当前的未成年受害人心理救助工作缺乏对性侵害案件心理问题严重程度的充分估计，由于不良精神状况容易具有长期性、潜伏性、延迟性和反复性，需要在案件结束后对未成年受害人进行持续性的心理重建工作，而司法保护实践中可加以利用的资源有限，司法程序结束后的心理支持与辅助治疗往往难以再得到长期的司法救助，导致未成年受害人治疗与恢复缺乏保障。

因此，一方面应当借助社会组织与专业的心理诊疗机构等社会力量，建构统一的未成年受害人心理支持与辅助治疗的社会支持机制，形成有效的司法程序前后社会支持工作介入模式，有效弥补司法心理救助的局限，帮助未成年受害人持续修复心理伤害。另一方面，这种心理支持与辅助治疗的社会支持机制也可以与司法案件办理相结合，在刑事诉讼中根据司法机关的要求与被害人的需求提供心理评估、辅导与治疗服务。

当接到性侵害未成年人犯罪案件的报案时，就应当在做好立案工作的同时，

及时安排社会组织或心理诊疗机构的人员建立心理干预框架,在对未成年受害人本身的特殊性及家庭背景等因素展开全面评估的基础上,对未成年受害人进行心理干预与心理疏导。在随后的案件诉讼过程中,也要实时关注未成年受害人的心理状态,要保持全过程的跟进诊疗,更要重视对仍然有心理疏导需求的未成年人在案件程序结束后的持续性心理重建工作,帮助未成年受害人重拾自我、重塑人际关系。值得注意的是,无论案件进入哪一诉讼阶段,对未成年受害人的心理干预和心理疏导都应当尽量由同一名社会组织专业人员或心理诊疗师进行,以此保持辅助治疗效果的一致性。

我国目前并没有针对性犯罪未成年受害人的社会心理救助体系,有关的心理健康辅导长期处于"真空地带"[①],考虑到被性侵的未成年受害人的特殊性和对被害人进行心理救助的现实需要,可以建立针对性犯罪未成年受害人的心理状况社会评估机制和辅助治疗社会机制,由心理专家或心理辅导组织等专业社会力量按需参与,以帮助未成年受害人尽快恢复身心健康。一方面,通过对心理状况进行准确评估,可以查清性侵害给未成年受害人造成的心理创伤程度,从而依据心理评估结果针对被害个体制定更贴合个体特性的心理治疗方案。[②] 另一方面,建立心理辅助治疗社会机制,可以通过协调多种社会支持力量与资源来实施:一是通过政府购买方式委托心理专家或专业社会组织提供心理辅助治疗。二是设置未成年受害人心理辅助治疗的专门服务热线,对受害人及其家庭进行初步的心理辅助咨询与疏导服务。三是针对性犯罪未成年受害人建立持续的心理跟踪评估与治疗制度。关注被性侵未成年受害人的心理变化、心理恢复情况,形成以司法部门和专业心理社会力量相互配合的心理跟踪评估与治疗机制。即便在刑事司法程序结束后,仍要定期对未成年受害人及其家庭进行心理跟踪评估,以巩固心理辅助治疗的效果,或及时采取相应的心理辅助治疗措施。

三、设置受害人家庭指导帮助的社会机制

由于未成年人是在家庭中被养育成长的,未成年受害人的家庭对未成年受

---

① 参见贾健、王玥:《未成年被害人向犯罪人转换的原因及其控制对策》,《广西社会科学》2019 年第 2 期。

② 参见李婕、罗大华:《被害人心理损害评估及救助方案》,《心理技术与应用》2015 年第 5 期。

害人的权利保护与被害修复起到了决定性的作用。然而如果被害人的家庭不具备良好的保护能力或存在保护困难,则有可能导致未成年受害人所受伤害得不到修复,甚至可能加重未成年受害人的心理创伤。因此要实现对被性侵的未成年受害人的良好的家庭保护,就需要对其家庭提供充分的社会支持,一方面可以一般性地为被害人家庭提供社会支持帮助,另一方面对家庭存在的未成年受害人的保护能力不足与困难问题,可以在家庭个案情况的基础上实施量身定制的家庭指导与帮助,通过良好的家庭支持实现最大化地未成年受害人保护。

具体而言,想要为未成年受害人提供社会支持与保护,就需要社会力量介入未成年受害人的个体生活及其周围环境当中,为社会支持资源与其周围环境建立起互动联系的桥梁。[①] 在为未成年性侵被害人提供社会支持的过程中,需要将被害人具体化、多样化的现实家庭环境进行分析,再与来自社会组织等社会支持力量的助力相连接,通过引导、帮助恢复健康的家庭及周围环境的方式,为未成年受害人及其家庭注入克服困境的能量。

结合社会支持理论,来自家庭内部的情感支持与教育引导是面临未成年人遭性侵害案件时,帮助未成年受害人化解精神创伤、实现心理干预的有效手段。在未成年受害人受到性侵害行为的伤害后,其家庭应当通过展现出支持性表达和稳定的情绪状态帮助被害人实现心理健康的恢复,而被害人家庭的这种理想状态正是需要社会力量的支持与帮助才能够达到的。家庭指导帮助的社会支持机制主要通过对家庭的教育方法指导与生活困难帮扶来实现对家庭的支持:一是有的情形下,受害人家庭不了解正确的未成年受害人心理疏导与安抚方法,采用诸如造成未成年人不安的过分地渲染性侵犯罪风险等错误的态度与方法可能会刺激未成年受害人的受害心理,起到加深未成年人心理伤害的反作用,此时就需要专业的社会力量指导教育家庭采用正确的心理疏导与安抚方法修复对未成年人的身心伤害,使未成年受害人感受到来自家庭的支持与关心,以缓解其心理压力,修复身心。二是有的情形下未成年受害人遭受性侵是因为存在着诸如对未成年人缺乏陪伴、家庭内部氛围差、父母不管不顾等严重的家庭监护缺失问题,使得性侵犯罪人有可乘之机。因此对家庭监护缺失问题,需要通过家庭指导帮助的社会机制督促与教育监护人正确履行监护义务,解决家庭监护缺失问题,

---

[①] 参见井世洁、徐昕哲:《针对性侵犯被害人的司法社工介入:域外经验及启示》,《华东理工大学学报(社会科学版)》2016年第2期。

并在确实难以解决的情形下诉诸变更监护权等法律手段。三是有的情形下未成年受害人遭受性侵后家庭存在客观情况难以提供足够支持,如经济条件困难家庭无力为受害人提供医疗支持、工薪家庭难以为受害人提供长期陪伴等,此时家庭指导帮助的社会机制就应当针对家庭实际困难,运用社会力量提供针对性的解决措施,如提供必要的医疗或物质支持、提供必要的陪伴照护等。四是社区等社会力量还要充分利用社会资源为无家庭支持的未成年受害人设立家庭临时照管机制。社区或社会力量要通过选任家庭临时照管的方式为未成年人提供帮助,由未成年人的监护人和村民委员会或居民委员会协商确定,做好无家庭支持的未成年人的关心保护工作,并且及时督促部分不能够认真履行监护职责、有损害未成年人权益可能性的监护人正确履行职责。

第三节　性侵害未成年人犯罪刑事政策的犯罪预防社会机制完善

一、形成防范性侵未成年人的家校综合保护机制

家庭和学校是未成年受害人生活中最重要的社会因素,也对未成年人的健康成长有决定性的作用。因此,家庭与学校就应承担对性侵害未成年人犯罪预防的重要职责,也应该形成常规性的防范性侵未成年人的家校综合保护机制。

（一）强化未成年人防范性侵教育的家校机制

性侵害未成年人犯罪人利用了未成年人身心尚不成熟、对性侵行为缺乏防范意识的弱点实施性侵行为,造成了性侵害未成年人犯罪的相对高发。因此对未成年人进行性教育以及性侵防范教育对预防性侵未成年人有重要的意义。但是就家庭层面而言,我国家长对孩子进行性教育相对较少,而与之密切相关的防范性侵教育也难以在家庭有效展开;同时学校虽然对未成年人也都展开了一定的性教育,但是应试教育的惯性导致性教育未能成为学校教育的重要关注点,防范性侵教育也同时显得较为薄弱。因此作为未成年人教育最重要的两个社会主体都在针对未成年人进行防范性侵教育问题上相对乏力,在一定意义上导致了

未成年人在面对性侵时缺少防范意识与发觉能力。因而,通过家庭与学校对未成年人进行性教育与防范性侵教育,增强防范性侵意识与能力,对强化未成年人的自我保护进而预防性侵未成年人犯罪来说非常必要。

一方面,应强化亲子教育,提升家庭在未成年人防范性侵教育方面的影响。① 父母是未成年人被害预防的重要责任主体,父母应积极改变传统性观念,有意识地向未成年子女进行必要的性教育与防范性侵教育,传递正确的性知识与自我保护知识。家庭进行的防范性侵害教育可以采用多种形式,如通过网络查找运用较为成熟的教案材料或相关案例,或者由专业的社会教育力量协助指导家庭进行相关教育,以减少未成年人对于性的无知,提高防范性侵的自我保护意识。

另一方面,应强化学校对未成年人性教育以及防范性侵教育的主体责任,设定必要的定期学校课程增强未成年人的防性侵意识与能力。从幼儿园到高中,学校应将性教育课程列为必修课程,且根据不同年龄段制定相适合的性教育内容。学校应主动承担起对未成年人进行性教育与防范性侵教育的职责,还可以聘请相关专家或司法工作人员担任性教育与防范性侵教育课程的老师,帮助未成年人树立自我保护意识、掌握必要的自我保护方法;同时,学校应加强对教师的法制教育与防范未成年人被性侵教育,增强教师的法律意识和保护未成年学生意识,及时识别并遏止性侵未成年人的风险。②

(二)加强防范未成年人遭受性侵风险的家校监督机制

从未成年人的家庭与学校两个方面强化对性侵害未成年人风险的持续监督,将性侵害未成年人的风险降到最低。

第一,未成年人的父母或其他监护人是未成年人最为亲近的,他们有监护未成年人的责任,也更容易发现未成年人可能遭受性侵的异常风险。父母应加强对未成年子女的监护,避免出现未成年子女处于无人监管和保护的状态,必要时为防范风险采取不允许其单独外出、陪同上(放)学等对策;同时对其未成年子女进行防范性侵的教育,比如告诫其不要跟陌生人交流、不随陌生人去陌生场所、不吃陌生人给予的食物等;父母不仅要关心未成年子女的学业情况,还需要认

---

① 参见张红良:《未成年被害人权益保护现状与完善——以重庆市S区检察院办案实践为视角》,《人民检察》2018年第8期。
② 参见于阳:《留守儿童犯罪防治与被害预防实证研究》,《中国人民公安大学学报(社会科学版)》2018年第5期。

真、仔细地观察他们的生理、心理、生活、行为等是否出现反常,强化对性侵害未成年人风险的预防遏制。

第二,在性侵害未成年案件中,学校作为未成年人健康学习生活的重要场所之一,对于避免性侵害未成年人犯罪的发生具有重要作用,学校有义务监督与防范性侵害未成年人犯罪的风险。首先,学校应加大教师的入职审查力度,在招聘教师时除了必要的强制入职查询之外,还要就教师的道德品质与过往经历进行审慎审查,加强对教职员工的定期心理健康测评,防范有性侵可能的道德败坏人员接触未成年人。其次,健全校园管理制度和安全措施,如在校园内安装较为密集的摄像头,寄宿制学校应安排保安进行夜间校园巡逻等,防范校园性侵害的发生。① 最后,一旦发现校园内或周边有性侵害未成年人的行为,立即予以制止并报警报告,通知未成年受害人家长,做好未成年人保护救助工作。

(三)建立预防性侵未成年人的家校协作机制

学校与家庭作为未成年人生活中最重要的两个社会主体,要形成防范性侵害的合力应有效协作,避免因配合缺失或衔接不力出现未成年人遭受性侵的风险。只有家庭和学校密切配合、共同合作,才能有效防范性侵未成年人的风险。防范性侵害未成年人的家校协作机制不仅是家校之间的简单联络和沟通,更是以未成年人防范教育与风险监督为共同出发点和中心的协调配合、一致行动。

信息共享和沟通是家校协作机制的关键。有必要搭建家校协作交流平台,家庭和学校双向反馈未成年人生活中的行为表现与可疑风险情况,防范性侵害的不当产生。美国"家长教师协会"对家校合作防范性侵未成年人发挥着桥梁纽带作用,其先进经验值得我们借鉴。"家长教师协会"搭建了促进家长和教师交流、共同解决儿童安全各种问题的全国性平台,使家校合作变得有组织、有秩序。家长通过协会参与学校教育,学校通过协会与家长进行交流,家长和教师之间形成以儿童保护为中心的伙伴关系。② 通过家校协作平台,学校教师将未成年人面临的诸如结交异性陌生人等可能的性侵风险状况实时反馈给家长,建立常态化反馈机制,家长可以与学校密切协作,排查与控制风险来防范性侵犯罪。同

---

① 参见安琪:《高校性骚扰案件预防及应对机制探讨——以被害人救济路径为考察中心》,《中国青年社会科学》2018年第6期。

② 参见李子江、王飞飞、王丽:《家校合作桥梁的搭建:美国家长教师协会研究(1897—1924年)》,《教育科学研究》2021年第2期。

时,家长也可以将未成年人在家庭中可能遭受性侵的异常表现提请学校密切关注,通过密切沟通发现可能的性侵害线索。此外,学校还可以以性侵未成年人预防为主题举办家长教育或亲职教育等活动,推动家长学习并形成防范性侵未成年人的知识体系与能力。

二、设置防范网络性侵未成年人犯罪的社会机制

随着网络愈发深入社会生活,加害人利用网络对未成年人实施性侵害的案例近些年逐渐增多,使得性侵害未成年人犯罪变得更隐蔽、更复杂,建立性侵害未成年人犯罪的网络应对机制变得十分重要。而建立这一机制必须依靠全社会力量的有机整合,政府相关部门对网络世界的监管、网络运营商的自律、家庭学校与相关社会力量的严格监督都对防范利用网络性侵害未成年人犯罪的行为十分重要。

(一) 网络性侵害未成年人犯罪的现状与发展趋势

1. 网络性侵害未成年人犯罪的现状

近年来,随着互联网产业以及手机通信的迅速普及,我国的上网人群出现了明显的低龄化趋势,越来越多的未成年人在心理尚未成熟的时候就开始接触网络上纷繁复杂的信息,这为网络性侵害未成年人犯罪的滋生提供了基础,导致网络性侵害未成年人犯罪案件频发。据中国互联网络信息中心2021年发布的第47次《中国互联网络发展状况统计报告》[①]披露,互联网已成为现代人群工作生活不可或缺的部分,即时通信、网络购物、网络支付、网络视频等网络服务极大地便利了人们的生活。截至2020年12月,我国网民规模达9.89亿,如按职业划分,则学生最多,占比为21%;如按年龄划分,则10岁以下网民占比为3.1%,10岁到19岁网民占比为13.5%;网龄在一年以下的网民中,20岁以下网民占比较该群体在网民总体中的占比高17.1%。可见,在互联网逐渐下沉至居民生活方方面面的当下,网民的增长、活跃主体转向青年人与未成年人的趋势非常明显,未成年人不可避免地与网络产生了越来越紧密的联系。

随着越来越多的未成年人涌入网络生活中,针对网络侵害进行未成年人保护的机制性不足开始逐渐暴露。由于网络空间的隐蔽性与私密性,加之学校、家

---

① 参见 CNNIC 发布第 47 次《中国互联网络发展状况统计报告》,http://www.cac.gov.cn/2021-02/03/c_1613923422728645.htm。

庭对于未成年人网络使用的监管存在盲区,以及未成年人网络自我保护意识不足等问题并存,导致网络性侵害未成年人犯罪案件频发。据中国少年儿童文化艺术基金会女童保护基金发布的《2021年性侵儿童案例统计及儿童防性侵教育调查报告》显示,本年度曝光的性侵儿童案例中,通过网络发生的性侵害为17起,包括线上作案和线下作案(网友约见面后实施性侵),在熟人作案中占比10.63%,在案例总数中占比7.62%。据部分地区法院统计,近年来审理的性侵害儿童的案件中,有近三成是被告人利用网络聊天工具结识儿童后实施。随着互联网特别是移动通信设备的普及,通过网络性侵害儿童的现象越来越多,危害越来越大,甚至不少案例本身就是在网络空间实施猥亵。① 而2020年通过网络作案的案件数为42起,占案件总数约12.65%,2019年的网络性侵案件的占比为9.91%,2018年占比为18.57%,2017年占比仅为1.99%。

网络性侵害未成年人犯罪一般是指利用互联网对未成年人实施的性侵害行为,犯罪人往往通过网络社交平台、网络视频直播平台以及网络游戏等互联网流量入口接近未成年人,并通过线下接触或非线下接触的方式进行性侵害。因此,网络性侵害未成年人犯罪包含两种基本形式,即接触型网络性侵害与非接触型网络性侵害。

接触型网络性侵害是指最终通过线下作案完成犯罪的网络性侵害行为,犯罪人员以诱骗、胁迫、威吓等方式迫使未成年受害人在线下与其见面并进行性侵害。在这种情况下,犯罪人往往以互联网平台作为自己实施犯罪行为的工具,而发达先进的网络技术与丰富的网络内容也为犯罪人性侵害未成年人行为的实现提供了便利条件,侵害并非在网络空间内发生,因此网络发挥的是工具性、手段性作用,在实质上与传统性侵害相似。

非接触型网络性侵害是指犯罪人员在网络空间内部,即互联网络上对未成年人进行性暗示、性引诱或者性胁迫等网络性侵害行为,犯罪人员以引诱、欺骗或者胁迫等方式要求未成年人向其展示隐私部位、发送性隐私照片、录制涉及性隐私的视频,或者向未成年人展示含有色情内容的图片及视频,并强制未成年人进行观看等。可见,这是一种完全发生在网络空间内部的性侵害未成年人行为,这种行为没有线下的接触,完全以隔空的方式进行性侵害,具有远超传统性侵行

---

① 参见"女童保护"2021年性侵儿童案例统计及儿童防性侵教育调查报告》,https://gongyi.ifeng.com/c/8E3ThpCGrpJ。

为的隐蔽性，未成年人的家长、学校以及司法机关等更加难以及时、准确地发现并且制止这种行为的发生，但实际上它会给未成年人的身心健康造成更加严重且持续的损害。

2. 网络性侵害未成年人犯罪的特征

利用网络性侵害未成年人犯罪的特点与传统线下性侵害未成年人犯罪相比有隐蔽性更强、取证难度更大等特点。

一方面，网络性侵害未成年人犯罪具有高度的隐蔽性，对未成年人的网络性侵害无疑正在逐渐成为传统家庭与学校监管的盲区。以上文提到的非接触型网络性侵害行为为例，犯罪人员在互联网平台内诱骗、胁迫未成年人拍摄并且向其发送性隐私照片及视频，以这种方式进行的网络猥亵行为完全不需要与被害未成年人进行线下接触或对未成年人发生身体侵害，因而又被部分学者称为"隔空猥亵"。在互联网空间内对未成年人进行猥亵的行为发生时，未成年人极有可能正身处家庭、学校等传统意义上能够为未成年人提供保护的安全领域内部，从而使此类行为具有相当的隐蔽性。此外，未成年受害人往往会因为不知反抗、不敢反抗等特点助长犯罪人的侵害行为，使学校、家长难以及时准确地发现侵害行为的发生。对未成年人的监护人而言，未成年人网络保护机制的缺失以及保护意识的淡薄，其不能意识到并及时阻止家庭等安全场所内未成年人遭受网络性侵害行为的发生。可见，网络性侵害未成年人犯罪的隐蔽性特征是目前互联网时代对未成年人进行性保护的重大阻碍，也是对传统的未成年人保护理念、保护机制的重大挑战。

另一方面，网络性侵害未成年人犯罪的取证难度更大。除了发现难之外，互联网的虚拟性特征决定了利用网络性侵未成年人案件存在着取证难题。因为互联网犯罪的证据存在于电子介质当中，难以通过实物的形式对其进行固定，这导致性侵害未成年人行为发生后，犯罪人员可以通过删除本地以及网络云端存储等方式毁灭证据。对于非接触型网络性侵害行为而言，由于完全在互联网空间内部发生，往往更加难以发现并固定证据。此外，互联网的虚拟性特征还使得犯罪人员往往利用网络虚拟身份实施犯罪。当下，能够为互联网使用者提供虚拟IP地址等服务的软件随处可见，网络运营者即使严格按照《中华人民共和国网络安全法》等相关法律法规的规定要求用户提供真实身份信息，也无法从实质上核对用户与其提供数据的一致性，这无疑为网络性侵未成年人案件证据的发现与固定再添一份难题。

3. 网络性侵害未成年人犯罪的发展趋势：网络空间性侵害

正如上文所述，这种在网络上对未成年人进行的非接触型网络性侵害犯罪行为日趋严重，使得性侵害犯罪已经延伸到网络空间。发生在网络空间内的性侵害行为使得传统的未成年人保护机制显得捉襟见肘，传统安全观无疑受到了极大的冲击。在网络空间内进行的性侵害未成年人的犯罪行为，有的犯罪人骗取被害人裸照、不雅视频或将被害未成年人的普通照片进行 PS 编辑后，以此胁迫被害人通过聊天软件与其视频裸聊或强迫被害人做出自我猥亵动作，还有的被告人在被害人面前裸露敏感部位自慰并强制未成年受害人观看。① 这些都使得猥亵类犯罪的活动空间进一步增大，即使处于家庭、校园等安全场所内部，也无法保证未成年人的现实安全。况且当前互联网信息广泛流动，网络空间内的性侵行为会致使涉案未成年人的个人信息面临更大的泄露风险，使未成年人遭受二次伤害。

还有犯罪人员在网络空间内进行性侵害行为时，开始借助技术手段，利用如木马软件等隐秘方法与手段进行偷拍偷录或其他秘密窃取未成年人隐私数据的行为，甚至未成年人在受到侵害时都不自知。此外，行为人在借助技术手段窃取未成年人隐私数据后，往往通过色情网站等加以传播，这些网站的受众群体小且网址隐蔽，被害人及其监护人通过正常途径很难获知受到网络性侵害，使得网络性侵害未成年人犯罪的行为更为隐蔽。

此外，发生在网络空间内的性侵害行为使得受害者主体数量以及危害后果都产生了极大不同。线下性侵害行为只会对少数被害人造成伤害，而网络空间内的性侵害行为则可能对相当数量的受害人同时造成伤害，并且对社会公共安全秩序造成更大的冲击与破坏。2020 年遭到曝光的韩国"N 号房"事件举世震惊，以赵某为首的犯罪团伙以在互联网平台建立秘密聊天室的方式对包括多名未成年人在内的受害人进行性侵害，并将相关性侵过程作为收费项目在所谓的"会员群"内共享，整个犯罪过程触目惊心，令人咋舌。可见，网络空间内的性侵害行为在产生极大侵害的同时，还存在向社会面扩散的风险，因此这对预防与风险管控提出了更高的要求。

总之，网络性侵害未成年人犯罪是目前互联网时代对未成年人进行性保护

---

① 参见于泳、孙静、刘力萍：《利用网络性侵害未成年人犯罪样本分析报告》，《未成年人检察》(2020 年第 3 辑)，中国检察出版社 2020 年版，第 120 页。

的重大阻碍,也是对传统的未成年人保护理念、保护机制的重大挑战,司法上将其作为今后互联网性侵害未成年人犯罪的核心加以打击惩治。而防胜于治,司法的事后打击已经难以避免侵害未成年人的后果发生,因此重点应该根据网络性侵害的特征设置防范网络性侵未成年人犯罪的社会机制,从社会各个层面提前预防网络性侵未成年人的犯罪风险,实现对未成年人的前置保护。

(二)防范网络性侵未成年人犯罪的社会机制之一:完善网络信息分类分级管理

为了应对网络性侵害未成年人犯罪的高发趋势,适应互联网空间内侵害行为的防治特点,需要加强未成年人使用网络的制度规则建设,强调从预防性措施着手,完善网络信息分类分级管理制度,阻断不良网络信息的传播途径,减少网络不良和违法信息在未成年人当中的传播。

网络信息分级管理制度是指根据网络信息所含的低俗语言、暴力程度、裸露程度等内容,对互联网信息进行分类、分级,并为其设定信息标签,最终由安装在计算机终端的过滤软件依据标签过滤相应信息的预防性制度。从我国目前网络信息分级管理制度的基本运行逻辑来看,需要由网络信息服务的提供者进行信息的识别分级与标签化,在互联网平台对信息进行主动的审核、分级发布后,再由网络终端方面对前述信息进行过滤,也就是通过手机端、电脑端的软件设置将不适宜未成年人接触的信息进行屏蔽。部分积极执行网络信息分级管理制度的互联网服务提供者会主动履行分级管理义务,比如在手机软件或网站中设计出"未成年人模式"或"青少年模式",主动为未成年人用户屏蔽不适合其接触的网络信息。但是,目前网络信息分类分级管理制度在实践中还存在一定问题,需要进一步完善以更好地发挥其预防性侵害未成年人犯罪行为的作用。

首先,多数网络信息服务的提供者在执行网络信息分级管理制度时,仅仅进行形式性的分类分级,对用户进行提示,并不针对信息内容进行实质性的审核。比如某些视频网站与短视频播放平台中,对于视频封面及明显位置存在裸露、性暗示等内容的,会采取一定的审核、屏蔽行动,但是对于网络视频的裸露、性暗示内容并未出现在视频封面或明显位置,而是存在于视频内容当中的,则依然向所有用户开放。这显然会使得没有安装终端过滤软件或是使用成年人手机进行视频浏览的未成年人有很大概率浏览到涉及裸露、性暗示的信息,并且导致进一步的网络性侵害。因此需要加强网络信息服务提供者的审核、分级义务的强制性规定,要求其对提供的信息内容进行实质性审核,并对"青少年模式"这种相对有效的信息分级管理方式进一步加强，修补其应用过程中存在的漏洞，以更好地为未成年人提供相关网络信息。

其次，目前网络信息分级分类对"不良信息"范围的规定过于泛泛，不利于切实消除针对未成年人的网络不良信息。具体来说，《网络信息内容生态治理规定》对于采取措施防范和抵制不良网络信息进行了一定的规定，将不良网络信息规定为"散布淫秽、色情、赌博、暴力、凶杀、恐怖或者教唆犯罪"的信息。但是，这样的规定缺少针对未成年人网络性安全保护的精细化规定内容，无法应对网络性侵害未成年人犯罪的高发趋势。因此需要对"不良信息"的范围进行较为精确的规定，总结可能造成网络性侵害未成年人犯罪的不良信息内容，使得利用网络信息分级管理制度预防网络性侵害未成年人犯罪行为的可操作性进一步增强。

最后，要进一步加大对未成年人网络色情制品的打击力度，放宽对未成年人网络色情制品的认定。例如，美国联邦最高法院在1982年"纽约州诉菲波"一案中首次将色情制品进行异质化区分，从而在法律层面确定了"菲波标准"与"米勒标准"。该案判决后，基于对儿童身心健康的保护以及对未成年人易于遭受性剥削、性虐待的考虑，美国司法部门降低了有关儿童色情制品的认定标准。[①] 因此，应当重点打击具有性剥削意义的儿童色情制品，从而在电子音像制品的制作、传播领域中预防对未成年人的网络性侵害。要通过查处未成年人网络色情制品，进一步深挖色情制品背后的性侵害案件，让更多的性侵害未成年人犯罪行为得到惩处。

（三）防范网络性侵未成年人犯罪的社会机制之二：强化网络服务提供者责任制度

随着互联网技术的日益发展进步，互联网平台能够为受众提供越来越充实的网络信息内容与服务。随着更多流量被互联网平台吸引，如何对互联网用户承担平台责任则成为网络服务提供者无法回避的问题。如果互联网平台对内容的监管比较严格，自然会影响流量的进入量，可能不利于用户规模的扩大，自然会降低平台自身的收益。因此，就会有平台选择减少对内容的审核力度，放任不利于未成年人观看的信息内容在平台中传播，从而导致网络空间内部发生性侵害未成年人行为。因此为了应对网络性侵害未成年人犯罪问题，就应当强化互

---

① 参见李政达、涂欣筠：《未成年人遭受网络性侵害问题初探》，《江苏警官学院学报》2022年第4期。

联网服务提供者的责任。

首先,要加强网络服务提供者的信息审核责任。正如前文所述,虽然部分积极执行网络信息分级管理制度的互联网服务提供者会主动履行分级管理义务,比如在手机软件或网站中设计出"未成年人模式"或"青少年模式",主动为未成年人用户屏蔽不适合其接触的网络信息,但多数网络信息服务的提供者在执行网络信息分级管理制度时,仅仅进行形式性的分类分级,对用户进行提示,并不针对信息内容进行实质性的审核。并且存在很多社交软件注册管理不严格的情形,未成年人往往使用他人身份信息或者购买的虚假身份信息进行注册,使未成年人在社交软件中受到性侵害的行为难以有效识别。因此需要加强对于网络信息服务提供者的审核、分级义务的强制性规定,要求其对提供的信息内容做出实质性审核。

其次,要落实网络服务提供者的强制报告责任。如前文所述,2020年5月最高检与国家监委、公安部、教育部等九个部门联合印发了《关于建立侵害未成年人案件强制报告制度的意见(试行)》,与紧随其后2021年6月起正式实施的《未成年人保护法》最新修订版本一同确立了侵害未成年人案件强制报告制度。考虑到网络性侵害未成年人犯罪的严重危害性,针对网络空间内的涉嫌性侵害未成年人的行为,网络服务提供者应当提供报告,且有义务审查涉嫌性侵害未成年人的网络信息内容。虽然《未成年人保护法》第八十条规定了网络服务提供者发现用户利用其网络服务对未成年人实施违法犯罪行为的,应当立即停止向该用户提供网络服务,保存有关记录,并向公安机关报告。但是我国目前对网络性侵害未成年人案件并没有建立行之有效的网络服务提供者强制报告制度。由于互联网存在特殊性,需要进一步落实网络服务提供者针对网络性侵害未成年人行为的明确报告义务具体内容,并且将报告义务主体的责任承担方式加以细化。具体而言,从实践的角度出发,落实网络服务提供者的强制报告责任,使网络服务提供者主动发现并报告网络性侵害的相关线索,能够在很大程度上实现对网络性侵害未成年人行为的预防效果,从而避免更严重的损害发生。但是目前侵害未成年人案件强制报告制度的法律规定缺乏对网络服务提供者未履行报告义务时所要承担法律责任的详细规定,使得强制报告制度整体流于形式。因此,要落实网络服务提供者的强制报告责任,明确网络服务提供者在发现用户实际涉嫌网络性侵害未成年人行为时,负有及时向有关机关报告的强制性义务,并且细化未履行义务时所需承担的法律责任,最大程度预防网络性侵害未成年人案件的发生。

最后，要联合职能部门加强对网络服务提供者的监管。根据新修订的《未成年人保护法》等相关法律法规的规定，网信部门应当作为主体与其他相关部门配合，综合行政管理手段与其他辅助手段，加强对未成年人网络保护工作的监督，建立有效的未成年人网络保护协调机制。此外，检察机关也应当以检察建议或联合行动等方式加强网络平台监管，通过强化数据分析，及时发现问题隐患及发展趋势，以便针对网络性侵害未成年人案件展开行动。

（四）防范网络性侵未成年人犯罪的社会机制之三：完善未成年人网络性安全教育

未成年人由于缺乏网络自我保护意识，容易在诸如网页推送或者他人介绍注册使用网络中各类成年人交友软件时而接触到不良信息，或者受到色情、性暗示等信息的引诱进入非法网站并在互联网平台上发布个人信息，进而与犯罪人员产生联系和交往而招致性侵害。因此，要通过家庭与学校教育，强化未成年人的网络性安全自我保护意识，增强其网络性安全自我保护能力，进行健康、文明的网络交友活动。

为了强化未成年人网络性安全教育，提升未成年人网络安全自我保护意识，预防网络性侵害未成年人犯罪案件的发生，需要家长与学校方面的共同努力。一方面，家长要负起监护人的责任，监督教育未成年人健康使用网络。首先，家长要重视未成年人使用网络的家庭教育，未成年人的网络使用习惯并不是天生或一蹴而就的，而是在家庭成长过程中逐渐形成，受到家长的言传身教的影响。因此家长要重视培养未成年人的网络素养，教育未成年人如何识别、处理网络空间内的不良信息，如何在网络交友中保护自己的个人信息，更要教会未成年人在网络上遇到侵害时如何及时遏制危害行为，保护自己的合法权益。其次，家长应当承担起监督未成年人日常网络活动的任务，在监督未成年人上网时，家长要尽到知情引导的职责，了解未成年人的网络使用习惯与喜好，尽量引导未成年人健康上网而不是沉迷网络。在发现未成年人浏览、接触不良网络信息时，应当及时有效地制止劝导，而非剥夺未成年人的网络使用权。最后，家长应当学习一些技术手段来管控孩子的网络使用，包括在具有家长模式的软件上及时进行设置，并且在网络终端方面通过手机端、电脑端的软件设置将不适宜未成年人接触的不良信息进行屏蔽，以此规范未成年人的网络使用行为。

另一方面，学校要完善学生网络安全教育，帮助未成年人健康使用网络。首先，学校应当设置专门的未成年人网络使用课程，帮助未成年人分辨识别网络不良信息,教育未成年人在使用网络过程中不要轻信他人的说法,更不能将个人的真实身份信息在网络中公开,严禁与网友私下见面等行为。其次,学校应当专门针对网络空间内性侵害未成年人的犯罪开设知识讲堂,针对目前非接触型网络性侵害行为对未成年人造成的严重威胁,结合日常教学开展安全上网、网络自我保护的教育,引导未成年人做好网络自我保护。再次,学校应当加强与未成年人家庭之间的沟通联络,及时向家长反馈学生使用网络过程中沉迷网络等不当上网行为;学校如果发现未成年人遭受网络性侵害、网络欺凌,应当落实强制报告制度要求,及时向有关部门进行报告,防止未成年人遭受更多的网络侵害。此外,学校应当聘任具有法学专业背景的专业人员作为学校的法制副校长,深度参与学校网络安全教学与管理工作,处理学生的违规使用网络行为,积极组织网络安全与自我保护等主题的法治教育授课等,提升学校对于未成年人网络性安全的保护力度。

总之,传统的家庭与学校教育往往围绕接触型性侵害展开,家长和老师也认为家庭、学校都是传统意义上能够为未成年人提供保护的安全领域,但随着互联网的不断发展,互联网空间内针对未成年人的性侵害行为正在悄然展开。因此,为了应对互联网空间内性侵害未成年人行为的发展趋势,学校、家长应当更新对未成年人网络性侵害的预防理念,在进一步加强对未成年人网络活动保护的同时,对于性教育的外延也需进一步扩大,将非接触型性侵害也纳入性教育的范畴,引导未成年人建立正确的网络使用观念与网络性安全观念,增强自我保护意识。

(五)防范网络性侵未成年人犯罪的社会机制之四:构建网络性侵犯罪举报监督体系

由于互联网使用的广泛性,网络可谓深入当今社会的每一个细胞,因而网络性侵害未成年人行为呈现出多元化的趋势,并不是刑事司法中的独有问题。正如前文所述,有的犯罪行为人以拍摄教育片、招募选拔童星、游戏充值、发红包等幌子对受害未成年人进行色情视频拍摄以及实施性侵害;有的犯罪人员通过言语胁迫、恐吓等强制性手段逼迫未成年人观看色情视频、向未成年人发送裸照以及进行视频裸聊等;甚至还有犯罪人员在社交平台内强迫未成年人拍摄色情视频,再由犯罪人员上传至相关群聊、色情网站等平台进行盈利。大量的网络空间内部发生的性侵害未成年人的行为处于互联网的阴暗处、灰色地带内,想要真正对其加以发现、识别,就需要在广大的网络用户与执法部门之间建立有效的联系,提升网络性侵害举报效率,帮助每个能够触及、知悉相关事实的主体进行举报与参与。

当前,我国缺乏针对未成年人网络性侵害的专门监督举报机制,接收举报的主体多且分散,存在着九龙治水的困局,导致举报的分散化和低效率。因此,应当在我国建立针对网络性侵害未成年人犯罪的专门举报机制,网络性侵害未成年人犯罪举报机制应实现接受举报、举报转发以及定向监管等功能,将治理网络性侵害未成年人犯罪的多方主体通过专门的举报机制紧密结合,并通过专门的举报机制使广泛的网络用户与执法部门之间建立有效的联系,提升对未成年人的网络安全保护效果。

三、完善性侵害未成年人案件强制报告制度

探究性侵害未成年人犯罪案件之所以频繁发生的深层次原因,最主要的便是这类案件存在极大的隐蔽性特征,性侵害未成年人犯罪普遍存在于特殊场景之中,难以被公安机关等发现,这也正是迫切需要得到解决的首要问题。针对这一问题,完善、强化性侵害未成年人案件强制报告制度这一社会机制正是解决"发现难"问题进而有效进一步防范与惩治性侵害未成年人犯罪的对策所在。目前侵害未成年人案件强制报告制度还在不断发展之中,完善这一制度可以有效保障性侵害未成年人刑事政策的社会机制的充分展开。

2020年5月7日,最高检与国家监委、公安部、教育部等九个部门联合印发了《关于建立侵害未成年人案件强制报告制度的意见(试行)》(以下简称《强制报告意见》),与紧随其后2021年6月起正式实施的《中华人民共和国未成年人保护法》最新修订版本一同确立了侵害未成年人案件强制报告制度。而在《强制报告意见》里的几类情形中,占据重要地位的便是针对性侵害未成年人案件的强制报告,从而确立了性侵害未成年人案件的强制报告制度。

虽然当前强制报告制度在法律规范层面被一定程度上逐渐完善,并且在司法实践中得以适用,这极大地调动了所有未成年人保护领域的研究人员与实务工作者的热情,但目前强制报告制度在实施过程中仍存在相当多的薄弱环节,而且在立法规范层面对该问题仍旧留有很大的空白。针对性侵害未成年人的犯罪案件而言,如何进一步补充、构筑社会层面的保护网络,如何增强社会群体的报告意识、规范相关责任主体的报告行为,如何通过强制报告制度实现对未成年人的性保护等问题都需要进一步的立法完善及对相关法律规范更好的解释与实

践。可见,性侵害未成年人案件的强制报告制度方兴未艾,还需要进一步的优化探索和研究。

(一)性侵害未成年人案件强制报告制度的含义及理论基础

1. 性侵害未成年人案件强制报告制度的含义

性侵害未成年人案件强制报告制度是指当法律规定的性侵害未成年人案件情况出现时,具有相应报告义务的主体应当及时向受理部门履行报告义务,如果在相应情况出现时,行为人不进行报告或者不正确地履行报告义务,则会受到法律的惩处。[①] 性侵害未成年人案件强制报告制度将传统理论中相关主体的道德义务进一步确立为法律义务,使性侵害未成年人案件引起了全社会的注视与监督,从而进一步加强了对未成年人的保护。

针对未成年人受侵害而建立起的强制报告制度源自"国家亲权主义",作为国家未来之栋梁与民族之财富的未成年人不单单是其父母的"私有财产",而且是整个国家需要进行保护的未来。因此与传统意义上的"家长亲权"相比,"国家亲权"同样是未成年人保护的必然选择。[②] 对于侵害未成年人的行为,公权力乃至全社会都有义务阻止。国际上的强制报告制度主要是赋予特定群体以一定的报告义务,使其在出现特定情况时必须向有关机关报告,而我国目前的强制报告制度整体适用于侵害未成年人利益的相关领域,针对责任的设定围绕保护未成年人和减少对未成年人的侵害展开。但是,强制报告制度的具体内容在最新修订的《未成年人保护法》中并没有作出明确的规定,也没有厘定具体的适用情形。《未成年人保护法》第十一条将报告情形表述为"不利于未成年人身心健康""侵犯未成年人合法权益",因此司法实践中主要是以《强制报告意见》规定的九种情形为主要参照。在这九种情形中,对未成年人侵害程度最为严重也最值得社会关注的情形便是对未成年人的性侵害行为。近年来,全国各地性侵害未成年人犯罪案件频频发生,这些犯罪案件多数情节恶劣,后果严重,对社会群体情感的伤害极大,并成为阻碍广大未成年人顺利成长与破坏社会和谐稳定的重大问题,不仅严重危害未成年人的身体健康,更可能使其陷入抑郁、自闭等难以治愈的心理困境中。因此,国家需要以建立性侵害未成年人案件强制报告制度的方式行

[①] 参见自正法:《侵害未成年人案件强制报告制度的法理基础与规范逻辑》,《内蒙古社会科学》2021年第2期。

[②] 参见徐富海:《中国儿童保护强制报告制度:政策实践与未来选择》,《社会保障评论》2021年第5卷第3期。

使"国家亲权",赋予与未成年人存在密切联系的特定群体以强制报告义务,在未成年人遭受性侵害犯罪行为的威胁时,必须及时向有关部门报告。

性侵害未成年人案件强制报告制度具有强制性,要求责任主体在遇到未成年人遭受侵害的情形时必须报告,这是制度刚性的体现,"强制"一词说明该制度对于报告人的报告行为具有约束性。为此,不论《未成年人保护法》还是《强制报告意见》都明确规定责任主体在没有正确履行报告义务时,会受到相应的责任追究。强制性在一定程度上激活了广大社会群体的群体性力量,增强了相关主体主动介入未成年人受侵害案件的积极性,能更好地发挥制度的实际作用,使未成年人受到应有的保护。此外,性侵害未成年人案件强制报告制度具有预防性,强制报告制度在欧美国家得到广泛使用,正是由于其所具有的预防性制度优势。由于侵害未成年人案件存在隐蔽性的特征,往往在特殊场景中发生,性侵害未成年人的行为更是如此,受害人本身更难以对此积极主张,因而公权力机关单单依靠自己的力量往往难以发现线索,这才需要更多社会主体进行参与。法律规定的相应责任主体在发现案件线索时,如果及时履行法律规定的义务,将情况报告给有关部门,可以使有关部门尽早介入案件之中,防止未成年人遭受更为严重的人身、精神伤害,因此对解决性侵害未成年人案件具有预防性,能够为未成年人提供更好的保护。

2. 性侵害未成年人案件强制报告制度的正当性与理论基础

性侵害未成年人案件强制报告制度的法理基础在于国家亲权理念。国家亲权源自拉丁语,又称国家监护或国家父权,是指国家公权力对父母的自然亲权的介入或阻却,这一理念的核心观点是指当以父母为代表的自然亲权没有能力全面、正确地履行对未成年人的监护职责时,身为更高层级的未成年人监护人的国家亲权会以此介入未成年人家庭,以公权力的参与实现完整有效的未成年人保护与伤害预防。国家公权力会亲自干预未成年人保护工作的过程,更有甚者会取消不能够正确保护未成年人的失责父母的监护权,转而将国家公权力机关作为需要保护的未成年人的"代理父母",以此更好地履行对未成年人的监护职责。这样的"国家亲权"理念正是性侵害未成年人案件强制报告制度的法理基础。①

一方面,近年来侵害未成年人案件不减反增,证明以父母为代表的自然亲权在监护未成年人的过程中对未成年人的身心保护存在相当程度的忽视与疏漏。

---

① 参见童小军:《国家亲权视角下的儿童福利制度建设》,《中国青年社会科学》2018年第2期。

另一方面,未成年人遭受来自其家庭内部的性侵害行为的情形更加应当引起重视与广泛关注。据相关统计结果表明,在 48 个家庭共同生活人员对未成年人实施性侵害的犯罪案件中,未成年受害人受到生父、养父和继父侵害的案件竟然多达 39 起,这占据监护人侵害案件总数的 81% 之多。[1] 受到传统家庭观念影响的受害人无疑多数具有不愿意将"家丑"向外透露的心态,更不愿意让外人得知自己长期受到来自家庭内部的性侵害行为影响的事实,更为极端的是,甚至存在家长阻止被害人报案的情形。这类对未成年人的性侵害犯罪案件往往持续时间长,侵害次数多,足以对未成年人造成更加严重的伤害。这种情形下显然需要国家公权力机关进行介入,避免未成年人伤害加重。这些案件中的侵害者本身就是未成年受害者的监护人或者家庭成员,他们作为自然亲权的代表,本应当履行对未成年人进行家庭保护的神圣职责,却反过来成为侵害未成年人的加害者。在面临上述情况时,倘若国家不能介入其中,那么承载社会希望的未成年人,就会不幸落入得不到应有救济的窠臼之中。

在上述情形出现之时,行使"国家亲权"的国家公权力机关,应当作为受侵害未成年人的最高层级的监护者,通过其权力的触手,也即司法机关、民政部门、公安机关等各类国家公权力机关实现其对未成年人的监护职责。只是由于国家公权力机关本身存在一定的局限性,其工作范围与工作精力都是有限的,且性侵害未成年案件多数发生在隐蔽场所、熟人之间,外部力量很难发现,公权力机关自然就难以仅仅依靠自身力量贯彻"国家亲权"理念要求的全面监护职责。因而国家通过制定相应规范,规定性侵害未成年人案件强制报告制度,借助相关的社会力量,通过将公权力机关自身之外的与需要被保护的未成年人存在密切联系的部分社会主体规定为责任主体,解决发现案件线索的难点,承担强制报告义务,以达到早日发现、及时介入的目的,更好地履行国家作为未成年人"最终监护人"的职责。

性侵害未成年人案件强制报告制度正是遵循未成年人最大利益原则的结果。未成年人最大利益原则肇始于英美法系,其得到法律层面的承认起源于 1959 年联合国的《儿童权利宣言》,这一宣言虽然不具有真正的法律层面的约束

---

[1] 参见岳慧青、周子告、翟亚勇等:《性侵害未成年人刑事案件办理及全链条治理机制研究——北京市检察机关 2018 年至 2020 年办理性侵害未成年人案件情况分析报告》,《预防青少年犯罪研究》2021 年第 6 期。

力,但是作为一项影响深远且广泛的决议,其进一步促成了1989年联合国《儿童权利公约》的通过,并且成功在全世界范围内普遍确立了针对未成年人保护的未成年人最大利益原则,强调把儿童作为个体权利主体来予以保护,规定了关于儿童的一切行为均在儿童最大利益原则的考虑范围之内。未成年人最大利益原则的核心原理是未成年人较为弱小需要特别保护,而这种保护正是国家与社会来进行提供的,因此凡是涉及未成年人利益的制度及决定,未成年人的利益应当且必须被放置于首要位置。我国新修订的《未成年人保护法》的第四条规定了最有利于未成年人的理念,这正是对儿童利益最大化原则基本精神的践行。

我国在法律层面建立起的性侵害未成年人案件强制报告制度正是对未成年人最大利益原则的遵循与彰显。强制报告制度将未成年人最大利益原则的精神要求具体化为规范内容,将具有相应责任的责任主体的范围扩展到与受侵害未成年人存在密切联系的各类组织及相关从业人员等,将相关主体广泛地覆盖在了具有义务的主体范围之内,施加相应的儿童保护职责,契合了"未成年人最大利益原则"的要求。其次,强制报告制度还规定民政部门、妇联等组织需要为受侵害未成年人提供及时有效的救援与帮助,要求相关单位的工作人员在负责处理这类案件的过程中对未成年人的隐私加以严格保护,这些都践行了未成年人最大化利益原则要求。

性侵害未成年人案件强制报告制度体现了倾斜性保护的理念。弱势群体作为社会成员中的重要一环,应当与其他社会成员一样得到平等的保护与保障,享有平等的权利,这也正是作为法律基本原则之一的平等保护原则的内涵。而这种平等的保护与保障如何实质性地实现,则是真正的问题所在。想要真正实现对于作为弱势群体的未成年人的平等保护,就需要通过立法与司法领域的倾向性措施,突破形式上平等所带来的束缚,实现实质意义上的平等保护,这正是倾斜性保护理念的真正含义。① 具体而言,想要真正有效地开展未成年人保护工作,就必须正视未成年人和成年人之间的多角度、全方位的差距。整体来看,未成年人在体力、智力以及社会经验等各方面全面落后于成年人,因此更加容易遭受到侵害,并且其自身缺乏经验、身体发育尚未成熟,害怕外界的不利评价或者恐惧于施害人的威胁,从而致使其不敢、不愿意向有关部门进行求助、报告的情况出现,造成性侵害未成年人犯罪案件的漏报。正因如此,必须使未成年人得到

---

① 参见张维:《司法对弱势群体倾斜性保护的正当性与可行性分析》,《社会科学家》2008年第3期。

相应的倾斜性保护。也正是源于这种实质上的不平等,权利的倾斜性配置成为性侵害未成年人案件强制报告制度的主要功能所在。性侵害未成年人案件强制报告制度正是正视未成年人比成年人更脆弱、更容易受到侵害的现实,通过法律规范将更多的司法资源和社会资源倾斜在未成年人身上,如相关社会群体的热切关注与公权力机关的提早介入等,通过设定密切接触未成年人和负有相关职责的专业人员发现性侵害未成年人行为时应及时报告的义务,试图扩大发现侵害未成年人行为的责任主体范围,避免侵害行为难以被发现的弊端,一定程度上改变未成年人的弱势地位,使得未成年人受到更加完整、实质性的平等对待与保护。

(二) 我国性侵害未成年人案件强制报告制度现状及问题检视

1. 性侵害未成年人案件强制报告制度的发展及现状

循着我国侵害未成年人案件强制报告制度的历史看去,早在1991年颁布的《中华人民共和国未成年人保护法》中的第五条就已经明确规定:对侵犯未成年人合法权益的行为,任何组织和个人都有权予以劝阻、制止或者向有关部门提出检举或者控告。这无疑表明了公权机关需要社会群体参与未成年人保护与侵害治理的需要,但是由于这条规定过于抽象化,只存在象征性的意义,却无法具体落实,因而只成为一项原则性的倡导规范。在此之后,侵害未成年人案件强制报告制度一直没有更好地发展,但性侵害未成年人犯罪的发生率却持续上升,如何针对性侵害未成年人犯罪开展有效的防控成为必须解决的现实问题,于是2013年两高两部《性侵意见》规定对未成年人负有特殊职责的人员以及其他公民和单位发现未成年人受到性侵害的有义务向公安、检察院和法院举报。这无疑使得性侵害未成年人案件强制报告制度具有了一定程度的规范性依据,并且虽然报告情形仅限性侵害行为,但该条明确了报告的主体和对象,成为我国强制报告制度的起点。2014年12月,"两高两部"联合下发了《关于依法处理监护人侵害未成年人权益行为若干问题的意见》,该意见明确规定,将学校、医院、村(居)民委员会、社会工作服务机构等单位及其工作人员规定为未成年人侵害案件的强制报告主体。此外,该意见还对强制报告制度的主体作出了规定,并对不能及时、正确履行强制报告义务的责任主体作出了惩罚性规定。2015年3月,"两高两部"联合发布了《关于依法办理家庭暴力犯罪案件的意见》,该意见中提到了对于未成年人在家庭内部受到侵害时的强制报告义务,并增加了对报告主体的免责与保密条款。2015年12月,《中华人民共和国反家庭暴力法》正式通过,对侵害未成年人案件强制报告制度的责任主体和报告内容都作出了较为明确的规定,还同时规定了对责任主体的责任追究与法律保护措施,具有一定程度的可操作性,虽然限于家庭领域内部,但却是第一次通过法律规范的形式确定了我国的强制报告制度。

近几年来,我国性侵害未成年人的犯罪案件呈多发、高发态势。考虑到未成年性侵案多为熟人作案,隐蔽性高、持续时间长,囿于未成年人年龄、经验和知识等因素,性侵害未成年人的犯罪案件始终面临着发现难题。为了切实解决性侵害未成年人案件发现难度大、隐蔽性强的现实困境,我国陆续出台了一系列政策法规,使性侵害未成年人犯罪案件强制报告制度更加规范与完善。2020 年 5 月,最高检与国家监委、公安部、教育部等九个部门联合印发了《强制报告意见》,针对侵害未成年人案件强制报告制度作出了整体性规定,其中性侵害未成年人的情形正是明确应当进行报告的典型情形,除此之外,《强制报告意见》更是明确了具有报告义务的责任主体范围,包括居(村)民委员会、学校、托育服务机构、医疗机构、儿童福利机构、旅店等在内的社会群体均确定为责任主体;《强制报告意见》还落实了报告的全面流程,包括责任主体进行初步核实后向公安机关报告,并对报告人的信息予以保密,公安机关接到报案后应当立即接受等,此外还补充了反馈义务和告知义务。随后于 2021 年 6 月,新修订的《中华人民共和国未成年人保护法》吸纳《强制报告意见》的制度设计,从国家法律规范层面正式确立了性侵害未成年人案件强制报告制度,新《未成年人保护法》将受理部门扩大为公安、民政、教育等部门,并补充了报告热线和后续救助的内容。

此外,各省市也在根据地方实际情况创新落实强制报告制度。湖南省常德市出台了《常德市未成年人家庭暴力强制报告和处置办法》,其中明确规定了报告责任人在发现有性侵害未成年人的行为时,必须在 24 小时之内报告给公安机关或者向妇女儿童维权公益热线进行报告。上海市和重庆市则利用互联网技术创新侵害未成年人案件报告制度的实现方式,如闵行区在颁布的《关于侵害未成年人权益案件强制报告与处置干预的实施办法》中提出开发"童心未闵未成年人保护线索受理平台"小程序,用户在公众号上即可进入"未成年人保护线索举报平台",从而利用互联网平台快捷、便利地履行法律赋予的报告义务。

2. 性侵害未成年人案件强制报告制度的问题检视

新修订的《未成年人保护法》对性侵害未成年人案件强制报告制度作出了较为完整的规定,但在具体的实践过程中,强制报告制度的规定过于抽象化、原则化,难以具体落实,缺乏一定的可操作性,难以作为判案的依据或者执法的援引条文。① 从规范与实践的角度出发,当前规范中的强制报告制度在报告主体、受理部门、责任机制以及处置程序等方面均存在一定的现实问题,亟待进一步优化,才能回应性侵害未成年人案件不断增多的问题。

一是性侵害未成年人案件报告率低,负有报告义务的主体报告意识薄弱。目前,我国的强制报告制度仍处于起步阶段,责任主体出于对各种因素的考量,主动报告意愿并不强,这不可避免地导致了制度执行乏力的困境。究其缘由,在目前的法治与社会环境下,强制报告制度在一定程度上缺乏社会面的知晓度,虽然强制报告制度已经落地实施,但是部分社会群体特别是强制报告涉及的教师、医生等负有相应报告义务的基层报告主体对该项制度的了解普遍不足,也缺乏主动报告意识。如医生等特殊职业群体,在面临复杂且难以解决的医患关系问题时,就可能对事实采取回避态度。医生在进行诊治的过程中发现未成年人疑似遭受性侵的案件线索后,可能由于顾虑到当下紧张的医患关系、保护患者隐私的医师执业伦理以及未成年人的特殊脆弱情况等因素,从而选择被动地配合当事人的诊疗需要,并不主动介入可能存在的案件进程中,回避其发现的案件线索,造成性侵害未成年人案件的漏报。再如对于发生在校园内部的性侵害未成年人案件,学校方面往往会选择采取校内私下解决的方式进行处理,特别是学校教职员工对在校学生进行性侵犯的情况下,出于对学校声誉以及学校考核测评的考虑,私下调解并与被害人家属签订协议已经成为学校方面应对性侵未成年人案件的一种非正式手段。再者,网吧、酒店等特殊的经营性场所由于种种现实情况同样可能与未成年人存在接触与联系,但是这些经营性场所由于担心产生影响经营的纠纷,甚至于遭受打击报复,往往秉持着回避的态度,使得这些相对封闭的隐秘性环境内产生的侵害案件的线索难以得到及时发现。

二是强制报告制度受理机关混乱,缺乏责任承担。我国目前的侵害未成年人案件强制报告制度在设置报告受理机关时十分混乱,在规范设定层面,既有规范将公安机关作为报告受理机关,同时也有规范将教育部门、民政部门以及网信部门等列为受理机关。如新修订的《未成年人保护法》中,第二十条将家庭侵害行为的强制报告受理机关确定为公安、民政以及教育等部门,第三十九条则将学校内侵害行为的强制报告受理机关设定为公安机关以及教育行政部门,第七十

---

① 参见宋英辉、刘铃悦:《〈未成年人保护法〉修订的基本思路和重点内容》,《中国青年社会科学》2020年第6期。

九条将涉及网络的侵害未成年人行为强制报告受理机关规定为网信部门以及公安机关。可见,目前我国法律规定的侵害未成年人案件强制报告制度的报告受理职责分别归属于公安机关以及民政、教育、网信等政府部门,并且主要以公安机关为主。在这种情况下,强制报告受理部门的混乱会带来相当程度的弊端。实践中,多地公安机关、检察机关也设置了强制报告制度的受理渠道,显得十分混乱。详言之,强制报告受理部门混乱,多部门受理的规定不利于侵害未成年人案件线索信息的集中与整合,部门与部门之间会陷入九龙治水的困局,互相推诿扯皮,出现可以由多部门受理报告却最终没有部门受理的问题。另一方面,以多部门作为报告受理部门还容易导致负有强制报告义务的责任主体不知向谁报告或者重复报告的情况出现,浪费司法、行政资源。再者,目前公安机关作为主要的报告受理部门,工作任务繁重,非警务活动增加,尤其是基层公安警力不足,其处理的个案数量往往超过了系统运转负荷。虽然《强制报告意见》规定公安机关接到疑似侵害未成年人权益的报案或举报后,应当立即接受,但在实际操作中,基层民警由于缺少监督,以及警力资源缺乏等因素的影响,只会接受达到性侵害未成年犯罪标准的行为,这就导致还有一大部分未达到犯罪门槛但又是性侵害未成年人的行为陷入灰色地带,缺乏应有的制裁,反而日积月累滋生更为严重的侵害行为。尽管新修订的《未成年人保护法》对报告受理机关进行了法律责任的设定,但是却未有针对性的责任追究的专门规定。而实践中面对报告受理部门分散、主责部门不明的报告受理漏洞,容易因责任分散导致社会惰化效应,形成受理责任虚置的局面,却并不会真正追究报告受理部门的相关法律责任,使得受理责任机制缺乏法律强制,强制报告制度无法全面、有效地发挥作用。

三是强制报告制度的法律责任追究机制存在漏洞。《强制报告意见》第十六条规定:负有报告义务的单位及其工作人员未履行报告职责,造成严重后果的,由其主管行政机关或者本单位依法对直接负责的主管人员或者其他直接责任人员给予相应处分。可见,对于负有报告义务的相关主体,一旦其没有履行或没有正确履行强制报告义务,则需要承担相应的法律责任,但是这样的追责是存在前提的,即需要"造成严重后果"。但是这样的前提会对强制报告制度的执行带来相当程度的不利影响,造成前文提到的负有报告义务的主体的报告意识淡薄以及产生侥幸意识,怠于履行强制报告义务。因为负有报告义务的主体即使没有履行强制报告义务,但只要行为没有造成严重后果,就不会被追究相应的责任。

除此之外，对于负有报告义务的主体未及时履行、未正确履行报告义务的行为，也缺乏相应的规制，这必然导致制度执行乏力、案件报告率低的问题，实践中自然也就少见真正因未履行报告义务而受到处罚的案例。

四是强制报告的处置流程虚置，配套机制不健全。《强制报告意见》虽然初步规定了如何受理和进一步调查性侵害未成年人案件的强制报告，但是却并未形成包括受理报告、调查核实以及后续处置等步骤在内的完整报告处置机制。这样的强制报告处置流程规定过于原则，在一定程度上导致了处置流程的虚置，特别是在性侵害未成年人案件强制报告制度初步在我国得到建立且并未完整落地的情况下，负有责任的报告主体可能存在误报、重复报告的情况，目前法律规定的相关处置流程规定原则性过强，具有具体可操作的内容过少不利于强制报告制度的落实与开展。此外，当强制报告被相应机关受理后，目前的法律规范缺乏对后续安置程序与配套措施的规定，无法对临时紧急状态下的未成年受害人采取保护措施。

（三）我国性侵害未成年人案件强制报告制度的优化与完善

正如上文提到的，在颁布《强制报告意见》之后，为了进一步配合《强制报告意见》的实施，新修订的《未成年人保护法》在总结经验的基础上，在法律规范层面确立了侵害未成年人案件强制报告制度，规定了与未成年人存在密切联系的社会主体的报告义务，同时在法律责任部分针对未能履行报告义务的行为规定了相应的法律后果，使得强制报告制度具备了一定程度的可操作性。但是，仅凭《未成年人保护法》和《强制报告意见》中的规定无法解决实践中的诸多现实问题，因此尽管我国侵害未成年人案件强制报告制度已在立法层面得以正式确立，但相关法律规定高度原则化，该制度尚未真正意义上地完整建立，存在较大可以完善的空间。

1. 扩大报告主体的范围，强化主体责任

针对性侵害未成年人案件强制报告制度的报告主体，我国《未成年人保护法》第十一条第一款规定："任何组织或者个人发现不利于未成年人身心健康或者侵犯未成年人合法权益的情形，都有权劝阻、制止或者向公安、民政、教育等有关部门提出检举、控告"，并且在第二款中将"国家机关、居民委员会、村民委员会、密切接触未成年人的单位及其工作人员"规定为性侵害未成年人案件强制报告制度的报告主体。可以看出，《未成年人保护法》第十一条第一款赋予一般组织和个人以检举、控告的权利，针对检举、控告事项的规定也非常宽泛，针对普通个人赋予其报告的权利;而第二款则不同,只有在面对"未成年人身心健康受到侵害、疑似受到侵害或者面临其他危险"等情形时,被规定的特殊主体才需要针对侵害未成年人权益的行为进行报告,而这种报告行为是义务并非权利。因此,我国《未成年人保护法》第十一条分别规定了针对侵害未成年人权益行为的报告权利主体与报告义务主体,考虑到普通群众作为普通个体的知识水准与判断未成年人受侵害的具体能力问题以及强制报告义务所带来的行为负担,授予全体公民主体以报告的权利,仅针对个别主体规定了未成年人受侵害案件的报告义务。

通过考察域外的侵害未成年人案件强制报告制度的相关规定可以发现,域外强制报告制度的相关规定普遍在设置强制报告义务的主体时聚焦于教育、保育以及医疗等行业的相关从业人员和社会工作者,使其成为侵害未成年人案件强制报告制度的主要报告主体。但是也存在部分国家和地区,根据地方自身的社会文明发展水平以及地方治理的需要,将报告主体的范围扩展至全体的普通公民个体,并且以普通个体作为强制报告制度的报告主体也存在一定的发展趋势。相对域外某些国家和地区将义务主体扩大为全体公民个体的做法,我国将侵害未成年人案件强制报告制度的报告主体限制在与未成年人存在相当程度接触的单位以及个人,这种密接接触包括在工作中以及在生活中的相关接触。对于报告主体的这种规定不但符合我国当下的现实国情,且更具有操作性与针对性。

但是,值得重视的问题是,自强制报告制度施行以来,性侵害未成年人案件不但没有得到有效遏制,反而呈现出不断增长的趋势。相对于其他侵害未成年人权益的行为而言,性侵害未成年人的行为无疑具有更严重的社会危害性,更加恶劣地侵害了未成年人的身体及心理健康,影响未成年人的成长,亟须进行有效的遏制。作为强制报告制度重要组成部分的性侵害未成年人案件强制报告制度无疑并没有适应性侵害未成年人案件的社会发展趋势并对其作出回应,在性侵害未成年人强制报告制度推行的同时,性侵害未成年人案件却不降反升。针对我国目前的社会发展水平以及治理需求制定相应的强制报告制度,将强制报告的义务仅赋予部分与未成年人存在密切接触的特殊主体并无不妥,但是考虑到性侵害未成年人案件的极大危害性以及遏制性侵害未成年人案件不断增长的趋势的需要,应当适当扩大性侵害未成年人案件的报告主体范围,并且强化报告主体的个人责任设置,以此精准打击和遏制性侵害未成年人案件。对此甚至有学者提出,应当将所有人都纳入性侵害案件的报告责任主体范围。①

详言之,对于普通的侵害未成年人权益的行为可以规定部分特殊主体作为强制报告义务的责任主体,但是针对性侵害未成年人行为这种恶劣的侵害行为,应当适当扩大报告义务主体,将其扩大到相关的普通个体,并且应当结合性侵未成年人案件具有熟人作案、互联网新发的特点进行适当扩大。在描述强制报告义务的主体时,可以采用列举的形式,尽量明确地对报告主体的行业与身份进行规定,不仅让报告主体更加清晰地知道自己的义务,也方便群众对其进行监督。可以适当扩大性侵害未成年人案件强制报告制度的报告主体范围,将容易与性侵害未成年人案件存在联系的普通个体纳入报告义务主体范围,尤其是社会经验丰富、容易发现异常的普通主体,应当纳入报告义务主体范围。例如未成年人的成年近亲属、居住地物业及其工作人员、公共场所及公共交通管理者、大型商场的管理人员等,以此形成对于性侵害未成年人这种恶劣行径的全面报告态势,在最大程度上减少性侵害未成年人行为的发生。

与此同时,在责任追究上,《未成年人保护法》第一百一十七条的规定是以单位责任为原则进行设计的,因此将责任主体设置为"直接负责的主管人员和其他直接责任人员",这样的规定虽然在一定程度上明确了责任主体,将直接负责的主管人员和其他直接责任人员明确进行列举,但是在个人责任的设置上难免存在一定的模糊性,导致责任主体范围不清,难以强化具体个人的责任意识,无法推动报告主体个人责任的确定,不利于强制报告制度的责任落实。因此,应当适应上文中建议对性侵害未成年人案件强制报告制度中报告主体范围的扩展,进一步强化报告主体个人责任的具体落实,以明确追究个人责任的方式应对性侵害未成年人案件的发展趋势。

2. 加强宣传,提升报告主体责任意识

目前性侵害未成年人案件强制报告制度在落地推行过程中,首先对其形成阻滞并影响其运行效果的,便是报告主体的实际报告意识与具体报告能力不足。只有强化报告主体的实际报告意识,提升报告主体的具体报告能力,不断推进报告义务主体的专业化程度,加强报告主体的主体能力建设,才能使强制报告制度的运行实效得以提升。

首先,要加强报告义务主体的宣传和职业培训。要深入各中小学校、幼儿

---

① 参见兰跃军、李欣宇:《强制报告制度的实施困境及破解》,《中国青年社会科学》2021年第6期。

园、医院作专题授课,为广大教育和医护工作者推广强制报告制度的义务主体、适用情形、处置程序以及责任机制,要进行专业类型的特殊培训,增强强制报告制度的报告义务主体的相关法律知识,通过培训宣传,使其进一步获悉性侵害未成年人强制报告制度的详细内容,尤其是要使其通晓报告的对象、途径和法律后果,提升报告主体的社会责任感与认同感,增强报告义务主体的判断能力与分析能力,使其准确识别未成年人是否遭受或疑似遭受不法侵害的不同情形,使报告义务主体充分把握强制报告制度的目的与功能,并在实际执行的过程中确保目的的实现。要在相关行业与领域内建设完善的未成年人强制报告制度的培训体系,使得报告义务主体具有全过程的学习机会,可以借助线上完成网络课程、线下举办讲座的模式帮助责任主体对强制报告制度实现体系性的认知与理解,明晰自己的责任,积极履行报告的义务。尤其是要强化责任主体的证据固定意识,及时固定与案件有关的线索,方便后续调查工作的顺利展开。不仅要在岗前培训环节将性侵害未成年人强制报告制度等未成年人保护的具体内容纳入岗前培训体系,构筑职业工作的第一道防线,更要将报告义务主体对于性侵害未成年人强制报告制度的执行纳入阶段性的职业考核当中去,利用职业培训体系中的审核机制迫使相关人员强化对强制报告制度的知识学习领会与系统性认识,从而增强报告义务主体对于未成年人的保护意识,增强其对所具有的相应职责的敏感性,为及时、准确地识别性侵害未成年人案件线索、治理性侵害未成年人犯罪奠定基础,真正提升相关行业内部处理儿童保护问题的敏感性和专业性[①]。

其次,要加大对社会基层公众的普法宣传。性侵害未成年人案件强制报告制度想要真正意义上得到全方位地落地实施,除了加强对强制报告义务主体的宣传培训,更需要广大社会公众的普遍了解与参与。因此,加强对社会公众的普遍性宣传也尤为必要,要让全社会了解掌握性侵害未成年人案件强制报告制度的目的与内容。具体而言,推广途径可以分为两个方面——线下的制度推广与线上的制度宣传。一方面通过线下进行强制报告制度的宣传与推广,可以采取多种多样的宣传推广方式,包括在图书馆、人民礼堂等公共文化服务设施内开展专家名师的专题讲座,还可以通过多种方式创新宣传方式,推出针对性侵害未成年人强制报告制度的社区宣传与侵害未成年人现实典型案例的分析展示,更可

---

① 参见杨小军:《未成年人保护工作中强制报告制度如何落实》,《中国民政》2022年第4期。

以印发包含强制报告制度内容的宣传手册,方便法治进社区、社群自发普法。更重要的是,针对我国农村地区广、文化水平落后的现实问题,尤其是农村留守儿童易成为性侵害未成年人行为的犯罪对象且受文化传统习俗等影响容易隐而不报的现实问题,更要求我们做好农村地区的宣传,要通过接地气的方式来展开宣传,使强制报告制度的内容真正在村民心中落地生根,不但要通过印刷宣传标语、利用村内广播播报、使用公交站电子滚动屏等方式实现形式上的推广,更要根据各村的实际情况,选取在村内具有名望、深得人心的群众作为推广主轴,通过演讲宣传等形式推动强制报告制度实现真正的口口相传、了然于心。此外,为了减轻村民对公权力机关以及承担责任的相关顾虑,在推广关于强制报告制度的内容时,要注重保护条款的宣传,让大家了解制度中对于报告义务人隐私保护的相关内容,并且免除大家对于善意报告不适当内容的心理顾虑。另一方面,要高度重视线上推广的方式,重视互联网线上平台在当今社会环境下对人民群众的高度影响,可以由检察、公安、妇联、教育等部门牵头,与大型互联网平台建立合作关系,以线上互联网平台作为推广的窗口与群众流量入口,通过线上互联网平台推广与线上免费网络培训课程以及播放网络法制宣传片等方式,全面多角度宣传侵害未成年人强制报告制度。总而言之,要通过广泛的社会宣传,提升社会民众义务主体报告意识,增强主动报告的积极性,让普通的社会公众深入学习了解强制报告制度,意识到自己的工作、生活周边可能存在的需要报告的情形,鼓励社会公众参与到未成年人保护活动中,同时也威慑侵害未成年人的违法行为人。

3. 改进强制报告制度的报告机制

正如上文提到的,我国目前对于强制报告制度的受理机关规定混乱,各部门之间评估标准不统一、部门与部门之间信息共享不全面、衔接机制不流畅,且多头治理往往导致部门之间职责不清、相互推诿,还容易导致负有强制报告义务的责任主体不知向谁报告或者重复报告的情况出现,浪费司法、行政资源。在规范设定层面,我国法律规定的侵害未成年人案件强制报告制度的报告受理职责分别归属于公安机关以及民政、教育、网信等政府部门,并且主要以公安机关为主。在这种情况下,强制报告受理部门的混乱会带来相当程度的弊端。新修订的《未成年人保护法》第八到十一条分别规定了由县级以上人民政府承担相关经费,由民政部门承担协调具体工作的责任,由公安、民政、教育等有关部门受理报告。考虑到我国警力资源紧张,目前公安机关作为主要的报告受理部门,工作任务繁重,非警务活动增加,尤其是基层公安警力不足,其处理的个案数量往往超过了系统运转负荷,不构成犯罪的侵害行为往往无暇顾及;而教育部门主管教育,要求他们上报疑似侵害行为情有可原,但受理部门需要达到更严格更专业的门槛,且后续的调查评估工作仍需寻求专业部门的帮助。

因此,无疑应当改进强制报告制度的报告机制,应当建立分级处遇机制,各受理部门的受理工作应当分重点、有层次。对于其他侵害未成年人权益的行为而言,由设立儿童福利司的民政部门负责,建立统一的民政部门报告平台,受理后由当地民政部门派出调查人员在时限内进行家访,联系报告人,核实事实,评估情况后,若是普通侵害行为,则由民政部门自己作出相应惩罚,若是严重的侵害行为,再移交公安机关进行进一步处理。而对于性侵害未成年人强制报告制度,则须选定公安机关作为报告义务的受理部门,集中有限的警力资源,对性侵害未成年人案件的报告做好及时受理与处置。除了确定公安部门作为性侵害未成年人案件强制报告制度的受理部门之外,还必须加强人民检察院对性侵害未成年人案件的立案监督。加强人民检察院对性侵害未成年人案件的立案监督是强制报告制度刚性的重要保障,检察机关应强化与公安机关在建立对于性侵害未成年人案件强制报告的公检配合机制,加强性侵害未成年人案件执法司法联动,要求公安机关及时通报立案信息,对严重的性侵害未成年人案件及时介入、引导侦查取证。

此外,域外经验以及强制报告制度的运行实践表明,开通一条地区范围内通用的报告热线,并且提供一个便于记忆、形成一定标志属性的热线号码,可以帮助强制报告制度真正在社群中落地,形成一条行使报告权利、履行报告义务的及时有效通道来解决性侵害未成年人案件。因此,应当由民政部门开通一条全国统一的报告热线和建立一个统一的互联网线上报告平台,更可以利用微信小程序与支付宝小程序等大型互联网流量入口平台建立报告专区,尽量为强制报告制度的报告义务人提供方便、快捷的报告途径,报告人向统一的报告平台告知具体的侵害未成年人权益行为的详细情况后,一并告知其所在地,并由后台转接到当地的民政部门,再由专业工作者对是否受理做出判断。在这一过程中,对所有来电者报告的内容应当做到全程保密。目前我国新修订的《未成年人保护法》规定了报告热线的方式,但在实践中并未建立起统一的报告热线与互联网线上报告平台,而是由不同部门开通若干举报热线,比如由我国民政部门设立的12349儿童救助热线,又如由全国妇联设立的反家暴热线等。多样的报告途径似乎是方便了民众的选择,但我们不得不承认,大多数民众对强制报告制度仍是陌生的,不同的号码不仅难以记忆,无法形成一定标志属性的热线号码,也不利于实现上文提到的向普通群众推广的作用。

4. 优化强制报告制度的责任追究方式

想要真正实现侵害未成年人案件强制报告制度的目标与效用,除了对报告义务主体进行更完善的规定外,更重要的是落实追责机制。对于负有性侵害未成年人案件强制报告制度所设定的报告义务,却没有履行或者没有正确履行的报告义务主体,法律规定其应当承当一定的法律责任。我国新修订的《未成年人保护法》第一百一十七条规定:"违反本法第十一条第二款规定,未履行报告义务造成严重后果的,由上级主管部门或者所在单位对直接负责的主管人员和其他直接责任人员依法给予处分",此处的"处分"主要是指行政处分;而《强制报告意见》第十六条规定:"负有报告义务的单位及其工作人员未履行报告职责,造成严重后果的,由其主管行政机关或者本单位依法对直接负责的主管人员或者其他直接责任人员给予相应处分;构成犯罪的,依法追究刑事责任。"可见,对于未依法履行侵害未成年人案件强制报告制度的报告义务人,我国设立了行政责任与刑事责任并行追究的二元责任追究机制。但是,上述对于强制报告制度责任追究的规定过于原则化,并未明确应当适用的行政处分类型与具体的罪名及量刑情节、标准,表述模糊,因而在实践中很难操作,给强制报告制度的责任追究造成了不小的困难。

对此,可以借鉴域外经验,细化未履行强制报告义务时的责任追究形式。行政责任是未履行强制报告义务时要承担的首要责任,也是实现强制报告制度刚性的最主要责任形式。在明确、优化目前规定的行政处分责任的前提下,可以进一步通过规定具体行政处罚的方式追究不履行报告义务者的行政责任,也可以适应前文对于进一步扩大性侵害未成年人案件报告义务主体范围的提议。换言之,针对行政处分而言,要在现有政务处分法与行政法律法规的框架内丰富可适用的行政处分类型,提高强制报告制度的处分针对性。更重要的是,针对性侵害未成年人案件不断增长的趋势,为了防止制度虚置和保持制度刚性,需要更加全面、细化法律责任追究规定,对更广泛范围内的负有报告义务的责任主体采取行之有效的行政处罚措施。对于不属于国家机关工作人员的报告义务主体,不能给予其行政处分,因此针对性侵害未成年人案件强制报告制度的现实需要,应当引入行政处罚措施,按未履行或未正确履行强制报告义务所造成的后果的严重程度,设定包括罚款、责令停业、吊销执照和许可证、拘留等在内的行政处罚措施,丰富法律责任追究机制。考虑到性侵害未成年人案件强制报告制度对于义务主体的负担性与约束性,一方面应当以罚金为主,并且明确罚金的处罚范围,还应在相关条文规范中明确规定包括拘留在内的多种行政处罚种类,以便在情节严重或不履行义务行为造成严重后果时加重处罚;另一方面,不应完全以造成的严重后果作为追究责任的前提,而应当以未履行报告义务者的不作为行为本身作为处罚依据。需要注意的是,行政处罚措施的规定应当明确具体,不能过于模糊,影响具体适用。同时,应当将高度原则化的刑事责任具体化,通过完善立法等方式实现《未成年人保护法》与《刑法》的有效衔接,可参照渎职罪、玩忽职守罪等职务犯罪追究相关人员的刑事责任,在完善相关规定的同时细化责任。此外,还可以将强制报告义务和追责条款纳入职业法律规则和考核机制,根据主体的身份细化不同的处罚措施。

5. 建立强制报告制度的报告主体保护机制

要完善性侵害未成年人案件强制报告制度体系,除了要对报告义务主体科以义务与责任,还要完善对于强制报告制度义务主体的保护,建立报告义务主体的保护机制。

首先,需要进一步完善相关法律规定,以规范的形式明确报告义务主体可以采用匿名报告的方式履行报告义务,不论是通过报告热线还是通过互联网线上平台报告,都应当允许匿名报告的方式存在。侵害未成年人案件强制报告制度目前施行不久,报告义务主体的报告意识与意愿并不强,特别是针对性侵害未成年人案件这种严重损害未成年人权益并很可能涉及刑事犯罪的报告线索,报告义务主体更可能存在相当的顾虑,从而降低其以实名方式进行报告的意愿。虽然以实名报告的方式履行报告义务具有诸多优点,如报告信息往往较为全面,方便相关部门及时介入,也能够减少报告义务人诬告、错告等情况的发生。但是,在强制报告制度刚刚发展推行的时期,仅允许报告义务主体采用实名报告的方式进行报告,无疑会抑制责任主体的报告意愿。

匿名报告方式和实名报告方式各有优势,都不可或缺,无疑应当更加鼓励实名报告方式,并且在实践中要严防报告义务主体信息泄露,方便报告义务主体进行实名报告。而匿名报告的方式虽然可能使得报告信息不全,出现诬告、错告等情况,但是不易泄露报告人的具体信息,具有相对的隐蔽性,更容易为强制报告制度的报告义务主体所接受并付诸行动,能够明显提高报告义务主体的报告意愿。目前我国强制报告制度没有明确规定匿名报告方式,仅在地方实践中有所探索。因此,考虑到强制报告制度施行的现实情况,应当将地方实践中探索出的匿名报告方式规范化,进一步明确报告义务主体在部分情况下可以采用匿名报告的方式履行报告义务。在案件事实初步调查清楚,需要报告义务人进行详细报告,或在司法机关需要报告义务主体出面配合时,再要求报告义务主体提供其真实、准确的身份信息。对于匿名报告方式存在的问题与弊端,一方面可以通过互联网线上报告平台来解决,可以通过IP地址等技术方式锁定存在诬告、错告情况的报告者;另一方面,可以通过提高对匿名举报材料完整性的要求来规避报告信息不全面的问题,最大程度地实现报告信息的有效性。

其次,要加强对报告义务人的信息保护与人身保护。虽然《强制报告意见》中规定了报告人信息要严格保密,但是报告义务主体的信息仍然有泄露的可能,并由此产生个人信息安全与人身安全问题。因此,应当为报告义务主体设定特殊保护规范,内容包括报告主体的人身安全、信息安全以及名誉等内容,要对报告义务主体形成全面保护,提升其报告意愿。一旦关于性侵害未成年人案件的报告信息出现泄露等情况时,报告义务主体应当可以向有关部门申请对其自身的保护措施,避免被报告者通过暴力或跟踪骚扰等方式侵害报告义务主体的人身安全。

再次,要增加对善意报告义务主体的责任免除规定。我国目前的强制报告制度中缺少对善意报告者的责任免除规定,这既可能使得报告义务主体因畏惧错报而出现犹豫,错过侵害案件的最佳报告时间,也可能给报告义务主体带来报告后的纠纷和处罚,降低其及时履行报告义务的意愿。因此,需要在当前的强制报告制度中增加对善意报告者责任免除的规定,以此提升报告义务者的报告意愿。具体而言,善意报告者是指善意履行报告义务而错告的报告义务主体,其主观上没有错报或误报的故意,善意报告者在报告时仅需要达到合理怀疑的程度即可,在履行报告义务后,不应当受到任何处罚或处分,也不应当在任何民事、行政或刑事诉讼中承担责任。

四、完善性侵害未成年人犯罪职业禁止制度

在我国《刑法修正案(九)》出台之前,我国行政法律中已经存在有关职业禁止的规定,如《中华人民共和国道路交通安全法》第九十一条、《中华人民共和国

会计法》第四十条等,均以职业禁止的方式作出行政法处罚。而《刑法修正案(九)》第37条则是首次将职业禁止纳入我国刑法体系之中,增加这一条款的原因是随着我国经济社会的不断向前发展,社会分工变得越来越专业化、精细化,导致具备一定职业特征或利用职业便利的犯罪类型呈高发趋势。刑事职业禁止制度与刑罚不同,作为一种多个政府部门、司法机关与相关职业单位联合参与的社会机制,其根本目的是预防犯罪人员利用职业便利或违反特定的职业义务再次犯罪,具体表现为使被判处一定刑罚的犯罪人员在一定时间内不得从事特定职业,这是我国刑法针对法律后果规定作出的重要完善。

由于性侵害未成年人犯罪存在特殊性,即相当一部分性侵害未成年人犯罪都存在着一定的职业相关性,为了贯彻未成年人最大利益原则,实现对未成年人的倾斜性保护,就要对性侵害未成年人坚持从严惩治的态度。因此,有必要通过非刑罚措施惩治性侵害未成年人的犯罪人员,以实现对其的特殊预防效果。《刑法修正案(九)》增设的职业禁止制度就能对存在职业关联性的性侵害未成年人的犯罪人员宣告职业禁止,使其远离这类特殊的职业环境,进而剥夺其再次实施相关犯罪的条件,实现对这类犯罪人员的特殊预防效果。但是,我国《刑法》中对于职业禁止制度的法律规定过于原则化,难以具体落实,缺乏一定的可操作性,对于性侵害未成年人犯罪中应当如何适用职业禁止,刑事与行政法律中都缺乏明确的规定。正因如此,目前司法实践中对于职业禁止制度在性侵害未成年人犯罪案件中的适用还存在争议,也造成了一定的适用难题。因此需要对职业禁止制度的性质加以深入探讨,以便更好地适用在性侵害未成年人犯罪案件中,实现预防与控制犯罪的最佳效果。

(一)刑事职业禁止制度的性质及与性侵害未成年人犯罪的适用关联性

1. 刑事职业禁止制度的性质

自从我国引入刑事职业禁止制度后,学界对于刑事职业禁止制度的性质一直存在争议,目前主流的观点主要包括资格刑、非刑罚处分措施及保安处分三种。考虑到定性的不确定会导致对制度本身理解的偏差,进而造成司法机关在适用相关制度时的不一致性与不合理性,因此,为了更好地理解及完善刑事职业禁止制度,有必要对其性质进行分析。

首先是资格刑与刑事职业禁止制度。目前我国刑法规定的资格刑包括剥夺政治权利与驱逐出境,有学者认为刑事职业禁止更类似于资格刑,在性质上同属于刑罚措施,如果将职业禁止制度归类于资格刑,不仅符合该制度的自身特点,还有利于促进我国资格刑规范的未来发展。① 虽然由于刑事职业禁止制度在《刑法修正案(九)》中的表述为剥夺犯罪行为人某种资格,这与资格刑的表述确有相似之处,但却不能因为该种相似性忽略这两种制度的本质区别。第一,资格刑与刑事职业禁止剥夺的权益不同。资格刑剥夺的权利范围极为有限,主要表现为对政治权利的剥夺;但刑事职业禁止对犯罪人员权利的限制则较为宽广,犯罪人员利用职业便利或违反职业义务实施犯罪时所从事的职业均可被纳入刑事职业禁止的范围中。此外,资格刑作为附加刑适用时对犯罪人员的职业性差异一般不加考虑,侧重于考量犯罪行为本身的严重程度及犯罪人员的主观恶性;而刑事职业禁止则与犯罪人员从事的特定职业相关联,其从事的职业与其实施的具体犯罪行为之间具有因果关系。第二,资格刑与刑事职业禁止在刑罚体系中所处的地位不同。资格刑虽适用的范围较为狭窄,但其作为独立的刑种可单独适用,而刑事职业禁止具有附随属性,需要在刑罚执行完毕后开始适用,即该种制度的适用必须附随于其他刑罚,否则刑事职业禁止的期限将无从算起。第三,资格刑与刑事职业禁止适用的依据不同。资格刑适用时需要着重衡量犯罪人员的社会危害程度,是对犯罪人员事后的否定性评价,通过剥夺犯罪行为人的某种资格从而达到预防再次犯罪的目的。而刑事职业禁止适用时更倾向于对犯罪行为人犯罪行为的整体考虑,判断其再犯可能性从而达到特殊的预防目的。因此,资格刑与刑事职业禁止制度在刑罚体系中的位置以及要实现的目标间均有较大差异,不能将刑事职业禁止制度简单归入资格刑之中。

其次是非刑罚处分措施与刑事职业禁止制度。非刑罚处分措施指无需判处刑罚的其他处分措施,有学者从《刑法修正案(九)》第三十七条的条文入手对法条内容及法条整体逻辑关系进行分析,认为刑事职业禁止制度被规定于第三十七条,这显然是由于职业禁止制度与非刑罚处分措施之间具有关联性。② 但是这种观点做了过于形式化的推论,忽略了两种制度之间的本质性区别。第一,非刑罚处分措施与刑事职业禁止适用的条件不同。非刑罚处分措施的适用对象是轻微犯罪无需处以刑罚的犯罪行为人,以免除刑事处罚为适用前提;而刑事职业禁止的适用对象为已经被判处具体刑罚的犯罪人员,并

---

① 参见陈兴良:《〈刑法修正案(九)〉的解读与评论》,《贵州民族大学学报(哲学社会科学版)》2016年第1期。
② 参见于志刚:《从业禁止制度的定位与资格限制、剥夺制度的体系化——以〈刑法修正案(九)〉从业禁止制度的规范解读为切入点》,《法学评论》2016年第1期。

且刑事职业禁止的适用要求犯罪行为人具有较高的人身危害性,为了对其实施特殊预防而禁止其继续从事相关职业。第二,非刑罚处分措施与刑事职业禁止的实施方式不同。我国《刑法》第三十六条、第三十七条规定了非刑罚处分措施的六种实施方式,分别是赔偿经济损失、训诫、责令具结悔过、赔礼道歉、赔偿损失以及予以行政处罚或行政处分,主要是对犯罪行为人财产权或名誉权的处分。但刑事职业禁止则是对犯罪行为人就业权利的限制,该种限制与犯罪人员的现实生活存在着千丝万缕的联系。此外,非刑罚处分措施在实施时并不考虑犯罪行为人的人格特性,仅关注其罪行轻重;而刑事职业禁止不仅关注犯罪人员的罪行情况,还对犯罪行为人进行整体考虑,希望将其从可能诱使其犯罪的特殊环境中予以剥离,从而完成针对性的预防。因此,刑事职业禁止制度不能简单等同于非刑罚处分措施。

最后是保安处分与刑事职业禁止制度。德国法学家克莱因提出的保安处分概念是指根据犯罪分子的人身危险性,对需要矫正之人在刑罚执行完毕之后收容于矫正机构或保安监禁机构。① 国内有学者将该理念与刑事职业禁止制度进行比较,认为保安处分制度在于通过刑事制裁措施感化、矫治犯罪人,从而达到预防犯罪的效果,而从业禁止同样是基于犯罪预防与维护特定职业品性的客观需要而限制犯罪分子从事特定职业,因此两种制度具有一定的相通之处。② 这种观点具有一定的合理性,能够对刑事职业禁止制度的性质进行合理分析。第一,刑事职业禁止制度与保安处分的构成具有一定的相似性。保安处分的构成要件为犯罪人员具有一定的人身危害性,其行为构成了犯罪或无刑事责任能力人实施了其他违法行为;刑事职业禁止制度的适用对象为利用职业便利或违反职业义务实施犯罪的行为人,适用时司法机关需要综合考虑犯罪行为人的人身危害性,仅对具有再犯可能的犯罪行为人处以职业禁止。第二,刑事职业禁止与保安处分在具体处罚适用时间上具有一致性,均为刑罚执行完毕之后。第三,这两种制度的根本目的都是犯罪预防,而非惩罚行为人。值得一提的是,立法者在我国《刑法》中加入职业禁止制度的规范与保安处分的目的是一致的,是通过刑法修正案的形式将职业禁止制度正式列入刑法规范之中,明确其为一项预防再

---

① 参见韩忠谟:《刑法原理》,北京大学出版社 2009 年版,第 338 页。
② 参见陈伟:《有期限从业禁止的性质与内涵辨析——以〈刑法修正案(九)〉第 37 条之一为中心》,《四川大学学报(哲学社会科学版)》2018 年第 4 期。

犯罪的措施,并且通过对于法律后果的规定提高职业禁止制度的执行力度,有效实现对于相关犯罪的特殊预防。①

2. 刑事职业禁止与性侵害未成年人犯罪的适用关联性

据中国少年儿童文化艺术基金会女童保护基金发布的 2021 年性侵儿童案例统计及儿童防性侵教育调查报告显示,2021 年全年媒体公开报道性侵儿童案例 223 起,表明人际关系的有 198 起,其中熟人作案 160 起,占比 80.80%。160 起熟人作案的案例中,教师、教职工(含培训老师)作案 44 起,占比 27.50%,其他生活学习接触人员作案 53 起,占比 33.12%。表明性侵发生场所的有 182 起,发生在校园或培训机构的有 40 次。223 起案例中,有 105 起是施害人多次作案,占比 47.09%,包括对同一受害儿童多次性侵,也包括对多名儿童多次性侵,且集中发生于熟人之间。②

可以看出,学校作为未成年人的主要活动场所,成了性侵案件的高发场所,若没有外界干预,加害人很难主动停止犯罪。造成这种现象有两方面的原因:一方面是研究发现性侵害未成年人犯罪中有相当一部分人表现出恋童癖倾向,或是具有其他违反伦理与道德的变态心理,他们本身的自制力较弱,当"诱惑"出现时,其往往为了追求性刺激与心理满足,而不惜突破道德底线,无视法律规则,在变态心理的支配下实施了此类性侵害未成年人犯罪。另一方面是未成年人辨别意识及能力较弱,家庭、学校性教育的缺位,导致未成年人在遭受性侵后不能及时、主动地告知家长或警方,使得针对未成年人的性侵害行为更加容易发生。

因此,针对该类案件应从源头出发,建立有效的预防机制,更好地保护未成年人的利益,这一观点与刑事职业禁止的理念不谋而合,刑事职业禁止能让司法的影响力扩大至犯罪行为发生之后,不仅具有一般的惩罚的威慑性,还具有特殊的预防目的。对教职工、学校保安、校工等有强职业关联性的性侵害未成年人犯罪行为人处以刑事职业禁止,可以使其脱离犯罪情境,减少再犯可能。

(二)我国性侵害未成年人犯罪职业禁止制度的适用现状及主要问题

1. 适用范围不统一

目前我国理论界与司法实务都对《刑法》第三十七条之一条款存在颇多争

---

① 参见全国人大常委会法制工作委员会刑法室编:《〈刑法修正案(九)〉最新问答》,法律出版社 2015 年版,第 37 页。

② 参见《"女童保护"2021 年性侵儿童案例统计及儿童防性侵教育调查报告》,https://gongyi.ifeng.com/c/8E3ThpCGrpJ。

议，对于适用职业禁止制度所禁止的执业范围缺乏明确、具体的界定，导致对"相关职业"的认定或宽或窄，并未形成统一认识。在目前的司法实践中，法院对于"相关职业"的判断标准不统一，具体体现为部分法院力求对未成年人保护得更为全面，将职业禁止中的"相关职业"扩大解释为"接触未成年人的相关工作"；还有部分法院则是过于限缩"相关职业"的范围，仅限制犯罪人员从事原有职业，例如限制犯罪行为人从事"学校教育工作"，使其无法再次踏入学校校园，但忽略了培训教育机构、家教等其他可以接触未成年人并诱使其再犯的职业。

2. 适用存在地区性差异

目前，我国对性侵害未成年人犯罪职业禁止制度的适用不但整体较为薄弱，且存在相当的地区性差异，导致制度适用的不均衡。经济文化发达地区对于刑事职业禁止的适用度较高，这些地区普遍对未成年人性安全保护较为重视，因此通过职业禁止制度的适用实现预防性侵害未成年人犯罪的发生。相反，欠发达地区及偏远地区对职业禁止制度的适用度却不高，其性保护、性教育的意识也落后于发达地区。但现实情况是性侵害未成年人犯罪往往高发于农村偏远地区，特别是乡村教职工对留守儿童的性侵害屡见不鲜，制度适用的地区差异性应当予以重视。

3. 适用期限过短

对于职业禁止制度的适用而言，被害人被侵犯的法益与犯罪人员的劳动权益之间的平衡即为刑事职业禁止期限的衡量，职业禁止的期限过短无法发挥预防犯罪的法律作用，期限过长则可能阻碍犯罪人员回归社会，甚至导致犯罪人员因为经济原因再次走上犯罪道路。《刑法修正案（九）》第三十七条规定职业禁止期限为三到五年，从刑罚执行完毕或假释期限届满起算。但是考虑到针对未成年人特别是未成年学生的性侵害犯罪行为具有高再犯性及隐蔽性，三到五年的职业期限禁止过短，很难满足对未成年人保护的需要。因此在未成年人性安全保护领域，过短的职业禁止期限可能不利于实现对犯罪人员的社会预防。

4. 执行及监督的缺位

目前，我国其他法律、法规规定职业禁止制度的，其执行主体及执行程序等问题均设定了配套的相关规定，但刑事职业禁止制度缺乏对于执行主体、执行措施以及程序等问题的规定，过于原则化、抽象化。鉴于我国公检法机关在案件处理中的繁重负担，在司法机关作出刑事职业禁止判决后，执行主体及程序的缺失可能导致在执行过程中，各个机关相互推诿，使得刑事职业禁止制度无法真正实施。另外，当前法律亦未规定执行后的监督措施，可能导致执行过程产生其他问题。例如在执行过程中侵害犯罪行为人的隐私权等其他合法权益，或者执行机构不能够进行有效监管，导致犯罪人员通过其他方式从事相关行业。

（三）适用性侵害未成年人犯罪职业禁止制度的建议

1. 适当扩大未成年人保护中职业禁止的适用

《刑法修正案（十一）》修改了强奸罪和猥亵儿童罪的部分情节，增设了"负有照护职责人员性侵罪"，均体现出我国法律对未成年人权益保护以及对打击性侵未成年人案件的重视。刑事职业禁止制度作为一种保安处分措施，其所具备的特殊预防功效与未成年人最大利益原则相契合。因此，应当从理论及实践两方面入手，扩大刑事职业禁止在性侵害未成年人犯罪中的运用。从理论层面来看，应当通过学习、培训等方式向全国各级司法机关传递刑事职业禁止制度的理念及适用方式。对经济、文化及法治水平欠发达地区应组织专项学习活动，明确刑事职业禁止制度在未成年人保护工作中的作用，从而扩大刑事职业禁止制度在全国范围内的适用。从实践层面来看，检察机关应当履行建议权，对职业关联性较高的性侵未成年人案件应根据案件具体情况建议适用刑事职业禁止；法院在处理性侵未成年人案件中也应当仔细审查案件的职业关联性，判断是否具备适用刑事职业禁止的条件，并根据未成年人最大利益原则，以职业禁止制度的普遍适用为原则，个案排除为例外。

2. 明晰性侵害未成年人犯罪中职业禁止的适用范围

由于职业禁止制度的相关规范过于原则化，对"相关职业"并未明确规定具体范围，因此各地法院在司法实践中的具体适用并不一致，存在着或广义认定或狭义认定的适用冲突。基于性侵害未成年人犯罪案件近年来的高发态势以及我国严惩该类案件的实践背景，应当考虑适当扩展职业禁止的适用范围。

目前，有学者主张参考《中华人民共和国职业分类大典》（简称《职业分类大典》）对相关职业进行界定，适用从业禁止时确定的职业范围不超出一个"中类"的范围。[①] 但考虑到性侵害未成年人犯罪中，许多犯罪行为人所利用的职业便

---

① 参见吴积标、李斌等：《刑事从业禁止制度之三维思考——基于 177 篇同类型案件裁判文书之检视》，《司法体制综合配套改革与刑事审判问题研究：全国法院第 30 届学术讨论会获奖论文集（下）》，人民法院出版社 2019 年版，第 322 页。

利并未充分体现在职业分类中。例如保安、门卫等职业,并没有严格的就业准入机制,也无法体现其与未成年人保护之间的联系。因此在适用刑事职业禁止制度时,《职业分类大典》仅能作为一定的参考。最高人民法院、最高人民检察院、公安部、司法部《关于依法惩治性侵害未成年人犯罪的意见》第9条规定"对未成年人负有监护、教育、训练、救助、看护、医疗等特殊职责的人员"的表述则更为严谨,该解释包括了公办或私立学校、托管机构、培训机构、医院等多种机构中的职业人员。在通过解释"相关职业"来确定性侵害未成年人犯罪职业禁止制度的适用范围时,应当基于保护未成年人性安全的实质性要求,判断相应的职业关联性。

此外,在扩大职业禁止制度的适用范围时,应当严格以是否与未成年人存在密切联系作为划分界限,不能过度扩张职业禁止制度的适用。刑事职业禁止的目的是实现对性侵害未成年人犯罪的特殊预防,而非限制犯罪人员的日常生活,过度扩张会使得犯罪人员的就业权利无法得到应有保障,使其难以重返社会。例如,针对医疗机构从业的犯罪人员,职业禁止的适用就应当做到具体化、有针对性。换言之,对犯罪人员的职业限制应局限为接触未成年人的医务工作,而不应扩大至所有的医务工作,若其从事与成年人相关的医务工作则不应视为其违反了职业禁止。

3. 调整性侵害未成年人犯罪中职业禁止的适用期限

刑事职业禁止制度的适用期限影响着其能够对未成年人性安全保护起到的作用大小,当前刑事职业禁止的适用期限仅为三到五年,存在着对未成年人性安全保护不足的缺陷,这源于职业禁止受限于适用时间限制并不会显著增加犯罪行为人的犯罪成本,对特定行为人不能满足特殊预防的效果。因此,在性侵害未成年人犯罪案件中适用刑事职业禁止制度应当取消对适用时间的限制,否则在职业禁止期限届满后,心智尚不成熟无法自我保护的未成年人又将被置于险境。

据犯罪心理学研究表明,强奸犯系"不可控欲望"的受害者,或者是人格异常,尤其对于性侵害未成年人犯罪的行为人而言,其心理层面存在一定难以逆转的扭曲性思维。对于这类型犯罪行为人而言,犯罪行为具有高度的内驱力,自身已无法控制,因而具有较高的再犯风险。① 因此,需要对性侵犯罪尤其是性侵害

---

① 参见[美]考特·R.巴特尔,安妮·M.巴特尔:《犯罪心理学》,王毅译,上海人民出版社2018年版,第359页。

未成年人犯罪的行为人施加足够强的外部约束,以物理性的隔绝帮助犯罪人员克服这种犯罪的内在驱动力。可见,针对性侵害未成年人犯罪的行为人,在适用刑事职业禁止制度时,应当延长禁止期限。但该种期限的延长也不应简单地完全凭借法官的自由裁量或者采取终身性限制,而是应当根据犯罪人员的罪名及罪行轻重进行审慎衡量后,针对犯罪人员的犯罪情况和预防再犯罪必要性,以及基于未成年人性安全保护的现实需要进行确定,通过构建性侵害未成年人犯罪职业禁止制度的个罪指南,实现罪刑相适应。

就目前司法实践而言,适用刑事职业禁止制度特别是针对性侵害未成年人犯罪的适用职业禁止制度才刚刚起步,实践中司法机关仍然存在一定的适用问题。因此,可以考虑筛选出具有典型性以及推广意义的职业禁止案例,通过最高法发布指导性案例的方式,利用典型个案为各级法院提供办案指南,进一步消除各级法院在性侵害未成年人犯罪案件中适用刑事职业禁止制度的差异,满足目前司法实践中职业禁止制度适用的实际需求。等到实践经验逐渐成熟后,出台相应的司法解释,明确刑事职业禁止的适用标准,加强该项制度的可操作性,亦可使得该制度能最大化地发挥其特殊预防作用。

4. 完善性侵害未成年人犯罪中职业禁止的执行与监督机制

在刑事职业禁止制度出台前,我国在处理性侵害未成年人犯罪案件时更倾向于采取事后惩罚的方式治理犯罪,并未及时建立起配套的预防及监督机制,这也是目前性侵害未成年人犯罪案件再犯率始终处于较高水平的原因之一。刑事职业禁止制度的建立则是力图从源头上实现对于性侵害未成年人犯罪案件的特殊预防,重视预防在治理这类犯罪时的关键性作用。因此,应当进一步健全完善针对性侵害未成年人犯罪职业禁止制度的配套监督与执行机制,使得刑事职业禁止制度不至于沦为空中楼阁,而是发挥出具有实际功效的预防作用。

首先,应当明确刑事职业制度禁止制度的执行机关。根据域外经验,职业禁止的执行机关有以下几种类型:宣告机关(即法院)、公安机关或社区矫正机构。综合我国的具体情况,法院、公安机关由于其本身繁重的工作负担,以及"案多人少"的工作现状,将其作为执行机关无疑会使其在一定程度上不堪重负。此外,职业禁止执行时间为刑罚执行完毕之日或假释之日,期限一般在三到五年,刑事职业禁止制度在具体执行时各被执行人已经脱离集中管理,分散在各个社区,法院、公安机关很难对其建立起有效的管理。因此,由社区矫正机构开展性侵害未成年人犯罪人员的职业禁止执行工作更为合理。社区矫正机构的职能在于帮助犯罪行为人更好地回归社会,这与职业禁止制度的初衷存在一致性。随着社会生活的发展,我国的社区矫正机构正在逐步扩充,部分地区还会邀请各个领域的专家开展专题讲座,指导日常工作。刑事职业禁止与缓刑禁止令在执行层面及操作流程上同样具有一定的共通之处,这无疑为社区矫正机构开展职业禁止制度的执行工作积累了大量的实践经验。其次,应当建立起性侵害未成年人犯罪人员的信息数据库。域外许多国家都已经建立起了一套成熟的性侵犯罪登记、披露系统,例如美国的梅根法案、韩国的性犯罪登记法等。目前,我国并未建立起全国统一的性侵害犯罪人员信息公开制度,该项工作仍需一定实践的发展来积累经验。实际上,通过建立性侵害未成年人犯罪人员信息披露制度,对性侵害未成年人犯罪这种具有高度再犯风险性的犯罪行为实施控制,通过刑事处罚之外的方式实现对于性侵害未成年人犯罪人员的特殊预防,降低其再次犯罪的风险,来预防未成年人可能遭受的性侵害,减少对社会公共安全秩序所带来的冲击,这无疑与刑事职业禁止制度的目的存在高度一致性,可以实现与刑事职业禁止制度的高度配合与互相衔接。最后,检察机关应当在职业禁止制度的执行阶段承担起应有的司法监督职责。在监督过程中要审查执行机构及人员的资格、素养以确保执行的合法性与合理性;还要加强群众监督,通过普法等形式鼓励广大群众及社会公众机构、单位等参与到刑事职业禁止制度执行的监督之中。

5. 完善教职员工入职与在职审查制度

2020年8月,最高人民检察院、教育部、公安部联合下发了《关于建立教职员工准入查询性侵违法犯罪信息制度的意见》。由学校向教育部门提出申请,由教育部门联系检察院进行调查,审批后将结果反馈给学校,严格禁止雇用被判定犯有与青少年有关的罪行的人。

在教职员工入职与在职审查制度具体实践中,仍应当注意以下问题:第一,为了确保查询审查的常态化运行,需要调动学校及教育部门的主动性。可以考虑通过年检制度确保学校及教育部门查询的主动性,将学校年度财政拨款与查询主动性相挂钩。① 第二,教职工的招聘与学校勤杂工、保安等其他人员的招聘不同,教职工有着严格的招聘流程及程序,一般由当地教育机关负责管理,但学校对其他人员的招聘与任用具有较大的自主性,且这部分人员流动性较大,同样

---

① 参见张荣丽:《性侵害未成年人违法犯罪信息查询机制比较研究》,《中华女子学院学报》2021年第1期。

对未成年人的性安全保障造成威胁。因此学校与教育部门应当针对这部分人员制定合理的查询制度，使管理职责得以有效实现。第三，要在学校内建设完善的未成年人性安全保护培训体系，使得相关教职员工具有全过程的学习机会，可以借助线上完成网络课程、线下举办讲座的模式展开。不仅要在教职员工的入职环节进行完整全面的入职审查工作，构筑职业工作的第一道防线，更要将教职员工的日常表现以及对未成年人性安全保护的学习成果纳入阶段性的职业考核当中去，建立在职教职员工的职业审查机制。利用职业培训体系中的审核机制迫使相关人员强化对未成年人性安全保护的学习领会与系统性认识，从而增强教职员工对于未成年人的保护意识与履行其相应职责的敏感性。第四，应当通过建立入职审查追责机制，确保学校、教育培训机构等及时履行审查报告义务，对于不履行或者不能正确履行入职审查义务或违规录用在职业禁止期间的被执行人入职的机构的负责人及相关人员，可以视情节严重程度进行行政处罚，甚至追究其刑事责任。此外，在审查制度具体执行的过程中，要做好隐私保护工作。欧美等发达国家在建立登记查询体系过程中亦造成过诸多负面影响，导致犯罪行为人因遭受歧视难以回归社会。我国建立信息查询制度的目的系保护未成年人，防止将有相关犯罪人置于引诱其犯罪的职业情境之中。但犯罪人在经历了教育劳动改造后最终仍然要回归社会生活，因此在查询制度执行过程中应当做好隐私保护，确保犯罪行为人能在职业禁止期结束后尽快回归社会生活。

五、建设性侵害未成年人犯罪人员信息公开制度

性侵害未成年人犯罪由于犯罪性质特殊，存在相当的再犯可能性，于是将性侵害未成年人的犯罪人员信息进行一定程度的公开，以防止其进入与未成年人存在密切接触的领域，便成了一种预防性侵害未成年人犯罪的有效方式，并逐渐演化为一种制度。但是到目前为止，性侵害未成年人犯罪人员信息公开制度的概念并未在学术界达成统一认识。因此，想要建设性侵害未成年人犯罪人员信息公开制度，就要明晰制度的概念与理论依据，归纳出制度构建的现实价值。

（一）性侵害未成年人犯罪人员信息公开制度的内涵与法理分析

1. 性侵害未成年人犯罪人员信息公开制度的内涵

性侵害未成年人犯罪人员信息公开制度起源于美国的"梅根法案"，该法案指由美国新泽西州所发展出来的性罪犯登记与公告制度，因纪念该州遭性侵害的小女孩梅根而得名。"梅根法案"因在有关性侵害未成年人犯罪案件中的社区

预防处遇作用而始终备受支持,尽管这种犯罪人员信息的公告存在着一定关于侵害犯罪人人权保障的争议,但仍逐渐影响了世界上其他国家的相关制度,使得对于性犯罪人的登记与公告制度得以建立。顾名思义,信息公开制度的核心就在于对犯罪人员个人信息的登记与公开,是对符合一定条件的对未成年人实施性侵害的犯罪人员的信息公开,将其姓名、年龄、容貌、住址以及犯罪记录等信息在一定时间内通过某种的方式向特定或不特定群体公开。这种信息的登记与公开存在两种基本形式:一是对犯罪人员信息的登记与查询,是一种被动式的信息公开;二是将犯罪人员的信息进行公告,这是一种主动式的信息公开。

综上,性侵害未成年人犯罪人员信息公开制度应当只针对缓刑、刑满释放后或假释等期间的犯罪人员,其犯罪行为符合性侵害未成年人相关规定的,对其个人信息进行规范性登记,并且以一定方式允许社会公众查询或者在特定期限内予以公告的制度。这一制度往往在实质上对性犯罪人员的某些权利和资格进行了限制和剥夺,但却并不是一种"刑事制裁"措施,不属于刑事处罚。制度的主要目的是通过对性侵害未成年人犯罪人员信息的公布,使社会公众对此具有认识,以便采取相应的防范性措施,预防性侵害未成年人犯罪案件的再次发生。

2. 性侵害未成年人犯罪人员信息公开制度的法理分析

未成年人是国家与社会的未来,秉持未成年人最大利益原则无疑是建立性侵害未成年人犯罪人员信息公开制度的初衷与根本目标。但是,除了秉持对未成年人的倾斜性保护理念,维护未成年人利益最大化之外,信息公开制度强调的是对社会公共安全秩序的树立与维护。

事实上,性侵害未成年人犯罪案件的高发态势,不仅对未成年人本身有极大伤害,更冲击了家庭乃至整个社群的安全秩序,因为未成年人正是家庭与家庭之间、家庭与社群之间连接的纽带。因此,性侵害未成年人犯罪对整个社会的公共安全都造成了威胁,破坏了社会公共安全所维护的秩序价值。而建立性侵害未成年人犯罪人员信息公开制度正是一种对社会安全的保护,基于此,国家作为社会的管理者对性侵害未成年人犯罪这种具有高度再犯风险性的犯罪行为实施控制,通过刑事处罚之外的治理方式,强调对于性侵害未成年人犯罪人员的特殊预防,降低其再次犯罪的风险,来预防未成年人可能遭受的性侵害,减少对社会公共安全秩序所带来的冲击。因此从本质上来说,性侵害未成年人犯罪人员信息公开制度是为了遏制性侵害未成年人犯罪而采取的特殊预防手段,是一种特殊的社会防卫措施。

如上所述,性侵害未成年人犯罪人员信息公开制度的法理内涵也为针对公开犯罪人员信息行为所面临的最大争议焦点提供了化解之道。换言之,即使面临侵犯性侵害未成年人犯罪人员个人隐私的隐患,在一定程度上为其回归社会设置了阻碍,但是国家基于其社会管理者的角色,为了维护性侵害未成年人犯罪所影响的社会公共安全价值,在谨慎衡量双方价值的基础上,对犯罪人员的权利进行了一定的限制与克减,这种衡量的结果是正当的,是正义的。也正因为信息公开制度对犯罪人员权利的限制与克减,更要求性侵害未成年人犯罪人员信息公开制度在构建的过程中必须始终重视合比例性,不能为了维护公共安全而随意过分限制犯罪人员的权利。

(二) 我国性侵害未成年人犯罪人员信息公开制度的探索实践与实施困境

当前,我国在法律规范层面尚未建立起完整的性侵害未成年人犯罪人员信息公开制度。但是随着性侵害未成年人犯罪案件的持续高发,也为了响应社会大众的呼声和未成年人保护的需要,最高人民检察院在《2018—2022 年检察改革工作规划》中提出"完善未成年人检察工作机制",并指出要尽快建立性侵害未成年人犯罪人犯罪信息库和入职查询制度。新修订的《未成年人保护法》也确立了性侵害未成年人的从业查询与禁止制度。这些做法虽重在对性侵害未成年人犯罪进行信息登记而非公告,但其反映出建立我国的性侵害未成年人犯罪人员信息公开制度的基础与土壤已经具备。

1. 性侵害未成年人犯罪人员信息公开的实践探索

我国尚未在法律规范层面建立起性侵害未成年人犯罪人员信息公开制度,但是地方性的探索与实践却一直在持续进行。2016 年浙江省慈溪市人民检察院联合当地法院、公安局、司法局等部门共同出台了对于性侵害未成年人犯罪人员信息公开的规定,即《性侵害未成年人犯罪人员信息公开实施办法》(以下简称《慈溪办法》),这是我国对性侵害未成年人犯罪人员信息公开制度进行的首次地方性探索,标志着信息公开制度在我国的初步立法构建,因此也被称为中国版的"梅根法案"。该办法通过公开性犯罪人员有关信息的方式,提醒社会公众尤其是未成年人的监护人提高警惕,预防这类人员再次犯罪,避免未成年人受到性侵害。①

---

① 参见姚建龙、刘昊:《"梅根法案"的中国实践:争议与法理——以慈溪市〈性侵害未成年人犯罪人员信息公开实施办法〉为分析视角》,《青少年犯罪问题》2017 年第 2 期。

自《慈溪办法》发布以来,相关部门不断对其进行研究与修订,该办法所规定的内容主要包括信息登记、信息查询、信息公开和对被申请人的救济四个方面。其中信息登记部分涵盖了信息登记的对象、登记范围以及登记期限等内容;信息查询部分则包括犯罪人员信息查询的方法与流程;信息公开部分则规定了信息公开的具体范围、公开内容、公开方式与期限等。除此之外,《慈溪办法》还注意到了对于信息受公开犯罪人员的权利救济。并且,自该办法出台以来,根据实践情况不断对其进行完善,使得具体规定与制度设置不仅契合了现行法律对未成年人犯罪信息的特殊规定,还针对不同风险的性侵害未成年人犯罪人员作出了不同的信息公开规定,初步实现了风险的分级管理。

2017年12月,江苏省淮安市淮阴区多家单位联合发布了《关于性侵害未成年人犯罪人员从业禁止及信息公开制度》,该文件规定人民法院应该在性侵害未成年人犯罪人员的判决生效后,将其个人信息进行公开,并规定了信息公开的范围、信息公开的时限以及公开的例外等内容。2019年6月,宁波市鄞州区九家单位联合发布了《性侵害违法犯罪人员信息查询工作制度》,建立了首个覆盖全国的性侵害违法犯罪人员基本信息数据库,并为与未成年人密切接触的用人单位及主管的行政部门提供查询服务。这些都标志着,我国正式开始了性侵害未成年人犯罪人员信息公开制度的地方实践与探索。

2. 性侵害未成年人犯罪人员信息公开制度的现实困境

我国已经开始了性侵害未成年人犯罪人员信息公开制度的地方实践与探索,但这一具有争议的制度仍然面临着相当的现实困境。首先便是性侵害未成年人犯罪人员的权利保障问题。具体而言,公开性犯罪人员的身份信息具有侵犯犯罪人员隐私权的嫌疑,尤其是在互联网高速发展的当下,身份信息的公布可能会引来对性侵害未成年人犯罪人员的网络攻击,在一定程度上有损其权益。此外,性犯罪人员对于自身性侵害未成年人的行为已经通过接受刑罚受到了法律的制裁,其后再次公开其犯罪记录和身份信息,会使性犯罪人员再次被赋予相应的标签,通过信息公开使社会公众获悉其性犯罪历史,无异于使其再次接受处罚。同时,对性侵害未成年人犯罪人员信息的公开会导致其回归社会的进程受到一定阻碍,因为信息的公开必然会使得社会公众对犯罪人员产生社会心理与物质层面的排斥。与其他犯罪相比,性侵害未成年人犯罪行为更加刺激到社会公众的伦理与道德底线,也更为社会公众所不齿和愤恨,因此信息公开制度可能会使得犯罪人员原本就布满荆棘的重回社会之路变得更加艰难,从而阻碍犯罪人回归社会。因此,有些学者认为犯罪人员应当享有"刑事被遗忘权"。当犯罪人员的个人信息不再有被合法使用的正当理由时,犯罪人员有权要求删除或者停止使用其个人信息。尤其是在性侵害未成年人犯罪案件中,基于犯罪人员重新回归社会、修复与社会公众之间断层的需要,享有"被遗忘犯罪行为"的权利。①

其次,性侵害未成年人犯罪人员信息公开制度存在上位法依据不足,与其他法律法规相抵触的规范困境。目前我国在法律规范层面尚且缺乏专门针对性侵害未成年人犯罪人员信息公开制度的规范性依据。虽然已经有多个地区在试点探索的过程中颁发了地方性的规范性文件,但这些地方性规范文件也仅仅能够使性侵害未成年人犯罪人员信息公开制度在其所管理区域内被赋予规范上的正当性,使得制度合法化但却因为上位法的缺失而难以在全国范围内真正构筑起性侵害未成年人犯罪人员信息公开制度,面临着权力来源的缺陷,大大减弱了信息公开制度本身所应该具有的对性侵害未成年人犯罪人员的特殊预防作用。此外,由于各试点探索地区所颁布的规范性文件之间存在着很大差异,缺乏规范层面的一致性,且存在着与其他规范相抵触的问题,亟须构建起全国性的性侵害未成年人犯罪人员信息公开制度。

再次,实践中地方规定的性侵害未成年人犯罪人员信息公开制度存在犯罪信息登记与查询机制不完善的问题。《慈溪办法》将性侵害未成年人犯罪人员信息登记的对象范围限制在实施严重性侵害行为或人身危险性极大的人员,虽然由于制度在建设探索初期,适当缩窄登记对象范围可以保证制度规范的循序渐进性,但是这也影响了应当进行登记的性侵害未成年人犯罪人员数量,导致数据库的建设与信息公布的不完整性。已登记的信息当然属于可查询、公开的信息,不会影响犯罪人员的相关权利,因此信息库的登记对象及登记信息在符合条件的情况下应尽可能广泛。此外,目前各地数据库的信息并非互联互通,具有区域局限性,不利于犯罪人员信息的有效查询。

最后,性侵害未成年人犯罪人员信息公开制度缺少监督和救济体系。目前的相关规范对被公开个人信息的犯罪人员的保障与救济条款不足,而真正构建起完善有序的性侵害未成年人犯罪人员信息公开制度,正需要具备监督和权利救济体系,如若被公开信息的犯罪人员由于信息被滥用而导致权利受侵害,应当

---

① 参见郑曦:《论刑事被遗忘权的边界——以性侵未成年人案件为例》,《江汉论坛》2018 年第 9 期。

对其进行挽救和赔偿。

可见，目前性侵害未成年人犯罪人员信息公开制度只有少数地方立法，尚处于探索阶段，制度实施效果确实有待推敲，而且面临不少的现实困境，但不能因此就否定信息公开制度，而是应当坚守信息公开制度的法理根基，通过不断探索进行验证。面对具体的实施困境和争议，在构建制度的过程中应当全面把握，充分地发挥其积极作用。

（三）性侵害未成年人犯罪人员信息公开制度的正当性与边界

性侵害未成年人犯罪人员信息公开制度在当下是一个充满争议的制度，争议的源头就在于国家公权力通过信息公开制度对犯罪人员权利的限制与克减。披露性侵害未成年人犯罪人员的个人基本信息，必须是公权力审慎衡量的结果，因此必须明确性犯罪人员基本权利所受限制的边界。换言之，对于性侵害未成年人犯罪人员信息公开制度而言，明确公权力对性侵害未成年人犯罪人员基本权利限制的边界是制度构筑的前提与基础。

1. 性侵害未成年人犯罪人员信息公开制度的合理性

由于未成年人群体具有特殊性，一旦遭遇性侵害往往会对未成年人个体造成极大损害，除了身体健康的损害外，还会形成维持数年甚至于终生的心理伤害。有的未成年人在少儿时期遭受性侵，逐渐拥有了不良的心理暗示，长大成人后可能直接转变成侵害者，导致其他未成年人遭受性侵害。[1]

逐步构建起性侵害未成年人犯罪人员信息公开制度，这正是对未成年人最大利益原则的遵循与彰显。防止未成年人遭受性侵害还必须遵循倾斜性保护原则，使得未成年人受到更加完整、实质性的平等对待与保护。这就要求建立相关制度时必须着重考虑预防性，性侵害未成年人犯罪人员信息公开制度正是从性犯罪人的特殊预防着手，防止再犯的可能性。

2. 性侵害未成年人犯罪人员信息公开制度的边界与制约

正如前文所述，建设性侵害未成年人犯罪人员信息公开制度是为了使其发挥以未成年人利益保护为先，事先预防性侵害未成年人犯罪的作用。但是，在信息公开制度实施的过程中，不可避免地会对性侵害未成年人犯罪人员的个人基本权利造成一定的限制与克减。因此，要落实并完善性侵害未成年人犯罪人员

---

[1] 参见温慧卿：《未成年人性权利法律保护的诉求与体系构建》，《中国青年社会科学》2018年第4期。

信息公开制度,必须审慎判断当下的性侵害未成年人犯罪人员信息公开制度对于犯罪人员权利的限制是否符合比例原则,是否在宪法法律的框架内实施。想要达到信息公开制度的根本目的与追求,就必须做好性侵害未成年人犯罪中对未成年人的倾斜性保护与犯罪人权利保障之间的平衡关系,确定好信息公开制度的边界。

首先,性侵害未成年人犯罪人员信息公开制度要有明确的法律规范层面的依据,即信息公开制度的构建与实施必须有上位法的保障,有明确的法律依据。当前我国只有部分地区开展了信息公开制度的探索与试点,并未以国家层面的制度建构方式进行,缺少全国性的法律依据。目前试点探索的形式虽然能够促使制度逐步完善并降低可能带来的制度风险,但缺乏法律规范层面的依据依然可能使公众对于性侵害未成年人犯罪人员信息公开制度的合法性与合理性产生疑问。因此,应当进一步制定信息公开制度的法律规范,全面规定信息登记、公开方式以及公开期限等具体内容。

其次,性侵害未成年人犯罪人员信息公开制度要符合目的性原则。信息公开制度通过公开性侵犯罪人员的个人信息,对未成年人施以倾斜性的制度保护,目的是在一定程度上实现对性侵害未成年人犯罪的特殊预防,进而对未成年人提供权利保障。因此,性侵害未成年人犯罪人员信息公开制度只能出于预防未成年人遭受性侵害、维护社会公共安全的目的。

再次,性侵害未成年人犯罪人员信息公开制度要符合正当性原则。正当性原则要求采取性侵害未成年人犯罪人员信息公开制度,公开犯罪人员身份信息与实现对性侵害未成年人犯罪的特殊预防以及维护社会公共安全秩序的目的之间具有合理的因果关系,实施信息公开制度可以使得推动预防性侵害未成年人犯罪的目的合理实现。通过对性侵害犯罪人员的权利的限制与克减能使未成年人保护的目的合理地得以实现,因此构筑信息公开制度具有正当性。

最后,性侵害未成年人犯罪人员信息公开制度要符合必要性原则。犯罪人员的权利保障与未成年保护在一定程度上产生了冲突,就需要审慎衡量二者各自的优先性。考虑到应当以儿童利益为最优先,其优先于公共安全与犯罪人员权利保障,应以此作为前提,通过对犯罪人员信息进行公开限制其部分权利。但是必要性原则也是做好性侵害未成年人犯罪中对未成年人的倾斜性保护与犯罪人权利保障之间的平衡关系的关键,即对于性侵害未成年人犯罪人员的个人信息的公开不能是毫无保留的,相反只要能够满足公众查阅、社会公开的最低限度,起到保护未成年人权益、对性侵害犯罪人员具有特殊预防的作用,就应当尽量减少对犯罪人基本权利的限制,以此符合信息公开的必要性原则,这也是为性侵害未成年人犯罪人员信息公开限度划清合理边界的基础,是构建信息公开制度所要解决的关键问题。

(四) 性侵害未成年人犯罪人员信息公开制度的构建路径

我国的性侵害未成年人犯罪人员信息公开制度尚未在全国范围内得以建立,整体处于制度的初步发展阶段,缺乏对性犯罪人员个人信息公开的实践。新修订的《未成年人保护法》规定了违法犯罪信息查询制度与强制报告制度,推动了未成年人保护的制度建设,为我国建设性侵害未成年人犯罪人员信息公开制度提供了坚实基础。

1. 立法明确性侵害未成年人犯罪人员信息公开制度

正如前文所述,目前只有少数地方进行了性侵害未成年人犯罪人员信息公开制度的探索试点,但由于上位法的缺失而难以在全国范围内真正构筑起性侵害未成年人犯罪人员信息公开制度,面临着权力的来源缺陷。同时,不同地方制定颁布的法规政策虽然基于地方性特点与需要,却难免缺乏统一性,陷入各自为政的劣势。因此,为了针对性侵害未成年人犯罪案件筑起特殊预防的壁垒,就亟须在经过多地的探索实践后,厘清信息公开制度的内涵,进行国家层面的统一立法,进而加强性侵害未成年人犯罪人信息公开制度的合法性。通过国家层面的统一立法,既可以化解目前信息公开制度上位法缺失的权力来源缺陷,又能够以相对细致完善的制度规范对各区域颁布的性侵害未成年人犯罪人员信息公开制度进行指引。

2. 建立统一的性侵害未成年人犯罪人员信息登记制度

对于性侵害未成年人犯罪人员信息公开而言,信息的完整、准确登记是其前提。换言之,对性犯罪人员个人信息的登记、核查与更新是对其进行公开的一项基础性、必要性工作。因此建立统一的性侵害未成年人犯罪人员信息登记制度,是信息公开制度能长期有效运行的前提。信息登记制度可以使有关部门对性侵害未成年人犯罪人员信息进行管理与分类,并通过信息的更新保障信息准确性。对性侵害未成年人犯罪人员信息的公开与对其权利的限制皆在此基础上得以进行。

统一的信息登记制度应主要包含信息登记与动态更新两方面内容。登记是将性侵害未成年人犯罪人员的信息完整录入数据库当中,更新则是根据犯罪人员所报告的其身份信息的变化情况进行录入,及时更改信息,为信息公开的准确性提供保障。信息登记制度是对犯罪人员个人信息的登记录入,不仅对于犯罪人员的性侵害未成年人犯罪记录要登记,对住址、工作单位等信息也要登记,要及时、准确地把握犯罪人员的信息动态,才能够展开对犯罪人员信息的精准管理与分类。因此,对犯罪人员的信息登记必须是统一化的,地方性的缺乏互通的信息登记体系会破坏对犯罪人员的整体特殊预防效果,造成信息管理上的漏洞,不利于实现有效防控。

3. 建立精准评估与分级管理的信息公开机制

正如前文所述,性侵害未成年人犯罪人员信息公开制度的建设要符合比例原则,要做好性侵害未成年人犯罪中对未成年人的倾斜性保护与犯罪人权利保障之间的平衡关系,对于犯罪人员个人信息的公开不能是毫无保留的,而是要在保护未成年人权利不受侵害的基础上,尽量减少对犯罪人基本权利的限制,为性侵害未成年人犯罪人员信息公开制度划清合理边界。因此,通过建立统一化的性侵害未成年人犯罪人员信息登记系统,可以相对准确地评估性犯罪人员的再犯危险性,进而影响对其所采取的管理措施和信息公开情况。

详言之,在对犯罪人员进行信息公开前,应当首先对犯罪人员的再犯危险性进行精准评估。这种评估应该尽量全面,不仅仅是对于犯罪人犯罪情况的评估与考量,而应当是对犯罪人员再犯危险性的整体性评估。因此,除了犯罪人员所犯罪行、被害人情况、刑罚期限以及在服刑中的改造考核情况外,还应当将犯罪人员的个人基本情况,包括文化程度、家庭情况、工作记录、他人评价、前科情况等内容都纳入评估素材当中。此外,应当由专业人员对犯罪人员进行心理测试,对其性侵害未成年人犯罪的再犯风险性进行更详细的心理评估。总之,要科学地划分出精准评估的相关指标,通过全面有效的精准评估来确定犯罪人员的再犯危险性,为分级管理打好基础。

在做好对犯罪人员再犯危险性的精准评估后,应当为其划分不同的再犯危险性等级。不同的危险性等级应当对应不同级别的管理措施和个人信息公开期限,还会影响犯罪人员信息登记更新的频率与信息查询方式和查询范围。因此,犯罪人员的再犯风险性评估是确定风险等级的主要来源,也是进一步确定犯罪人员信息公开制度具体执行方式的决定性划分依据。首先,不同的再犯危险性等级对应不同的犯罪人员个人信息公开期限,对于再犯危险性较小的犯罪人员,可以将其个人信息公开期限设定为三到五年,对于再犯危险性较大的犯罪人员,则可能规定为二十年甚至终身。其次,再犯危险性等级还应影响犯罪人员个人信息的公开范围,再犯危险性高的犯罪人员应当公开其所有登记信息,再犯危险性小的犯罪人员则仅公开其犯罪记录等信息。再次,要根据不同的再犯危险性等级规定不同的个人信息更新频率,比如可要求再犯危险性较小的犯罪人员每隔一到两年对其目前的信息进行一次更新,而再犯危险性中等的犯罪人员则每半年更新一次信息,再犯危险性高的犯罪人员每三个月更新一次信息。

对犯罪人员的再犯危险性进行评估并不是静态的,而是在科学分析的基础上进行动态化、阶段性调整。经过一定期限的信息登记或公开,如果想要对犯罪人员的再犯危险性进行持续跟踪和动态更新,就需要对犯罪人员的再犯危险性重新进行评估。如果经过重新评估,发现犯罪人员的再犯危险性明显下降,则应当重新调整其再犯危险性等级,并且按照新的再犯危险性等级调整其信息公开的期限与范围等。

总之,要做好性侵害未成年人犯罪中未成年人保护与犯罪人权利保障之间的平衡关系,尽量减少对犯罪人权利的克减与限制,减少对其重返社会的阻碍,就需要建立精准评估与分级管理的信息公开机制。

4. 强化多元化的监督与权利救济机制

除了考量性侵害未成年人犯罪人员信息公开制度所具有的正向作用外,也需要意识到信息公开制度所具有的潜在性风险,即对犯罪人员可能造成的不公与侵害,因此不能够等到潜在的风险转化为现实的侵害时,才采取措施,必须提前进行机制的构建,因此构建犯罪人员信息公开制度还需要建立配套的监督与权利救济体系。监督与权利救济体系的建立,可以最大程度上保障性侵害未成年人犯罪人员的正当权利,防止其信息被滥用,减少信息错误公开的可能,并在其受到侵害时对其进行救济。

具体而言,在建立犯罪人员再犯危险性的评估机制时,除以监狱或者社区矫正机构作为评估主体外,还应当引入第三方专业机构作为评估的辅助与纠偏,保证评估结果的专业性和准确性。此外,对信息公开制度的运行应当建立监督机制,以保证其遵循程序正当原则,国家机关在做出影响犯罪人员利益的决定时,应当监督其通过法律规定的程序进行,保障犯罪人员的知情权、救济权和监督权等权利。除了上述监督机制外,必须要有救济制度作为辅助机制。当犯罪人员个人信息的泄露或者错误公开对其产生侵害时,必须尽可能地采取补救措施,如公开道歉、消除不良影响以及进行国家赔偿等。

结　　语

　　性侵害未成年人犯罪刑事政策的系统展开与性侵害未成年人犯罪的有效治理既不是纯粹的司法任务，也不是单纯的政府责任，而是涉及刑事实体法、程序法与社会机制各个方面，融合了罪犯惩治、被害人保护与犯罪预防的一项复杂系统工程。因此在认识与贯彻性侵害未成年人犯罪刑事政策时，既要摒弃口号式宣传与运动式治理，也不能满足于各自为政与零星分散举措的规制，而是要运用体系性思维，在真正深入了解当前性侵害未成年人犯罪的实证状况与掌握性侵害未成年人犯罪治理基本原理的基础之上，全面且充分地明确性侵害未成年人犯罪刑事政策体系的科学内涵与运行机制，并据此解决当前性侵害未成年人犯罪治理中的诸多难题，系统实现对性侵害未成年人犯罪的有效治理。

参 考 文 献

一、中文文献

（一）中文原著类

［1］段小松.联合国《儿童权利公约》研究[M].北京:人民出版社,2017.

［2］房保国.被害人的刑事程序保护[M].北京:法律出版社,2007.

［3］冯军.刑事责任论[M].北京:法律出版社,1996.

［4］甘雨沛,何鹏.外国刑法学(上册)[M].北京:北京大学出版社,1984.

［5］高铭暄,马克昌.刑法学[M].7版.北京:北京大学出版社,2016.

［6］韩忠谟.刑法原理[M].北京:北京大学出版社,2009.

［7］黄尔梅.性侵害未成年人犯罪司法政策:案例指导与理解适用[M].北京:人民法院出版社,2014.

［8］黎宏.刑法学总论[M].2版.北京:法律出版社,2016.

［9］李川.基于风险管控的社区矫正制度研究[M].南京:东南大学出版社,2017.

［10］李伟.犯罪被害人学教程[M].北京:北京大学出版社,2014.

［11］李伟.犯罪学的基本范畴[M].北京:北京大学出版社,2004.

［12］林钰雄.新刑法总则[M].北京:中国人民大学出版社,2009.

［13］刘芳.中国性犯罪立法之现实困境及其出路研究[M].沈阳:东北大学出版社,2015.

［14］刘强.社区矫正制度研究[M].北京:法律出版社,2007.

［15］刘艳红.刑法学(上)[M].2版.北京:北京大学出版社,2016.

［16］莫洪宪.刑事被害救济理论与实务[M].武汉:武汉大学出版社,2004.

［17］邱国樑.刑法典中性犯罪的犯罪学研究[M].上海:上海大学出版社,2001.

［18］全国人大常委会法制工作委员会刑法室.《刑法修正案(九)》最新问答[M].北京:法律出版社,2015.

［19］田思源.犯罪被害人的权利与救济[M].北京:法律出版社,2008.

［20］王晨.刑事责任的一般理论[M].武汉:武汉大学出版社,1998.

[21] 王雪梅.儿童权利论:一个初步的比较研究[M].北京:社会科学文献出版社,2005.
[22] 魏红.一切以未成年人优先:性侵害未成年人犯罪刑事政策研究[M].北京:社会科学文献出版社,2021.
[23] 吴立志.恢复性司法基本理念研究[M].北京:中国政法大学出版社,2012.
[24] 姚建龙.超越刑事司法:美国少年司法史纲[M].北京:法律出版社,2009.
[25] 姚建龙.长大成人:少年司法制度的建构[M].北京:中国人民公安大学出版社,2003.
[26] 张明楷.刑法学[M].6版.北京:法律出版社,2021.
[27] 张明楷.刑事责任论[M].北京:中国政法大学出版社,1992.
[28] 张文新.青少年发展心理学[M].济南:山东人民出版社,2002.
[29] 张杨.西方儿童权利理论及其当代价值研究[M].北京:中国社会科学出版社,2016.
[30] 周光权.刑法总论[M].3版.北京:中国人民大学出版社,2016.
[31] 周佑勇.行政法原论[M].3版.北京:北京大学出版社,2018.
[32] 朱胜群.少年事件处理法新论[M].台北:三民书局,1976.

(二)外文译著类

[1] 耶赛克,魏根特.德国刑法教科书(总论)[M].徐久生,译.北京:中国法制出版社,2001.
[2] 施奈德.国际范围内的被害人[M].许章润,等译,北京:中国人民公安大学出版社,1992.
[3] 罗克辛.德国刑法学(总论):第1卷[M].王世洲,译.北京:法律出版社,2005.
[4] 李斯特.德国刑法教科书[M].徐久生,译.北京:法律出版社,2006.
[5] 金德霍伊泽尔.刑法总论教科书[M].蔡桂生,译.北京:北京大学出版社,2015.
[6] 马里旦.自然法:理论与实践的反思[M].鞠成伟,译.北京:中国法制出版社,2009.
[7] 沃勒.有效的犯罪预防:公共安全战略的科学设计[M].蒋文军,译.北京:中国人民公安大学出版社,2011.
[8] 卡曼.犯罪被害人学导论[M].李伟,等译.北京:北京大学出版社,2010.
[9] 考特·R.巴特尔,安妮·M.巴特尔.犯罪心理学[M].王毅,译.上海:上海人民出版社,2018.
[10] 沃尔德,伯纳德,斯奈普斯.理论犯罪学[M].方鹏,译.北京:中国政法大学出版社,2005.
[11] 菲利.实证派犯罪学[M].郭建安,译.北京:中国人民公安大学出版社,2004.
[12] 休斯.解读犯罪预防:社会控制、风险与后现代[M].刘晓梅,刘志松,译.北京:中国人民公安大学出版社,2009.
[13] 约翰斯通.恢复性司法:理念、价值与争议[M].郝方昉,译.北京:中国人民公安大学出版社,2011.

(三) 期刊类

[1] 安琪.高校性骚扰案件预防及应对机制探讨:以被害人救济路径为考察中心[J].中国青年社会科学,2018,37(6):101-108.

[2] 车浩.被害人教义学在德国:源流、发展与局限[J].政治与法律,2017(10):2-16.

[3] 车浩.强奸罪与嫖宿幼女罪的关系[J].法学研究,2010,32(2):136-155.

[4] 陈洪兵.双层社会背景下的刑法解释[J].法学论坛,2019,34(2):78-87.

[5] 陈洪兵.罪刑相适应原则在刑法解释中的适用研究[J].交大法学,2016(4):130-146.

[6] 陈家林.《刑法修正案(九)》修正后的强制猥亵、侮辱罪解析[J].苏州大学学报(哲学社会科学版),2016,37(3):68-75.

[7] 陈瑞华.律师刑事控告业务的发展趋势[J].中国律师,2018(9):79-81.

[8] 陈伟,金晓杰.性侵未成年人案现状、原因与对策一体化研究[J].青少年犯罪问题,2016(4):42-52.

[9] 陈伟.教育刑与刑罚的教育功能[J].法学研究,2011,33(6):155-172.

[10] 陈伟.有期限从业禁止的性质与内涵辨析:以刑法修正案(九)第37条之一为中心[J].四川大学学报(哲学社会科学版),2018(4):170-180.

[11] 陈兴良.《刑法修正案(九)》的解读与评论[J].贵州民族大学学报(哲学社会科学版),2016(1):121-134.

[12] 陈艳.刑事责任年龄弹性规定之我见[J].青少年犯罪问题,2000(2):36-38.

[13] 成彦.美国儿童福利运行框架对中国儿童福利体系建构的启示[J].社会福利(理论版),2013(9):47-52.

[14] 丹尼尔·W·凡奈思,王莉.全球视野下的恢复性司法[J].南京大学学报(哲学·人文科学·社会科学),2005(4):130-136.

[15] 党德强,靳琳琳.网络公开裁判文书与个人信息保护研究[J].山东行政学院学报,2020(5):60-64.

[16] 杜宇."犯罪人-被害人和解"的制度设计与司法践行[J].法律科学(西北政法学院学报),2006(5):91-103.

[17] 樊荣庆,钟颖,姚倩男,等.论性侵害案件未成年被害人"一站式"保护体系构建:以上海实践探索为例[J].青少年犯罪问题,2017(2):32-43.

[18] 方军.刑事被害人救助:问题与前景[J].犯罪研究,2020(4):37-43.

[19] 冯军.刑法中的责任原则兼与张明楷教授商榷[J].中外法学,2012,24(1):44-66.

[20] 付立庆.负有照护职责人员性侵罪的保护法益与犯罪类型[J].清华法学,2021,15(4):72-86.

[21] 高艳东,郭培.未成年人保护视野下强奸罪的扩张:侵入性猥亵儿童的定性[J].苏州大

学学报(法学版),2021,8(2):126-137.

[22] 顾玫帆.构建未成年人保护社会支持体系[J].方圆,2021(15):43.

[23] 韩康,蔡栩.刑事责任年龄制度弹性立法模式之提倡:以法律推定准确性为标准展开的论证[J].犯罪研究,2020(5):38-45.

[24] 何静.侦查取证环节询问被害人的程序规制:基于新《刑事诉讼法》文本的解读[J].河南师范大学学报(哲学社会科学版),2012,39(5):100-103.

[25] 何挺.附条件不起诉扩大适用于成年人案件的新思考[J].中国刑事法杂志,2019(4):46-59.

[26] 侯安琪,王瑞君.国内被害人学研究及启示[J].同济大学学报(社会科学版),2010,21(2):83-88,106.

[27] 华玛欣.英格兰和威尔士少年司法制度的发展[J].中国刑事法杂志,2014(5):124-143.

[28] 黄忠.隐私权视野下的网上公开裁判文书之限[J].北方法学,2012,6(6):87-94.

[29] 季晓军.刑罚根据论的界定[J].法学论坛,2006(2):49-56.

[30] 贾健,王玥.未成年被害人向犯罪人转换的原因及其控制对策[J].广西社会科学,2019(2):103-110.

[31] 江小根,李红培.多维理论视角下的我国刑事被害人补偿制度构建探析[J].江西科技师范大学学报,2015(3):52-58,84.

[32] 金诚,李树礼,郑滋椀.流动人口的空间分布与犯罪问题研究:以流动人口聚集区与犯罪热点的相关性为视角[J].中国人民公安大学学报(社会科学版),2014,30(5):1-10.

[33] 金泽刚,张涛.调整绝对刑事责任年龄制度新思考[J].青少年犯罪问题,2020(3):6-13.

[34] 井世洁,徐昕哲.针对性侵犯被害人的司法社工介入:域外经验及启示[J].华东理工大学学报(社会科学版),2016,31(2):9-16,56.

[35] 康树华.社区矫正的历史、现状与重大理论价值[J].法学杂志,2003(5):21-23.

[36] 唐亚林,陈先书.社区自治:城市社会基层民主的复归与张扬[J].学术界,2003(6):7-22.

[37] 兰跃军,李欣宇.强制报告制度的实施困境及破解[J].中国青年社会科学,2021,40(6):128-135.

[38] 兰跃军.刑事被害人救助立法主要问题及其评析[J].东方法学,2017(2):17-31.

[39] 黎宏.刑事和解:一种新的刑罚改革理念[J].法学论坛,2006(4):13-18.

[40] 李川.从特殊预防到风险管控:社区矫正之理论嬗变与进路选择[J].法律科学(西北政法大学学报),2012,30(3):186-194.

[41] 李川.三次被害理论视野下我国被害人研究之反思[J].华东政法大学学报,2011,14(4):19-24.

[42] 李川.修复、矫治与分控:社区矫正机能三重性辩证及其展开[J].中国法学,2015(5):158-176.

[43] 李洪祥.国家干预家庭暴力的限度研究[J].法学论坛,2020,35(2):141-152.

[44] 李婕,罗大华.被害人心理损害评估及救助方案[J].心理技术与应用,2015,3(5):29-33.

[45] 李玫瑾.构建未成年人法律体系与犯罪预防[J].法学杂志,2005,26(3):32-35.

[46] 李育兵.浅议最低刑事责任年龄是否应该降低[J].预防青少年犯罪研究,2016(4):53-58.

[47] 李政达,涂欣筠.未成年人遭受网络性侵害问题初探[J].江苏警官学院学报,2022,37(4):70-78.

[48] 李子江,王飞飞,王丽.家校合作桥梁的搭建:美国家长教师协会研究(1897—1924年)[J].教育科学研究,2021(2):13-20.

[49] 梁根林.非刑罚化:当代刑法改革的主题[J].现代法学,2000(6):47-51.

[50] 刘娥.论性侵害犯罪中受害儿童的权益保护[J].中国青年政治学院学报,2010,29(3):37-41.

[51] 刘广三,李胥.隐蔽作证程序的限度探析[J].安徽师范大学学报(人文社会科学版),2019,47(3):117-125.

[52] 刘建国,宋超,耿红,等.未成年人刑事案件程序性制裁机制研究[J].预防青少年犯罪研究,2015(3):63-69,106.

[53] 刘军.该当与危险:新型刑罚目的对量刑的影响[J].中国法学,2014(2):222-234.

[54] 刘梅湘.刑事被害人的知情权探析[J].现代法学,2006(4):122-128.

[55] 刘明祥.嫖宿幼女行为适用法条新论[J].法学,2012(12):134-142.

[56] 刘仁文.论我国刑法对性侵男童与性侵女童行为的平等规制[J].环球法律评论,2022,44(3):5-21.

[57] 刘艳红,李川.江苏省预防未成年人犯罪地方立法的实证分析:以A市未成年人犯罪成因和预防现状为调研对象[J].法学论坛,2015,30(2):145-152.

[58] 刘艳红,阮晨欣.新法视角下罪错未成年人司法保护理念的确立与展开[J].云南社会科学,2021(1):83-91,187.

[59] 刘艳红."法益性的欠缺"与法定犯的出罪:以行政要素的双重限缩解释为路径[J].比较法研究,2019(1):86-103.

[60] 刘艳红.法定犯与罪刑法定原则的坚守[J].中国刑事法杂志,2018(6):60-76.

[61] 刘艳红.人性民法与物性刑法的融合发展[J].中国社会科学,2020(4):114-137,206-207.

[62] 刘艳红.入出罪走向出罪:刑法犯罪概念的功能转换[J].政法论坛,2017,35(5):66-78.

[63] 刘艳红.我国应该停止犯罪化的刑事立法[J].法学,2011(11):108-115.

[64] 卢映洁."意不意愿"很重要吗?[J].月旦法学杂志,2010(11).

[65] 马丽亚.原理与路径:未成年人刑事法律援助制度分析[J].青少年犯罪问题,2016(1):75-82.

[66] 马松建,潘照东."恶意补足年龄"规则及其中国适用[J].南京师大学报(社会科学版),2020(4):120-129.

[67] 马忠红.香港警方办理未成年人遭受性侵害案件的做法及启示[J].中国青年研究,2006(9):49-51.

[68] 莫洪宪,邓小俊.略论我国刑事被害人国家补偿制度之构建:以未成年刑事被害人为视角[J].青少年犯罪问题,2007(5):29-32.

[69] 莫洪宪.论我国刑法中未成年人的刑事责任[J].法学论坛,2002(4):95-100.

[70] 牛旭.性侵未成年人犯罪及风险治理:一个新刑罚学的视角[J].青少年犯罪问题,2014(6):35-45.

[71] 裴炜.从审判不公开看未成年被害人的保护[J].北京航空航天大学学报(社会科学版),2020,33(4):9-11.

[72] 上海市奉贤区人民检察院课题组,孙静.性侵害未成年人犯罪案件的惩治、预防、救助机制研究:以S市D区人民检察院实践为例[J].犯罪研究,2016(4):107-112.

[73] 邵守刚.猥亵儿童犯罪的网络化演变与刑法应对:以2017—2019年间的网络猥亵儿童案例为分析样本[J].预防青少年犯罪研究,2020(3):48-57.

[74] 史言.刑事责任年龄[J].法学,1957(1):36-44.

[75] 宋英辉,刘铃悦.《未成年人保护法》修订的基本思路和重点内容[J].中国青年社会科学,2020,39(6):109-119.

[76] 孙海波.在"规范拘束"与"个案正义"之间:论法教义学视野下的价值判断[J].法学论坛,2014,29(1):71-82.

[77] 孙伟峰,蓝碧裕.未成年被害人作证制度的完善[J].人民检察,2018(15):73-74.

[78] 佟新.恢复和重建未成年人社会支持网络[J].北京观察,2008(7):31-32.

[79] 童策.刑法中从业禁止的性质及其适用[J].华东政法大学学报,2016,19(4):135-146.

[80] 童小军.国家亲权视角下的儿童福利制度建设[J].中国青年社会科学,2018,37(2):102-110.

[81] 汪东升.流动人口犯罪的现状、原因与防治:以北京市为例[J].北京交通大学学报(社会科学版),2013,12(3):107-112.

[82] 汪润.保护未成年人免于性侵不必提高性同意年龄[J].少年儿童研究,2021(1):31-42.

[83] 王宝来.略论我国刑法对未成年人性健康权的保护[J].青少年犯罪问题,1997(6):23-25.

[84] 王波.关于建立我国国家补偿被害人制度的若干思考[J].黑龙江省政法管理干部学院学报,2001(4):25-28.

[85] 王春风,李凯,赵晓敏.我国未成年被害人询问工作机制构建[J].人民检察,2016(5):29-32.

[86] 王剑.治理儿童性侵犯的治安防控研究[J].吉林公安高等专科学校学报,2012,27(5):51-54.

[87] 王进鑫.青春期留守儿童性安全问题研究[J].当代青年研究,2009(3):17-22.

[88] 王世洲.关于保护儿童的欧洲标准[J].法律科学(西北政法大学学报),2013,31(3):163-171.

[89] 温慧卿.未成年人性权利法律保护的诉求与体系构建[J].中国青年社会科学,2018,37(4):126-133.

[90] 吴天云.日本对于未成年人同意性行为的刑事规范[J].刑事政策与犯罪防治研究专刊,2017(12).

[91] 吴燕.刑事诉讼程序中未成年人司法保护转介机制的构建:以上海未成年人司法保护实践为视角[J].青少年犯罪问题,2016(3):89-97.

[92] 武玉红.在社区矫正中犯罪被害人的参与和权利保护[J].上海公安高等专科学校学报,2009,19(2):90-96.

[93] 肖倩.农民工城市经济适应过程中的剥夺问题与城市安全[J].晋阳学刊,2011(4):38-41.

[94] 肖姗姗.少年司法之国家亲权理念:兼论对我国少年司法的启示[J].大连理工大学学报(社会科学版),2018,39(4):91-98.

[95] 谢登科.合适成年人在场制度的实践困境与出路:基于典型案例的实证分析[J].大连理工大学学报(社会科学版),2015,36(3):110-115.

[96] 谢登科.论性侵未成年人案件中被害人权利保障[J].学术交流,2014(11):82-86.

[97] 徐富海.中国儿童保护强制报告制度:政策实践与未来选择[J].社会保障评论,2021,5(3):95-109.

[98] 许恒达.妨害未成年人性自主刑责之比较法研究[J].刑事政策与犯罪研究,2016(9).

[99] 杨统旭.现行刑事责任年龄规定的困境及出路[J].青少年犯罪问题,2018(6):13-20.

[100] 杨小军.未成年人保护工作中强制报告制度如何落实[J].中国民政,2022(4):51-53.

[101] 杨正万.被害人暂予监外执行的参与[J].贵州民族学院学报(哲学社会科学版),2002(4):40-44.

[102] 姚建龙,刘昊."梅根法案"的中国实践:争议与法理:以慈溪市《性侵害未成年人犯罪人员信息公开实施办法》为分析视角[J].青少年犯罪问题,2017(2):12-23.

[103] 姚建龙.犯罪后的第三种法律后果:保护处分[J].法学论坛,2006(1):32-42.

[104] 姚建龙.国家亲权理论与少年司法:以美国少年司法为中心的研究[J].法学杂志,2008(3):92-95.

[105] 姚建龙.论《预防未成年人犯罪法》的修订[J].法学评论,2014,32(5):114-123.

[106] 尹泠然.欧洲涉罪未成年人参与诉讼考察及其启示[J].中国刑事法杂志,2020(5):158-176.

[107] 尤丽娜.从日本的保护处分制度看我国的少年教养制度[J].青少年犯罪问题,2006(2):69-74.

[108] 于改之,吴玉萍.多元化视角下恢复性司法的理论基础[J].山东大学学报(哲学社会科学版),2007(4):39-44.

[109] 于阳.留守儿童犯罪防治与被害预防实证研究[J].中国人民公安大学学报(社会科学版),2018,34(5):29-43.

[110] 于志刚.从业禁止制度的定位与资格限制、剥夺制度的体系化:以《刑法修正案(九)》从业禁止制度的规范解读为切入点[J].法学评论,2016,34(1):98-107.

[111] 俞元恺.英美法系"恶意补足刑事责任年龄"的本质与借鉴可能:关于当前降低刑事责任年龄争议的回应[J].预防青少年犯罪研究,2020(1):90-96.

[112] 郁建兴,吕明再.治理:国家与市民社会关系理论的再出发[J].求是学刊,2003(4):34-39.

[113] 袁锦凡.性犯罪被害人权利保护的域外经验[J].西南政法大学学报,2010,12(4):42-48.

[114] 岳慧青,周子告,翟亚勇,等.性侵害未成年人刑事案件办理及全链条治理机制研究:北京市检察机关2018年至2020年办理性侵害未成年人案件情况分析报告[J].预防青少年犯罪研究,2021(6):48-58,47.

[115] 曾康.论不当司法下刑事被害人的"二次被害"[J].学术论坛,2004(1):163-166.

[116] 张峰,孙科浓.刑事被害人财产权益保护的实证分析[J].法学,2012(8):152-160.

[117] 张寒玉,王英.应对未成年人犯罪低龄化问题之制度建构与完善[J].青少年犯罪问题,2016(1):14-27.

[118] 张红良.未成年被害人权益保护现状与完善:以重庆市S区检察院办案实践为视角[J].人民检察,2018(8):60-62.

[119] 张红显.论不公开审理刑事案件的司法公开[J].山东社会科学,2020(8):140-146.

[120] 张华,刘芸志,祝丽娟.遭受性侵害未成年人可以主张精神损害赔偿[J].人民司法,

2021(29):18-22.

[121] 张华,沙兆华,祝丽娟,等.性侵害未成年人犯罪法律适用研究:上海市第二中级人民法院及辖区法院2012—2015年性侵害未成年人案件实证调查[J].预防青少年犯罪研究,2017(1):73-98.

[122] 张明楷.加重情节的作用变更[J].清华法学,2021,15(1):29-45.

[123] 张明楷.论预防刑的裁量[J].现代法学,2015,37(1):102-117.

[124] 张荣丽.性侵害未成年人违法犯罪信息查询机制比较研究[J].中华女子学院学报,2021,33(1):26-34.

[125] 张绍彦.社区矫正在中国:基础分析、前景与困境[J].环球法律评论,2006(3):295-303.

[126] 张维.司法对弱势群体倾斜性保护的正当性与可行性分析[J].社会科学家,2008(3):68-71.

[127] 张文秀.刑事责任年龄下限问题研究:兼论将"强制教养"纳入刑事诉讼法特别程序[J].社会科学论坛,2016(5):207-217.

[128] 张晓冰.农村留守儿童遭受性侵案件的特征、难点及出路[J].法律适用(司法案例),2019(4):96-107.

[129] 张颖鸿,李振林.恶意补足年龄规则本土化适用论[J].中国青年研究,2018(10):41-48.

[130] 赵国玲,徐然.北京市性侵未成年人案件的实证特点与刑事政策建构[J].法学杂志,2016,37(2):13-21.

[131] 赵卿,吴浩.利用即时聊天工具性侵未成年女性犯罪探析[J].青少年犯罪问题,2016(2):82-87.

[132] 浙江省嘉兴市人民检察院课题组.性侵未成年人案件办理实务问题研究[J].中国检察官,2016(22):28-30.

[133] 郑列,马方飞.社区矫正的新发展:恢复性司法的运用[J].犯罪研究,2007(4):2-7.

[134] 郑曦.论刑事被遗忘权的边界:以性侵未成年人案件为例[J].江汉论坛,2018(9):115-121.

[135] 周光权.刑事立法进展与司法展望:《刑法修正案(十一)》总置评[J].法学,2021(1):18-35.

[136] 周珏.责任能力与刑罚适应能力的关系[J].人民司法,1993(10):27-28.

[137] 周子实.强奸罪入罪模式的比较研究:以德国《刑法典》第177条最新修正为视角[J].比较法研究,2018(1):36-49.

[138] 自正法.侵害未成年人案件强制报告制度的法理基础与规范逻辑[J].内蒙古社会科

学,2021,42(2):97-105.

二、外文文献

[1] Bennion F. Mens Rea and Defendants below the Age of Discretion[J]. Criminal Law Review,2009(11):757-770.

[2] Campbell R, Raja S. Secondary Victimization of Rape Victims:Insights from Mental Health Professionals Who Treat Survivors of Violence[J]. Violence and Victims,1999, 14(3):261-275.

[3] Carpenter C. On Statutory Rape. Strict Liability and the Public Welfare Offense Model [J]. The American University Law Review, 2003,53(2):313-391.

[4] Cocca C E. The Politics of Statutory Rape Laws:Adoption and Reinvention of Morality Policy in the States, 1971-1999[J]. Polity, 2002, 35(1):51-72.

[5] Echeburua E, Amor P J. Evaluation of Psychological Harm in the Victims of Violent Crimes[J]. Psychology in Spain, 2003,7(1):10-18.

[6] Elias R. The Politics of Victimization:Victims, Victimology and Human Rights[M]. New York:Oxford University Press, 1986.

[7] Fattah E A. Understanding Criminal Victimization:An Introduction to Theoretical Victimology[M]. Scarborough, Ont.:Prentice-Hall Canada, 1991.

[8] Finkelhor D, Dzuiba-Leatherman J. Victimization of children[J]. American Psychologist, 1994,49(3):173-183.

[9] Hagg E V. Punishing Criminals:Concerning a Very Old and Painful Question[M]. Lanham:University Press of America, Inc.,1991.

[10] Hindelang M J, Gottfredson M R, Garofalo J. Victims of Personal Crime:An Empirical Foundation for a Theory of Personal Victimization[M]. Pensacola:Ballinger Publishing Co.,1978.

[11] Karmen A. Crime Victims:An Introduction to Victimology[M]. Independence:Cengage Learning, 2009.

[12] Kendall-Tackett K A, Williams L M, Finkelhor D. Impact of Sexual Abuse on Children: A Review and Synthesis of Recent Empirical Studies[J]. Psychological Bulletin, 1993 (1):164-180.

[13] Koss M P. Blame, Shame, and Community:Justice Responses to Violence against Women[J]. American Psychologist,2000,55(11):1332-1343.

[14] Montada L. Injustice in Harm and Loss[J]. Social Justice Research,1994,7(1):5-28.

[15] Morgan J, Zedner L. Child Victims: Crime, Impact, and Criminal Justice[M]. Oxford: Clarendon Press, 1992.

[16] Orth U. Secondary Victimization of Crime Victims by Criminal Proceedings[J]. Social Justice Research,2002, 15(4): 313-325.

[17] Sebba L. Third Parties, Victims and the Criminal Justice System[M]. Columbia: Ohio State University Press,1996.

[18] Sessar K. Tertiary Victimization: A Case of the Politically Abused Crime Victims[C]// Burt Galaway and Joe Hudson(eds). Criminal Justice, Restitution and Reconciliation. Monsey: Criminal Justice Press, 1990.

[19] Stearns A W. The evolution of Punishment[J]. Criminology,1936,27(2): 219-230.

后　记

　　本书作为司法部法治建设与法学理论研究部级科研项目(19SFB2025)"性侵害未成年人犯罪的刑事政策体系研究"的结项成果，由项目主持人李川负责主要撰写、统筹整合与全书编订。我指导的研究生参与了部分内容撰稿，具体为：叶英杰(第一章部分内容)，胡昊(第二章第一、二节部分内容)，张立(第五章部分内容)，孙睿(第六章)。同时本书也是东南大学江苏省地方立法研究基地的研究成果，感谢基地在本书出版过程中给予的大力支持。

李　川
2024.2.18